Sportphysiotherapie
und Rehabilitation

Vorwort

Die Idee zum gemeinsamen Verfassen des vorliegenden Taschenbuches hat ihren Ursprung in der Erfahrung einer praxisnahen Zusammenarbeit der Autoren, die in unterschiedlichen Fachrichtungen tätig sind.

Bei der Behandlung zahlreicher Sportler mit Verletzungsproblemen aus den Bereichen Hochleistungs-, Leistungs- und Freizeitsport wurden Erkenntnisse gesammelt und in der vorliegenden Form zusammengefaßt. So kann dieses Taschenbuch in der Sportphysiotherapie und -rehabilitation als Leitfaden oder Orientierungshilfe bei der täglichen Arbeit dienen.

Nicht nur für die medizinischen und paramedizinischen Fachgruppen, sondern auch für den Kreis der Trainer, Masseure und Betreuer finden sich interessante Informationen, um die aktuellen und vielschichtigen Behandlungsmöglichkeiten von verletzten Sportlern besser kennenzulernen.

Die Autoren wünschen sich eine verstärkte wissenschaftliche Forschung, verbunden mit der engeren interdisziplinären Zusammenarbeit auf diesem Gebiet, damit die gemeinsamen Bemühungen der Prävention und Rehabilitation von Sportverletzungen noch effektiver werden und damit sicherere und schnellere Erfolge ermöglichen.

Karlsruhe – Freiburg – Schwenningen
im Frühjahr 1988

T. Einsingbach
A. Klümper
L. Biedermann

Inhaltsverzeichnis

Abb. **1** Die Kombination der maximalen Konzentration des Geistes und der Anspannung des Bewegungsapparats beim Tennis auf Weltklasseniveau.

Aktive und passive Therapieformen bei gesunden Sportlern und bei Sportverletzten

T. Einsingbach

Aktive Therapieformen

Begriffsbestimmung des Rehabilitationstrainings

Als Rehabilitation wird die Summe aller Maßnahmen bezeichnet, die die Wiederherstellung der körperlichen, geistigen und seelischen Schäden eines Patienten oder Körperbehinderten zum Ziel haben. Die medizinische Rehabilitation wird von der sozialen und beruflichen unterschieden.

Rehabilitationstraining ist die systematische Behandlung von Läsionen oder Dysfunktionen des aktiven Bewegungsapparats, des passiven Stütz- und Halteapparats, des neuromuskulären Systems und des kardiopulmonalen Systems mit dem Ziel, die normale Funktion wiederherzustellen. Der Begriff Rehabilitationstraining impliziert das trainingsmethodische Prinzip der systematischen Wiederholung gezielter überschwelliger Reize mit morphologischen und funktionellen Anpassungserscheinungen zum Zweck der Leistungssteigerung (Abb. **2**). In den folgenden Abschnitten wird das Gesamtkonzept des Rehabilitationstrainings systematisiert. Theorie und Praxis der Trainingslehre werden modifiziert und den speziellen Gegebenheiten der Rehabilitation angepaßt.

Bei der Darstellung der einzelnen Komplexe wird die rehabilitative Trainingsmethodik bezogen auf die konditionellen Grundeigenschaften Koordination, Kraft, Beweglichkeit und Ausdauer aufgezeigt. Die Schnelligkeit ist kein Schwerpunkt des Rehabilitationstrainings, so daß eine ausführliche Abhandlung dieser konditionellen Grundeigenschaft entfällt (Abb. **3** u. **4**).

Wie im Sport, so ist auch im Rahmen der Rehabilitation die Kondition des Rehabilitanden entscheidend. Die Kondition ist die Summe aller konditionellen Grundeigenschaften. Kondition ist labil. Durch die Veränderung einer konditionellen Grundeigenschaft wird auch die Kondition als Summationswert verändert. Die Labilität der Kondition wird zudem deutlich, wenn man die Kondition nicht nur als die Summe von physischen Eigenschaften versteht, sondern daneben auch die Psyche als beeinflussenden Faktor betrachtet.

Kondition ist relativ. Entsprechend den Belastungsreizen des Alltags bzw. der Sportausübung ist die Gewichtung der einzelnen konditionel-

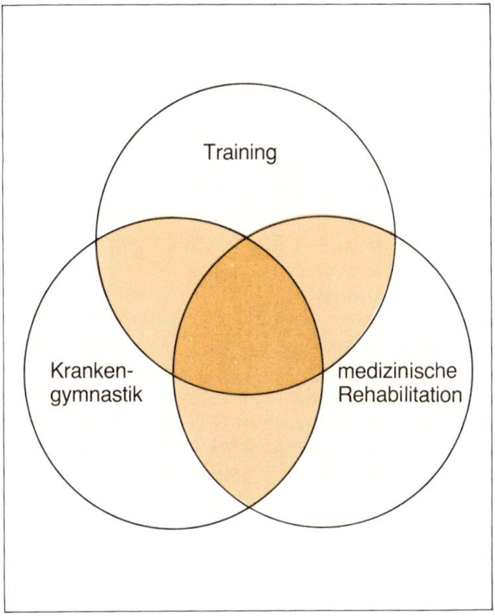

Abb. **2** Komplexität von Training, Krankengymnastik und medizinischer Rehabilitation. In jedem Fall liegt das trainingsmethodische Prinzip der systematischen Wiederholung gezielter überschwelliger Reize mit morphologischen und funktionellen Anpassungserscheinungen zum Zweck der Leistungssteigerung zugrunde.

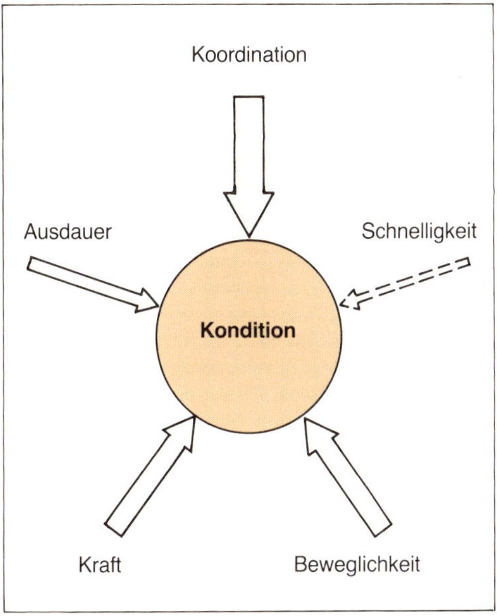

Abb. **3** Die konditionellen Grundeigenschaften und ihre Bedeutung für die Kondition der (Sport-) Rehabilitanden aus krankengymnastischer Sicht. Die primäre konditionelle Grundeigenschaft in der Behandlung (sport)traumatologischer Patienten ist die Koordination. Die Relevanz von Kraft und Beweglichkeit hängt vom Einzelfall und der aktuellen Entwicklungsstufe ab. Die (kardiopulmonale) Ausdauer wird in der Regel erst gegen Ende der Rehabilitation gezielt trainiert. Die Entwicklung der Schnelligkeit ist im Rahmen der krankengymnastischen Rehabilitation ohne Bedeutung.

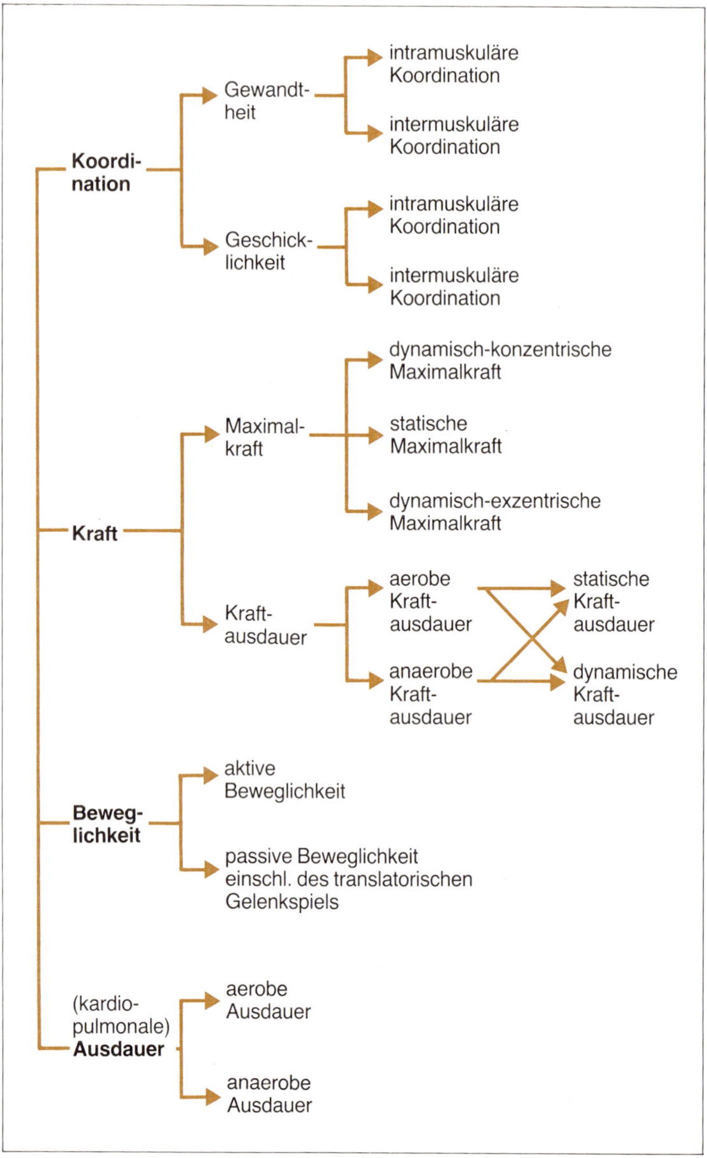

Abb. **4** Grundschema der in der (Sport-)Traumatologie relevanten konditionellen Grundeigenschaften.

len Grundeigenschaften verschieden. Bei der individuellen Kondition dominieren in der Regel eine oder zwei konditionelle Grundeigenschaften, andere treten in den Hintergrund. Selbst im Leistungssport gibt es Athleten, deren Leistungsfähigkeit ausschließlich auf dem außergewöhnlich hohen Niveau von einer oder zwei konditionellen Grundeigenschaften beruht, wogegen andere konditionelle Grundeigenschaften gerade den Standard eines Untrainierten aufweisen.

Die Kondition wird durch Training und die damit verbundene Adaptation des Organismus verbessert. Um die Kondition zu erhalten, sind ständige Belastungsreize erforderlich. Sobald diese Trainingsreize durch mangelhaftes Training, verletzungsbedingte Schonung oder Immobilisierung ausbleiben, kommt es zu einer Verschlechterung der Kondition.

Normative der Trainingsbelastung

Um die Objektivierbarkeit der Trainingsbelastung zu gewährleisten und damit deren planmäßige Steuerung zu ermöglichen, sind Reizparameter nötig, die als Normative der Trainingsbelastung bezeichnet werden (Abb. **5**).

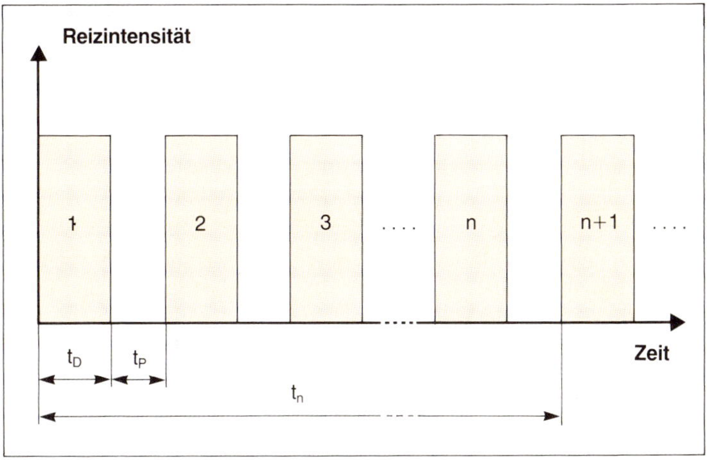

Abb. **5** Die Normative der Trainings-/Behandlungsbelastung.
t_D Reizdauer, t_P Reizpause, n Reizanzahl,

$$\frac{t_D}{t_P} = \frac{\text{Reizdauer}}{\text{Reizpause}} = \text{Reizdichte},$$

$$\frac{n}{t_n} = \frac{\text{Reizanzahl}}{\text{Belastungsdauer}} = \text{Reizhäufigkeit},$$

Reizintensität × Reizdauer × Reizhäufigkeit = Reizumfang

Reizintensität. Sie gibt die Intensität des Einzelreizes im Verhältnis zur individuellen Maximalleistung an. Wird die Maximalleistung gefordert, hat der Reiz eine Intensität von 85–100%. Die Abstufung nach unten wird mit fließenden Übergängen als submaximale (70–90%), mittlere (50–75%), leichte (35–60%) und geringe Reizintensität (20–40%) vorgenommen. Ein Trainingsreiz muß überschwellig sein, um morphologische und funktionelle Anpassungserscheinungen zur Folge zu haben. Unterschwellige Reize bewirken keine adaptiven Vorgänge, die Summation von zu hohen Reizen kann zur Überbeanspruchung führen.

Da die Maximalleistungsfähigkeit in der Rehabilitation ständiger Veränderung unterworfen ist, muß die tatsächliche Maximalleistungsgrenze des Rehabilitanden möglichst objektiv überprüft werden, damit ein effektives Training gewährleistet ist.

Reizdauer. Sie gibt die zeitliche Dauer eines Einzelreizes an. Je höher die Reizintensität ist, desto kürzer muß die Reizdauer sein und umgekehrt, je länger die Reizdauer ausfällt, desto geringer wird die Reizintensität sein.

Reizdichte. Sie drückt das Verhältnis von Reizdauer und Reizpause aus. Die Pause zwischen den einzelnen Belastungsreizen kann so lang ausgedehnt werden, daß es zu einer vollständigen Erholung der beanspruchten Funktionselemente kommt.
Neben einer solchen *vollständigen* Erholung existiert das Prinzip der *unvollständigen* Erholung, das auf der Vorstellung basiert, daß es durch die unvollständige Regeneration während der Pause zu einer kompensatorisch höheren Anpassung der belasteten Strukturen kommt als bei einer vollständigen Erholungspause. Dieses Prinzip findet in der Spätphase der Rehabilitation seine sinnvolle Anwendung.

Reizhäufigkeit. Sie gibt die Zahl der Einzelreize bezogen auf eine Zeiteinheit an. In der Regel wird in der Rehabilitation in Serien gearbeitet, d. h., eine Übung wird mehrmals hintereinander ausgeführt. Die Zahl der Übungen pro Serie hängt von der Reizintensität, der Reizdauer und der Reizdichte ab.

Reizumfang. Er ist die Summe aller Einzelreize einer Behandlungseinheit. Der Reizumfang kann als das Produkt von Reizintensität, Reizdauer und Reizhäufigkeit betrachtet werden.

Die Normative der Trainingsbelastung bestimmen die Organisation und Durchführung einer Trainings- oder Behandlungseinheit.

Die Rehabilitation eines Patienten setzt sich aus zahlreichen Behandlungseinheiten zusammen. Der gesamte Verlauf der Rehabilitation wird als Makrozyklus betrachtet, der sich in verschiedene Mikrozyklen unterteilt. Diese Mikrozyklen werden durch unterschiedliche Schwerpunktziele geprägt, die sich in erster Linie an den individuellen Defiziten im Bereich der konditionellen Grundeigenschaften orientieren und von den posttraumatischen Gegebenheiten bestimmt werden. Die Rehabilitation als Gesamtkonzept wie auch die Mikrozyklen müssen ein ausgewogenes Verhältnis zwischen Belastung und Erholung aufweisen, damit das Prinzip der biopositiven Belastung nicht in Frage gestellt wird.

Bei der Strukturierung und Planung des Rehabilitationstrainings muß beachtet werden, daß eine *Verbesserung* einer konditionellen Grundeigenschaft mindestens 3–4 Behandlungseinheiten pro Woche voraussetzt. Die *Stabilisierung* eines einmal erreichten Niveaus einer konditionellen Grundeigenschaft wird durch 2–3 Behandlungseinheiten pro Woche gesichert. Zwischen den einzelnen Behandlungseinheiten sollten allerdings nicht mehr als 3 behandlungsfreie Tage liegen.

Aktuelle Entwicklungsstufen im Rehabilitationstraining

Die aktuelle Entwicklungsstufe eines Rehabilitanden entspricht seinem augenblicklichen Zustand und beschreibt die Einschränkungen und Möglichkeiten bezogen auf die Verletzung und die rehabilitative Therapie.

In der Rehabilitation Unfallverletzter werden fünf Entwicklungsstufen unterschieden: die Übungsstabilität, die Belastbarkeit, die Beanspruchbarkeit, die Alltagsbeanspruchbarkeit und die Sportbeanspruchbarkeit (Tab. **1**). Besonders die ersten drei Entwicklungsstufen sind von krankengymnastisch-rehabilitativem Interesse, wobei die einzelnen Entwicklungsphasen keine scharfen Abgrenzungen zueinander aufweisen, sondern flüssige Übergänge die Regel sind.

Übungsstabilität. Die eingeschränkte Übungsstabilität ist nach den meisten Verletzungen des Halte- und Bewegungsapparats bei konservativem Vorgehen nach Abklingen der akuten Symptomatik gegegeben.

Auch bei operativ versorgten Verletzungen ist bei komplikationslosem Verlauf in der Regel innerhalb der ersten 3–5 postoperativen Tage mit partieller Übungsstabilität zu rechnen. Die vom Arzt genau limitierte Übungsstabilität steckt den Rahmen für die frühfunktionelle Nachbehandlung ab.

Aus krankengymnastischer Sicht bedeutet eingeschränkte Übungsstabilität, daß statisches Muskeltraining, das Schulen der Beweglichkeit und dynamische Muskelarbeit entsprechend der ärztlichen Anordnung möglich sind. Die Anwendung krankengymnastischer Spezialmethoden (z. B. die PNF-Methode) ist erlaubt, erfordert aber große Erfah-

Tabelle **1** Die Behandlungsschwerpunkte der aktuellen Entwicklungsstufen

	Koordination	Maximalkraft	Kraftausdauer	Kardiopulmonale Ausdauer	Beweglichkeit
Übungsstabilität	ooo	ooo	ooo	ooo	(ooo)
Belastbarkeit	oo(o)	oo(o)	oo(o)	ooo	(ooo)
Beanspruchbarkeit	o	oo	oo	oo(o)	(o)
Alltagsbeanspruchbarkeit	x	(o)	(o)	(o)	(o)
Sportbeanspruchbarkeit	x	x	(o)	(o)	(o)

ooo funktionelle stark behinderte Defizite
oo Funktionseinschränkungen bei Einsatz der verletzten Strukturen
o geringe Funktionseinschränkungen
x normale Funktion
( ) vom Einzelfall abhängig

rung und besonderes Geschick hinsichtlich der therapeutischen Grifftechniken.

Die volle Übungsstabilität ist erreicht, wenn unter Entlastung des verletzten Körperteils die uneingeschränkte Bewegungsstabilität möglich ist. Bei knöchernen Verletzungen bietet die operative Osteosynthese sehr rasch die Möglichkeit der belastungsfreien Bewegungsstabilität. Die volle Übungsstabilität modifiziert die entsprechenden krankengymnastischen Techniken nicht, da das entscheidende Element der Belastbarkeit noch nicht erreicht ist. Die volle Übungsstabilität läßt aber meist größere Exkursionen auf den Bewegungsbahnen zu als die eingeschränkte Übungsstabilität, die lediglich Teilabschnitte der Bewegungsbahnen freigibt.

Einen Übergang von der Übungsstabilität zur Belastbarkeit stellt die Teilbelastbarkeit dar, die die Belastung mit einem Teil des Körpergewichts erlaubt.

Belastbarkeit. Sie ist gewährleistet, wenn die verletzten Strukturen so weit ausgeheilt und stabilisiert sind, daß die Belastung in Form des eigenen Körpergewichts zumindest zeitweise möglich ist. Die Belastbarkeit bezieht sich im wesentlichen auf die Stabilität der verletzten Strukturen, nicht aber auf deren funktionelle Einsatzbereitschaft.

In der Phase der Belastbarkeit bestehen neben den Mängeln in der neuromuskulären Koordination zum Teil bedeutende Defizite im Bereich der muskulären Sicherung und Führung sowie in der Beweglichkeit. Nach leichteren Weichteilläsionen (Zerrungen, Muskelfaserrissen und Verstauchungen) richtet sich die Belastbarkeit meist nach der Schmerzempfindlichkeit und dem Ausmaß der Begleitschwellung. Nach Operationen und knöchernen Verletzungen erteilt der Arzt genaue Informationen über den Grad der Belastbarkeit.

In der Phase der Belastbarkeit können im Rahmen der krankengymnastischen Rehabilitation vollständige Muskelketten trainiert werden, verstärkt Widerstände eingesetzt oder gesteigert werden, Rotationen betont und die Bewegungshebel verlängert werden.

Mit zunehmender Wiederherstellung der intra- und intermuskulären Koordination ist die Möglichkeit des Einsatzes sportartspezifischer Trainingsmethoden gegeben. Spezielles Maximalkraft- und Kraftausdauertraining wird in die rehabilitative Behandlungseinheit integriert, um die Muskelatrophie auszugleichen.

Beanspruchbarkeit. Sie ist die Fähigkeit, die verletzten Strukturen einschließlich ihrer Umgebung während eines begrenzten Zeitraums funktionell voll einzusetzen. Die Schwächen in der Phase der Beanspruchbarkeit liegen vor allem auf dem Sektor der Maximalkraft, wenn die Muskelatrophien in Folge von längeren Immobilisierungen noch nicht vollständig ausgeglichen sind. Weiterhin sind Defizite auf den Gebieten der Kraftausdauer, der Koordination und der Ausdauer zu verzeichnen, die vor allem bei längerer Beanspruchung der verletzten Strukturen deutlich werden. Bewegungseinschränkungen bestehen nur noch endgradig und behindern die normale Funktion des entsprechenden Körperabschnitts nicht mehr entscheidend.

In der Phase der Beanspruchbarkeit konzentriert sich die Behandlung auf die Beseitigung letzter koordinativer Probleme und Muskelatrophien, der Muskelstoffwechsel ist so zu normalisieren, daß die von der Verletzung betroffenen Funktionseinheiten in die Lage versetzt werden, Belastungen von normalen Größenordnungen über einen längeren Zeitraum durchzuhalten.

Alltagsbeanspruchbarkeit und Sportbeanspruchbarkeit. Die Alltagsbeanspruchbarkeit geht von der vollen Arbeitsfähigkeit aus. In diesem Bereich gibt es enorme Unterschiede. Zu verschieden sind die Belastungsanforderungen der einzelnen Berufe und Tätigkeiten. Die Alltagsbeanspruchbarkeit eines Schwerarbeiters kann später erreicht sein als die Sportbeanspruchbarkeit eines Schwimmers.

Die volle Sportbeanspruchbarkeit ist gewährleistet, wenn der rehabilitierte Sportler die gewählte Sportart wieder ohne Einschränkungen ausüben kann.

Auf die Problematik im Zusammenhang mit dem Charakter der heutigen Sportausübung wird an dieser Stelle nicht näher eingegangen. Es muß in jedem Fall genau differenziert werden, damit durch eine übermäßige Strapazierung der traumatisierten Strukturen keine Spätschäden entstehen. Die Einstufung in die eingeschränkte Sportbeanspruchbarkeit ist häufig eine Notwendigkeit.

Die Struktur der rehabilitativen Behandlung nach einer Sportverletzung richtet sich nach dem „Reha-Check" (Abb. **6**). Der Reha-Check gibt Auskunft über den Zeitpunkt, wann das Trauma stattgefunden hat bzw. seit wie langer Zeit Beschwerden bestehen, über die Lokalisation der verletzten Strukturen, über den Umfang und das Ausmaß der Verletzung sowie über den Charakter der ärztlich-medizinischen Therapie. Daneben interessiert die ausgeübte Sportart, der Leistungsstandard des Verletzten bezogen auf die gewählte Sportart, das Alter und das Geschlecht. Das Resultat des Reha-Checks bestimmt die Eingruppierung des Rehabilitanden in eine der drei rehabilitativen Entwicklungsstufen, in die Übungsstabilität, die Belastbarkeit oder in die Beanspruchbarkeit.

Grundsätzliches zur aktiven Sportphysiotherapie

In der Vergangenheit war der Begriff Sportphysiotherapie nahezu ausschließlich mit passiven therapeutischen Maßnahmen verknüpft. Massagen, Elektrotherapie, Kälte- und Wärmeanwendungen, Hydrotherapie und dergleichen wurden nicht selten als die einzigen Möglichkeiten zur Prophylaxe und Therapie der Sportverletzungen angesehen. Seit einiger Zeit macht sich ein Trend bemerkbar, der neben den unbestrittenen sinnvollen passiven Anwendungen aktive Maßnahmen in die sportphysiotherapeutische Betreuung und Behandlung integriert. Die moderne Sportphysiotherapie ist durch die Kombination von passiven und aktiven Behandlungsmaßnahmen geprägt.

Die aktive Sportphysiotherapie beschränkt sich nicht nur auf die Behandlung von posttraumatischen Zuständen. Ein wesentliches Wirkungsfeld ist die Prophylaxe von Sportverletzungen. In diesen Zusammenhang fällt auch die Möglichkeit, mit Hilfe spezieller aktiver Maßnahmen das sportartspezifische Training zu unterstützen.

Die Vermarktung und Mystifizierung des „Stretching" muß sicher kritisch betrachtet werden. Das große Verdienst des „Stretching-Propagandisten" Bob Anderson ist es aber, daß es ihm in den USA gelungen ist, die aktiven sportphysiotherapeutischen Möglichkeiten publik zu machen und die Einsicht in die Notwendigkeit und Effektivität der aktiven Behandlungsmethoden im Leistungssport und damit im Sport allgemein durchzusetzen.

Name: ____________________ Sportart: ____________________

Alter: ____________________ Leistungsstandard:* ____________________

Geschlecht: ____________________ Trainingsalter:** ____________________

Wann war die Verletzung?
(Zeitpunkt des Traumas,
Zeitraum der Beschwerden)

Wo ist die Verletzung?
(Lokalisation)

Was ist verletzt?
(welche Strukturen)

Wie schwer ist die Verletzung?
(Umfang und Ausmaß, Bedeutung
für Alltag und Sport)

Welche ärztlich-medizinische Therapie?
(konservativ oder operativ)

→ aktuelle Entwicklungsstufe:
- ☐ Übungsstabilität
- ☐ Belastbarkeit
- ☐ Beanspruchbarkeit

Spezielle ärztliche Anordnungen
für die Rehabilitation:

Datum: ____________________ zuständiger Arzt: ____________________

zuständiger Kranken-
gymnast/Masseur: ____________________

* I Spitzensportler (A- oder B-Kadermitglied)
II Leistungssportler (mehr als 2 regelm. Trainingseinh. pro Woche)
III Breitensportler
IV Nichtsportler

** Zahl der Jahre, die der Sportler systematisch seine Sportart trainiert

Abb. **6** „Reha-Check" in der Rehabilitation von Sportverletzungen. Beispiel eines Informationsbogens.

Auch wenn der Trend derzeit für die aktive Sportphysiotherapie spricht, wird es noch geraume Zeit dauern, bis die aktiven Behandlungsmaßnahmen sich in weiteren Kreisen des Sports einen festen Stellenwert geschaffen haben.

Funktionssysteme des Bewegungsapparats

Unter einem Funktionssystem wird die funktionelle Einheit des neuromuskulären Systems einschließlich der passiven Halte- und Stützstrukturen einer umschriebenen Körperregion verstanden, deren Einzelelemente in direktem Bezug zueinander stehen (Abb. **7**). Knebel (31) beschreibt vier Funktionskreise, die als Teilsysteme zu betrachten, aber weder von der Gesamtheit aller Funktionssysteme noch von den sich zum Teil überlappenden Nachbarsystemen zu isolieren sind.

Störungen innerhalb eines Funktionssystemes wirken sich in der Regel auch auf die Nachbarsysteme aus. Umgekehrt kann aber die verbesserte Funktion eines „Hilfssystems“ die Effektivität des „Hauptsystems“ beeinflussen. Im Sport, und hier vor allem im Leistungssport, muß das Kräfteverhältnis zwischen den einzelnen Funktionssystemen beachtet werden. Berücksichtigt man die Hauptbewegungen der ausgeübten Sportart, wird die Bedeutung der vordergründig zweitrangigen Funktionssysteme bezüglich der Gesamtleistung oft unterschätzt.

Wenn Mobilisationen oder Dehnungen angezeigt sind, wird gezielt in einem Funktionssystem gearbeitet, während die entsprechenden Nachbarsysteme fixiert sind. Andererseits existieren systemübergreifende Muskelschlingen. Funktionseinschränkungen innerhalb des Verlaufs einer solchen Muskelschlinge können sich im Bereich der im gleichen Funktionssystem zugeordneten antagonistischen Muskelkette bemerkbar machen oder aber sich in einem Nachbarsystem manifestieren.

Ein Beispiel soll das näher erläutern: Durch sportartspezifisches Training, z. B. Fußballtraining, werden die Hüftbeuger und Kniestrecker als Hauptbewegungsmuskeln einseitig zu einer Hypertrophie gebracht. Die Vernachlässigung ausreichender Dehnung der hypertonen Arbeitsmuskulatur und ausgleichenden Kräftigung der antagonistisch wirkenden Hüftstrecker und Kniebeuger hat eine muskuläre Dysbalance im Funktionssystem LWS-Becken-Beine zur Folge. Die anatomische Beckenkippung wird verstärkt und damit das Kräftegleichgewicht zwischen den Rückenstreckmuskeln und der Bauchmuskulatur nachhaltig gestört. Die relative Insuffizienz der Bauchmuskulatur und der Hypertonus der Rückenstrecker haben im Zusammenhang mit der erwähnten muskulären Dysbalance der Hüft- und Kniemuskulatur zur Folge, daß die Effektivität der sportartspezifischen Bewegungen gemindert ist. Diese biomechanisch und koordinativ bedingten Funktionsstörungen sind Wegbereiter für Verletzungen und chronische Überbelastungssyndrome. Länger andauernde Muskelungleichgewichte dieser Art können sogar zu negativen Veränderungen im Nachbarsystem zugeordneten LWS-BWS-Übergang in Form von stark erhöhtem Muskeltonus der Rückenstreckmuskulatur führen bis hin zur kompensatorischen BWS-Hyperkyphosierung, die vor allem Extensions- und Rotationsbewegungen des Rumpfes beeinträchtigt.

Aus diesem Beispiel läßt sich erkennen, daß Störungen im Bereich der Funktionssysteme nicht mit passiven Maßnahmen behoben werden können. Einzig aktive Übungen können die Harmonie zwischen den einzelnen Funktionssystemen und ihren agonistischen und antagonistischen Strukturen wiederherstellen.

Das Gleichgewicht innerhalb der einzelnen Funktionssysteme und der Funktionssysteme untereinander ist die Voraussetzung für eine optimale sportliche Leistung und zugleich die beste Verletzungsprophylaxe.

Kontralateraler Transfer

Der kontralaterale Transfer beschreibt die Wirkung, die durch eine Trainingsbelastung auf die kontralateralen Elemente erzielt wird, die den aktiv übenden Strukturen zugeordnet sind. In der Krankengymnastik ist die verletzte oder operierte Extremität oft nicht direkt trainierbar, so daß dem kontralateralen Transfer von Trainingsbelastungen besondere Bedeutung zukommt.

In der Trainingswissenschaft und Arbeitsmedizin existieren unterschiedliche Auffassungen zum Phänomen des kontralateralen Transfers. Wie zahlreiche Studien zeigen, läßt sich die Trainingswirkung von Koordinationsübungen auf der nicht aktiven Seite objektiv nachweisen (23). Die durch EMG-Untersuchungen dokumentierten Verbesserungen der Koordination kontralateraler Strukturen kann bei bis zu 50% der auf der übenden Seite erzielten Werte liegen.

Wird im Ausdauertraining mehr als ein Drittel der Gesamtmuskelmasse eingesetzt, so kommt es durch die Verbesserung der kardiopulmonalen Leistungsfähigkeit zu einer generellen Steigerung der aeroben Energiegewinnungsmechanismen, die sich auch in nicht an der Übung beteiligten Strukturen positiv auswirkt. Bezüglich des Krafttrainings herrscht keine Einigkeit, ob tatsächlich ein objektivierbarer kontralateraler Transfer zu erzielen ist. Die unkontrollierte, reflektorische Mitinnervation von kontralateraler Muskulatur und die dadurch hervorgerufene Trainingswirkung wird allgemein nicht als echter kontralateraler Transfer akzeptiert. Speziell in der Krankengymnastik wird die reflektorische Mitinnervation kontralateraler Muskulatur

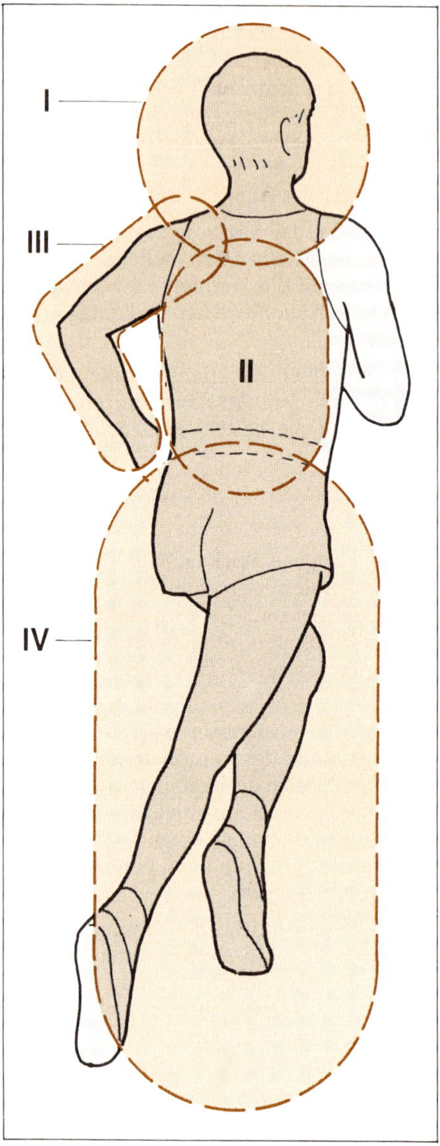

System	Hauptgelenke
I Kopf, HWS HWS-BWS-Übergang (bis Th5)	HWS-Gelenke BWS-Gelenke
II BWS, Brustkorb BWS-LWS-Übergang	BWS-Gelenke LWS-Gelenke kostovertebrale Gelenke
III Schultergürtel obere Extremitäten	Sternoklavikulargelenk Akromioklavikulargelenk Schultergelenk Ellenbogengelenk Radioulnargelenk Hand- und Fingergelenke
IV LWS LWS-Becken-Übergang untere Extremitäten	LWS-Gelenke Iliosakralgelenke Hüftgelenk Kniegelenk unteres und oberes Sprunggelenk Zehengelenke

Abb. **7** Systematisierte Übersicht der menschlichen Funktionsorgane des Bewegungsapparats (in Anlehnung an *Knebel*).

Wichtige Muskulatur	**Häufige leistungsmindernde Funktionsstörungen**
HWS-Extensoren ↔ HWS-Flexoren M. trapezius M. levator scapulae	– muskuläre Dysbalance der HWS-Extensoren und HWS-Flexoren – Hypertonus des M. trapezius und des M. levator scapulae – Sehnenansatzbeschwerden im Bereich der Linea nuchae und am Angulus inferior der Skapula
interskapuläre Muskulatur BWS- und LWS-Extensoren Muskulatur des Schrägsystems der autochthonen WS-Muskulatur	– Insuffizienz der interskapulären Muskulatur → Stabilisationsschwächen bei Schultergelenkbewegungen – Hypertonus der WS-Extensoren – verstärkte und evtl. (teil)fixierte BWS- Kyphose – Blockierungen der kostovertebralen Gelenke
Schultergürtelmuskulatur (→ Mm. trapezius, levator scapulae, pectoralis major, latissimus dorsi) Rotatorenmanschette des Schultergelenks Ellenbogenflexoren M. triceps brachii Hand- und Fingerextensoren und -flexoren Daumenmuskulatur	– Muskelansatzschmerzen und Hypertonus im Bereich der Skapula – Muskelverkürzungen der Mm. pectoralis major, latissimus, levator scapulae, biceps brachii, triceps brachii, Hand- und Fingerextensoren und -flexoren – Sehnenbeschwerden im Bereich des Schultergelenks – Dysbalance und relative Insuffizienz der Rotatorenmanschette – Überlastungssyndrom des M. biceps brachii – (Insertions-)Tendopathien der Hand- und Fingerextensoren und -flexoren – Überlastung des Daumensattelgelenks
LWS-Flexoren ↔ LWS-Extensoren Hüftflexoren ↔ Hüftextensoren Hüftadduktoren ↔ Hüftabduktoren Knieflexoren ↔ Knieextensoren M. rectus femoris ischiokrurale Muskulatur Glutäalmuskulatur Unterschenkelmuskulatur Fußmuskulatur M. tensor fasciae latae Iliotibialfraktur	– muskuläre Dysbalancen im Bereich LWS-Becken-Hüfte-Knie – Überlastungssyndrom (der WS) nach hohen Belastungen und ungenügender LWS-Stabilisation – Hyperlordose der LWS, segmentale Hyper- und Hypomobilität der LWS – Blockierungen im Bereich der LWS- bzw. der Iliosakralgelenke – Verkürzungen der Mm. iliopsoas, rectus femoris, der ischiokruralen Muskulatur, der Adduktoren, der Wadenmuskulatur – relative Insuffizienz der Hüftabduktoren → mangelhafte Beckenstabilität in der Spielbeinphase – Knieinstabilitäten, Chondropathia patellae – Beschwerden im Bereich der Achillessehne, relative Insuffizienz der Fuß- und Unterschenkelmuskulatur – Fußfehlstellungen (Knick-, Senk-, Spreiz-, Hohlfuß)

häufig durch Schmerzen oder Störungen im koordinativen Bereich gehemmt. Untersuchungen, die den kontralateralen Transfer im Maximalkrafttraining beschreiben, sind vermutlich Fehlinterpretationen und eher mit koordinativen Verbesserungen oder durch Ausdauertraining bedingten Einflüssen zu erklären (19).

Koordination

Unter Koordination wird das Zusammenwirken des Zentralnervensystems und der Skelettmuskulatur innerhalb eines gezielten Bewegungsablaufes verstanden.

Diese Definition macht die Komplexität der konditionellen Grundeigenschaften Koordination und Kraft deutlich, wobei die Koordination auf einer übergeordneten Stufe einzuordnen ist. Im Rahmen der Krankengymnastik und Rehabilitationen steht die Koordination an erster Stelle der konditionellen Grundeigenschaften. Sie befähigt zur effektiven Umsetzung von Kraft, Ausdauer, Schnelligkeit und Beweglichkeit.

Erfahrungen in der Krankengymnastik haben gezeigt, daß durch gute koordinative Fähigkeiten, selbst bei atrophierter Muskulatur Mängel im Bereich der Kraft und Ausdauer zumindest kurzfristig kompensiert werden können.

Theoretische Aspekte der Koordinationsschulung

Die Trainingslehre differenziert die Koordination in die Geschicklichkeit und die Gewandtheit. Geschicklichkeit bezieht sich auf die koordinative Qualität der feinmotorischen Bewegungen einzelner Abschnitte des Bewegungsapparats. Gewandtheit stellt die weniger differenzierte koordinative Qualität der Gesamtmotorik dar. Der Sprungwurf eines Basketballspielers ist die Synthese seiner Sprunggewandtheit und seiner Wurfgeschicklichkeit. Gewandtheit entwickelt sich zeitlich vor der Geschicklichkeit.

Das Ziel der Koordinationsschulung ist die Reduzierung des Energieaufwandes während muskulärer Aktionen bei gleichbleibender oder höherer Effizienz. Durch die Ökonomisierung der vorhandenen Energien wird der Zeitpunkt der Ermüdung hinausgeschoben. Die Energieanforderung bei muskulärer Arbeit läßt sich nicht nur auf die Energie beschränken, die zur tatsächlichen Muskelkontraktion benötigt wird. Auch Aufnahme, Weiterleitung, Umschaltung, Verarbeitung und Kontrolle der sensiblen und motorischen Impulse verbrauchen Energie. Hier setzt die Koordinationsschulung an. Ständiges Wiederholen eines Bewegungsmusters führt zur Adaptation des neuromuskulären Apparats, die sich in der Anpassung der Synapsen sowie in der Erregungssteigerung der motorischen Vorderhornzellen der agonistischen Muskulatur äußert. Diese Adaptationsmechanismen können als Fazilitation oder Bahnung bezeichnet werden.

Die durch ungewohnte, neuartige Bewegungsabläufe hervorgerufenen Reize haben die Eigenschaft, sich im Bereich des Gyrus praecentralis auszubreiten und damit die Mitbewegung für das tatsächliche Bewegungsmuster überflüssiger Muskulatur zur provozieren. Koordinationsschulung schränkt diesen negativen Irradiationseffekt ein. Die zentralnervöse Ermüdung wird verzögert, da sich die Energieverluste durch nicht gewollte negative Irradiation verkleinern.

Wird ein spezifisches Bewegungsmuster automatisiert, dann werden zusätzliche Kontroll- und Steuerungskapazitäten frei, denn die bewußte Kontrolle der Bewegung entfällt. Die Automatisierung eines Bewegungsmusters wird als die Schaffung eines spezifischen motorisch-dynamischen Stereotyps bezeichnet, womit die zeitlich und räumlich identische Ausführung eines vorgegebenen Bewegungsmusters gemeint ist.

Bekannte Bewegungsmuster können auch unter optischer Kontrolle des Übenden nicht leichter über den Zeitpunkt der Ermüdung ausgeführt werden. Der einprogrammierte Bewegungsablauf eines bestimmten Bewegungsmusters beinhaltet das entsprechende räumliche Bewegungsgefühl. Gewohnte Bewegungsmuster können deshalb weitgehend unabhängig von optischer Kontrolle ausgeführt werden. Hat ein Volleyballspieler die sportartspezifischen Bewegungsmuster (Schmettern, Blocken, Pritschen usw.) motorisch-dynamisch stereotypisiert, so kann er sich ganz seinem Stellungsspiel und der Spielsituation widmen. Die technische Ausführung seiner Aktionen ist weitgehend automatisiert.

Die Koordinationsschulung beeinflußt zwei muskuläre Koordinationssysteme. Zum einen wird die *intramuskuläre* Zusammenarbeit innerhalb des einzelnen Muskels durch koordiniertes, auf die Anforderungen genau abgestimmtes Innervieren und Rekrutieren der Muskelfasern verbessert. Bedenkt man, daß jeder einzelne Muskel bis zu mehreren Zehntausend Muskelfasern aufweist – für den M. biceps brachii werden über eine Million Fasern angegeben –, so wird die enorme intramuskuläre Koordinationsaufgabe klar.

Zum anderen wird durch Koordinationsschulung das *intermuskuläre* Zusammenspiel verbessert. Hier sind vor allem Kontrollvorgänge gemeint, die das genaue Timing innerhalb einer Agonistenkette und die Steuerung der Muskeleinsätze zwischen den Agonisten und den Antagonisten betreffen.

Die objektive Erfassung der koordinativen Fähigkeiten orientiert sich vor allem an den im Elektromyogramm abgeleiteten Aktionsströmen, die genaue Informationen über die Impulsfrequenz, die Zahl der innervierten motorischen Einheiten sowie über die Amplitude der mechanischen Beantwortung des elektrischen Reizes geben.

Praktische Aspekte der Koordinationsschulung

Praktische Hinweise auf den Charakter und den Umfang von Koordinationsschulung lassen sich einer Studie entnehmen, daß sich mit den Möglichkeiten der Koordinationsschulung der Hand beschäftigte.

Das beste Ergebnis wurde in der Gruppe von Testpersonen festgestellt, die über einen Zeitraum von 6 Wochen ein bestimmtes Bewegungsmuster der Hand täglich 150mal geübt hatten. Es ergab sich eine koordinative Verbesserung von 35–40% im Vergleich zum Ausgangswert. Die nichttrainierte Hand wies Zuwachsquoten von 15–20% auf, so daß der kontralaterale Transfer von Koordinationstraining nachgewiesen ist. Mehr als 150 Wiederholungen eines spezifischen Bewegungsmusters pro Übungseinheit steigerten den Trainingseffekt nicht. Es kam selbst bei geringer Belastungsintensität zu Ermüdungserscheinungen, die die Koordination nachweisbar beeinträchtigten. Diese Studie belegt die objektiv nachweisbare Trainierbarkeit der Koordination. Die Hand reagiert ungewöhnlich günstig auf Koordinationsschulung. Bei verletzten oder behinderten Patienten, bei älteren Menschen, bei Bewegungsmustern in koordinativ schwer zugänglichen Regionen (Lendenwirbelsäule, Schulterblattregion usw.) sind wesentlich mehr Repititionen und längere Zeiträume der Koordinationsschulung notwendig, um ähnliche Verbesserungen zu erreichen.

Einen besonderen Aspekt der Koordination stellt die Spezifität des Trainingseffekts dar. Das Training eines spezifischen Bewegungsmusters begünstigt allenfalls sehr ähnliche Bewegungsabläufe. Die Sprunggewandtheit eines Handballspielers läßt sich nicht mit leichtathletischem Weitsprungtraining beeinflussen. Koordination muß in jedem Fall entsprechend den individuellen Erfordernissen und Ansprüchen, die die ausgeübte berufliche oder sportliche Tätigkeit stellt, geschult werden.

Koordinative Fähigkeiten, besonders auf sportlichem Gebiet, sind nicht angeboren, sondern erworben. Je früher mit dem Üben koordinativer Fähigkeiten begonnen wird, desto stabiler wird der damit erzielte motorisch-dynamische Stereotyp sein. Für die Krankengymnastik bedeutet das zum Beispiel, daß Haltungsschulung im frühen Kindesalter vor allem unter dem Aspekt der koordinativen Korrektur der fehlerhaften Haltung zu betrachten ist, da Krafttraining erst ab dem 11.–12. Lebensjahr beginnt, echte Effizienz zu entwickeln.

Die Schulbarkeit der Koordination reduziert sich ab dem 40. Lebensjahr und läßt jenseits des 55.–60. Jahres entscheidend nach (23). Für ältere Patienten oder Sportler bedeutet dies natürlich nicht, daß jede

Koordinationsschulung sinnlos ist, doch müssen die Erwartungen entsprechend niedrig angesetzt werden.

Wenn das spezifische Training unterbrochen wird, haben koordinative Fähigkeiten zeitlich nur begrenzte Stabilität. Die Qualitätsverluste der Koordination durch verletzungsbedingte Trainingspausen oder Immobilisierungen können aber in der Regel schnell wieder ausgeglichen werden, sofern die koordinative Basis einmal vorhanden war.

In der praktischen Durchführung des Koordinationstrainings ist die Beschränkung auf die wesentlichen Bewegungsmuster das oberste Leitmotiv. Die Zahl der Repititionen ist hoch und richtet sich nach der Behandlungsregion. Die Belastungsintensität der Übungen ist gering und wird 30% der Maximalkraft nicht überschreiten. Bei der geringen Reizintensität sind längere Pausen oder das Üben in Block- und Serienform nicht zwingend notwendig aber möglich. Koordinatives Training wird im Regelfall mit zügiger rhythmischer, dynamisch-konzentrischer Muskelarbeit durchgeführt. Koordinationsschulung findet immer im ausgeruhten und konzentrierten Zustand von Patient und Therapeut statt. Bei einsetzender Ermüdung müssen Pausen eingelegt oder muß die Behandlung abgebrochen werden, damit das unkoordinierte Weiterüben nicht zu einer Stabilisation von unsauberen Automatismen führt. In einer Behandlungseinheit, in der mehrere konditionelle Grundeigenschaften geübt werden, muß die Schulung der Koordination direkt nach dem Aufwärmen und Vorbereiten durchgeführt werden.

Propriozeptive neuromuskuläre Fazilitation (PNF) im Sport

Propriozeptive neuromuskuläre Fazilitation (PNF) ist eine krankengymnastische Behandlungsmethode, die dreidimensionale komplexe Aktionen von Agonistenketten über gezielte Reizung verschiedener exterozeptiver und interozeptiver Rezeptoren fazilitiert.

Diese Definition impliziert, daß mit PNF vorrangig die Koordination verbessert wird. Die konditionellen Grundeigenschaften Kraft, Ausdauer und Beweglichkeit werden zwar von Übungen der PNF-Methode beeinflußt, doch ist die Priorität der Koordinationsschulung eindeutig.

Der Wert der Arbeit von *Kabat* und *Knott* liegt darin, daß es ihnen Ende der 40er Jahre gelungen ist, Bewegungsübungen (Muster) zu entwickeln, die auf dem Prinzip der funktionellen Agonistenkette basieren (s. Abb. **9–16**). Ein PNF-Muster ist eine genau definierte Position bzw. Bewegung, in der eine Muskelkette auf einer Bewegungsdiagonalen optimal angesprochen wird. An dieser Stelle sei bemerkt, daß bereits in den 30er Jahren der Begriff der Muskelschraube geprägt und damit auf die Komplexität von muskulären Aktionen hingewiesen wurde (6).

In der PNF-Methode ist der Gedanke verankert, daß isoliertes Training einzelner Muskeln unzureichend ist und die eine muskuläre Aktion ausführenden neuromuskulären Einheiten nur so funktionsfähig sein können wie ihr schwächstes Glied.

Nach der Beevor-Regel denkt das Gehirn immer in komplexen Muskelketten. Der an einer Stelle einer funktionellen Muskelschlinge gesetzte Reiz überträgt sich auf andere Strukturen der gleichen Muskelkette. Dieses Übertragungsphänomen wird auch als Overflow oder positive Irradiation bezeichnet.

Die Existenz des sensorischen Systems ist eine der wesentlichen Grundlagen der PNF-Methode. Das sensorische System umfaßt die Gesamtheit aller Rezeptoren des menschlichen Körpers einschließlich der zugeordneten Verarbeitungsstationen. Die Exterozeptoren des sensorischen Systems registrieren Reize und transformieren die Wirkungen von Prozessen und Zuständen in ihrer Umgebung. Für die PNF-Methode sind die visuellen, auditiven, kutanomechanischen und bedingt auch die kutanothermischen Exterozeptoren von Bedeutung. Unter den Interozeptoren spielen die Propriozeptoren die entscheidende Rolle. Sie registrieren die mechanischen Vorgänge bei körpereigenen Bewegungen, wie beispielsweise Dehnungen der Muskulatur oder der Gelenkkapseln, sowie die Kompression der Gelenkflächen. Die Propriozeptoren sind die wichtigsten Rezeptoren der PNF-Methode. PNF muß aber als eine „multirezeptive" Behandlungsmethode betrachtet werden.

Unter einer PNF-Diagonalen wird die Bewegungsbahn verstanden, auf der die agonistische Muskelkette eines PNF-Musters ihre optimale Kraftentfaltung findet und die antagonistische Muskelkette ihre optimale Dehnung erfährt.

Das Problem der Koodinationsschulung mit der PNF-Methode liegt in der erwähnten Spezifität des Trainingseffekts. Das heißt, jede Koordinationsschulung muß so konzipiert sein, daß die tatsächlich im Alltag und Sport geforderten Bewegungsabläufe positiv beeinflußt werden. Bei der Analyse von Alltags- und Sportbewegungen erkennt man zahlreiche PNF-Übungen oder entdeckt zumindest deutliche Ähnlichkeiten.

PNF-Techniken

In dieser Systematik der Techniken der PNF-Methode werden die Grundtechniken von den Arbeitstechniken unterschieden. Die PNF-Grundtechniken stellen isoliert gesehen keinen oder nur einen unbedeutenden Trainingsreiz dar. Erst in Kombination mit den Arbeitstechniken, d. h. der tatsächlichen Muskelarbeit, entfalten sie ihre volle Wirkung. Als PNF-Grundtechniken werden das Pumping up (rhythmische Initiierung), die Traktion, die Vordehnung, der therapeutische Stretch und die Approximation bezeichnet. Die Durchführung der Grundtechniken ist nur mit Assistenz eines Therapeuten möglich.

Die Arbeitstechniken werden von der Kontraktionsweise der arbeitenden Agonistenkette bestimmt. Die Arbeitstechniken der statischen Einstellung und der rhythmischen Stabilisation verlangen statische Muskelarbeit. Der dynamisch-konzentrische Einweg und die Bewegungsumkehr sind dynamisch-konzentrische Kontraktionen, der dynamisch-exzentrische Einweg fordert dynamisch-exzentrisches Arbeiten. Die Arbeitstechniken der statisch-dynamischen Kombination und der Pivots kombinieren statische mit dynamisch-konzentrischen und dynamisch-exzentrischen Kontraktionsformen.

Obwohl die Arbeitstechniken jeweils isoliert besprochen werden, ist die Kombination verschiedener Arbeitstechniken sinnvoll. Hier liegt der besondere Trainingsreiz der PNF-Methode, der von keiner anderen krankengymnastischen Behandlungsmethode erreicht wird.

Mit PNF werden vorwiegend die koordinativen Fähigkeiten verbessert. Das Training der Maximalkraft, der Kraftausdauer, der kardiopulmonalen Ausdauer und die Verbesserung der Beweglichkeit hat nach Möglichkeit mit der spezifischen Methodik zu erfolgen, die jeweils im Rahmen der entsprechenden Kapitel dargestellt wird. Hanteltraining und Rollenzugarbeit in PNF-Mustern auf PNF-Diagonalen sind sinnvolle Trainingsvarianten, es fehlen aber die kontrollierenden und stimulierenden Grifftechniken des Therapeuten. Außerdem ist die exakte Durchführung der meisten Arbeitstechniken nicht immer gewährleistet, und die Grundtechniken sind nicht anwendbar.

Grundtechniken der PNF-Methode

Pumping up (rhythmische Initiierung). Pumping up ist das koordinative Einüben eines PNF-Musters mit manueller Assistenz eines Therapeuten. Der Therapeut lehrt den Patienten den exakten Bewegungsablauf zunächst in Form von passiven Bewegungen. Kann der Patient koordinativ folgen, wird der Anteil der Eigenaktivität bei der Ausführung der Bewegung so weit gesteigert, bis das PNF-Muster selbständig gegen leichten Führungswiderstand durchgeführt werden kann.

Pumping up ist die entscheidende Grundtechnik. Erst mit der koordinativen Sicherheit in der Bewegungsausführung können weitere Techniken der PNF-Methode zum Einsatz kommen.

Traktion und Vordehnung. Die Traktion und die Vordehnung stimulieren die Bewegungsfähigkeit durch die Entfernung der Gelenkpartner im physiologischen Ausmaß und Dehnung der agonistischen Muskulatur zur Vorbereitung für den therapeutischen Stretch.

Therapeutischer Stretch (Initialstretch). Der therapeutische Stretch ist eine Dehnung, die den monosynaptischen Eigenreflex nicht kontrahierter Muskulatur auslöst und damit die optimale Stimulation der agonistischen Muskelkette darstellt. Der Stretch wird grundsätzlich nur als Einleitung eines Bewegungsmusters angewendet und nach Möglichkeit für sämtliche an der Bewegung beteiligten Agonisten gesetzt.

Der therapeutische Stretch ist zwar eines der wesentlichen Charakteristika der PNF-Methode, doch ist diese Stimulationstechnik nicht bei allen Arbeitstechniken möglich. So fällt der Initialstretch bei statischen Techniken sowie bei der exzentrischen Einwegtechnik aus. Auch bei Dehntechniken, die in PNF-Mustern geübt werden, muß auf den therapeutischen Stretch verzichtet werden.

Approximation. Die Approximation ist die physiologische Kompression der Gelenkpartner, um die Gelenkstabilität während statischer und dynamischer Arbeit zu gewährleisten. Während der Approximation, die vorwiegend im Rahmen von Arbeitstechniken mit statischem Charakter angewendet wird, kommt es zu einer Reizung der auf Druck empfindlichen Gelenkrezeptoren.

Arbeitstechniken der PNF-Methode

Statische Einstellung. Die statische Einstellung ist die statische Kontraktion der agonistischen Muskelkette eines PNF-Musters in einer bestimmten Position auf der entsprechenden PNF-Diagonalen. Mit dieser Technik kann die Kraft von geschwächten Muskelketten gezielt in den Bewegungsabschnitten mangelhafter Funktion trainiert werden. Die statische Muskelarbeitsweise führt zu einer Verstärkung der bioelektrischen Muskeltätigkeit. Die Zahl der aktiven motorischen Einheiten nimmt zu, die Entladefrequenz erhöht sich, und die synergistisch wirkenden Muskeln werden zunehmend in den Arbeitsvorgang integriert. Das Prinzip der positiven Irridiation (overflow) gewährleistet die Übertragung und Steigerung der Spannung innerhalb der gesamten Agonistenkette.

Der Charakter der statischen Einstellung und die Möglichkeit der sicheren Fixation und Unterstützung verletzter Strukturen im Bereich der agierenden Muskelkette durch die therapeutischen Grifftechniken empfehlen die statische Einstellung als erstes frühfunktionelles Krafttraining in der krankengymnastischen Rehabilitation.

Die statische Einstellung spielt außerdem bei der Durchführung von Muskeldehntechniken nach der CHRS-Methode eine Rolle, sofern die Dehnung in PNF-Mustern vorgenommen wird.

Rhythmische Stabilisation. Die rhythmische Stabilisation soll ein Gelenk oder einen Körperabschnitt über die Kokontraktion der entsprechenden agonistischen und antagonistischen Muskelkette stabilisieren. Mit wechselnder Betonung werden verschiedene Muskelketten aktiviert, ohne daß zwischenzeitlich eine Entspannung und damit eine „Entsicherung" des zu stabilisierenden Gelenks oder Körperabschnitts eintritt. Die rhythmische Stabilisation hat ihre überragende Bedeutung am Rumpf, wo die Schlüsselpunkte Becken, Schulterblatt und Kopf als Hauptansatzpunkte der therapeutischen Grifftechniken dienen. Daneben kann die rhythmische Stabilisation aber unter Umständen auch an großen Extremitätengelenken zur Anwendung kommen.

Im praktischen Üben dürfen lediglich geringe Widerstände eingesetzt werden, da der Schwerpunkt dieser Technik auf dem Erlernen des koordinativen Zusammenspiels der agonistischen und antagonistischen Gelenkstabilisatoren liegt. Zur Erlernung der Technik kann der Therapeut als Erleichterung mit geringen Gelenkexkursionen mit anschließender Haltearbeit beginnen. Die flüssig koordinierten Umschaltvorgänge vom agonistischen auf das antagonistische Muster bei gleichzeitig erhaltener Stabilität des entsprechenden Körperabschnitts ist aber das Endziel. Dabei kommt der rotatorischen Komponente des geübten Musters die größte Bedeutung zu.

Dynamisch-konzentrischer Einweg. Der dynamisch-konzentrische Einweg ist die dynamisch-konzentrische Muskelarbeitsweise der agonistischen Muskelkette eines PNF-Musters, wobei die gesamte Bewegungsbahn oder Abschnitte der Bewegungsbahn zurückgelegt werden.

Die therapeutischen Varianten liegen in der Wählbarkeit des Widerstands und in der Betonung ausgewählter Bewegungsbereiche. Zur Intensität des therapeutischen Widerstands muß angemerkt werden, daß in dieser Hinsicht nur subjektive Angaben möglich sind, es sei denn, das PNF-Muster wird gegen einen objektivierbaren Widerstand ausgeführt, wie ihn z. B. das Rollenzuggerät gewährleistet. Im Regelfall werden PNF-Übungen aber gegen den manuellen Therapeutenwiderstand geübt, so daß es vom Feingefühl des Therapeuten abhängt, ob die Übungen gegen pauschalisierten Standardwiderstand oder gegen differenziert abgestufte Widerstände ausgeführt werden. Auch in der ersten Phase der Rehabilitation sollte mit variablen Widerständen gearbeitet werden, um sich somit den Kriterien der Koordinationsschulung und des Krafttrainings anzunähern.

Bei der Betonung ausgewählter Bewegungsabschnitte muß man sich an den posttraumatischen bzw. postoperativen Tatsachen orientieren, die individiuell sehr verschieden sind. Die PNF-Muster und die Grifftechniken müssen modifiziert und den Gegebenheiten angepaßt werden.

Bewegungsumkehr. Die Bewegungsumkehr ist das flüssig koordinierte Hintereinanderschalten des agonistischen und des antagonistischen Musters einer PNF-Diagonalen ohne dazwischenliegendes Pausenintervall bei dynamisch-konzentrischer Arbeitsweise der jeweiligen agonistischen Muskelkette. Dieser Technik liegt das Gesetz der sukzessiven Induktion zugrunde, wonach einer Anspannung der agonistischen Muskelkette bei sofort anschließender Aktivierung die antagonistische Muskelkette faziliert wird (52).

Auch bei dieser Technik steht die Verbesserung der Koordination im Vordergrund. (Sport-)Verletzte sind oft in ihrer Fähigkeit zur flüssig koordinierten Bewegungsumkehr gestört. Neben dem Hauptziel dieser Technik, dem Erlernen der Umschaltvorgänge von der agonistischen auf die antagonistische Muskelkette, sind zwei weitere Behandlungsschwerpunkte zu nennen. Zum einen wird die Fähigkeit geübt, die jeweilige antagonistische Muskelkette zu entspannen, damit sie die agonistische Aktion nicht bremst oder gar blockiert. Zum anderen kann mit der Technik der Bewegungsumkehr ein organisatorisch effektives Training des physiologischen Muskelgleichgewichts durchgeführt werden. Dabei liegt der wesentliche Effekt im Einsatz variabler Widerstände. Ist beispielsweise diagnostiziert worden, daß sich das Kräfteverhältnis der HWS-Muskulatur deutlich von der anzustrebenden physiologischen Relation 100% Extensorenkraft zu 60% Flexorenkraft unterscheidet, und liegen zudem muskuläre Verkürzungen im Bereich der Extensoren vor, können PNF-Kopfmuster mit der Technik der Bewegungsumkehr so durchgeführt werden, daß das Flexionsmuster mit verstärkter Intensität geübt wird und nach weicher Umschaltung in das antagonistische Muster die Extension im Sinn der Muskelrelaxation und mit geringem Widerstand durchgeführt wird.

Statisch dynamische Kombination. Die statisch-dynamische Kombination ist das flüssig koordinierte Hintereinanderschalten statischer und dynamischer Muskelarbeitsweisen der agonistischen Muskelkette eines PNF-Musters ohne Pausenintervall.

In der herkömmlichen PNF-Nomenklatur wird diese Technik als „Technik der wiederholten Kontraktionen“ bezeichnet. Wir halten diesen Begriff für verwirrend, denn wiederholte Kontraktionen benötigen Pausenintervalle, damit sie wiederholt möglich sind. Diese Pausenintervalle existieren aber bei der statisch-dynamischen Kombination nicht. Vielmehr handelt es sich um wechselnde Muskelarbeitsweisen und damit auch wechselnde Muskelspannungen. Der Wert dieser Technik liegt darin, daß funktionelle Bewegungsabläufe (PNF-Muster) mit funktionellen Muskelarbeitsweisen kombiniert geübt werden. Die Alltags- und Sportbewegungen sind selten rein statische oder dynamische Aktionen. Mit der Technik der statisch-dynamischen Kombination werden die tatsächlichen Anforderungen, die an das neuromuskuläre System gestellt werden, simuliert.

Der zweite Schwerpunkt dieser Arbeitstechnik liegt darin, daß durch den Einsatz verschiedener Muskelarbeitsweisen die Möglichkeit gegeben ist, die vorhandenen Muskelpotentiale optimal auszuschöpfen bzw. geschwächte Glieder der aktiven Muskelkette verstärkt zu stimulieren. Dazu existieren in der Praxis zwei Varianten der technischen Ausführung (Abb. **8**).

In der ersten Variante (Abb. **8a**) wird nach dem therapeutischen Stretch mit dynamisch-konzentrischer Muskelarbeit bis zum Punkt spürbar nachlassender Spannung bewegt. Jetzt erfolgt durch kurzfristige dynamisch-exzentrische Muskelarbeit eine Steigerung der Rekrutierung der motorischen Einheiten und eine Erhöhung der Impulsfrequenz. Diese Erregungssteigerung erleichtert die anschließende Fortführung der Bewegung mit erneuter dynamisch-konzentrischer Arbeit. Dieser Vorgang der erregungssteigernden Stimulation über die kurze dynamische Exzentrik steigert die Rekrutierung der Alphamotoneuronen und erhöht die Impulsfrequenz. Diese vielfach als „Restretch" bezeichnete Aktion ist von dem monosynaptischen Eigenreflex, der das Charakteristikum des Initialstretches darstellt, zu unterscheiden, da die agonistische Muskulatur im beschriebenen Fall bereits kontrahiert ist, wogegen der Initialstretch bei vorgedehnter, nichtkontrahierter Muskulatur eingesetzt wird.

Die zweite Variante (Abb. **8b**) setzt als Stimulationsreiz am Punkt der nachlassenden Muskelspannung statt der dynamisch-exzentrischen Stimulation eine statische Kontraktion ein. Auch die statische Kontraktion führt durch Stimulation der statischen Gammamotoneuronen zur motorischen Erregungssteigerung, deren Ausprägung allerdings etwas geringer ist als die der ersten Variation. Die exzentrischen bzw. statischen Stimulationsreize können je nach Länge der zur Verfügung stehenden Bewegungsbahnen mehrfach wiederholt werden.

Zum Einsatz kommt die statisch-dynamische Kombination beispielsweise in der Mobilisationsphase nach Gelenkruhigstellungen, damit das wiedergewonnene Bewegungsterrain wirkungsvoll aktiv gesichert und stabilisiert werden kann.

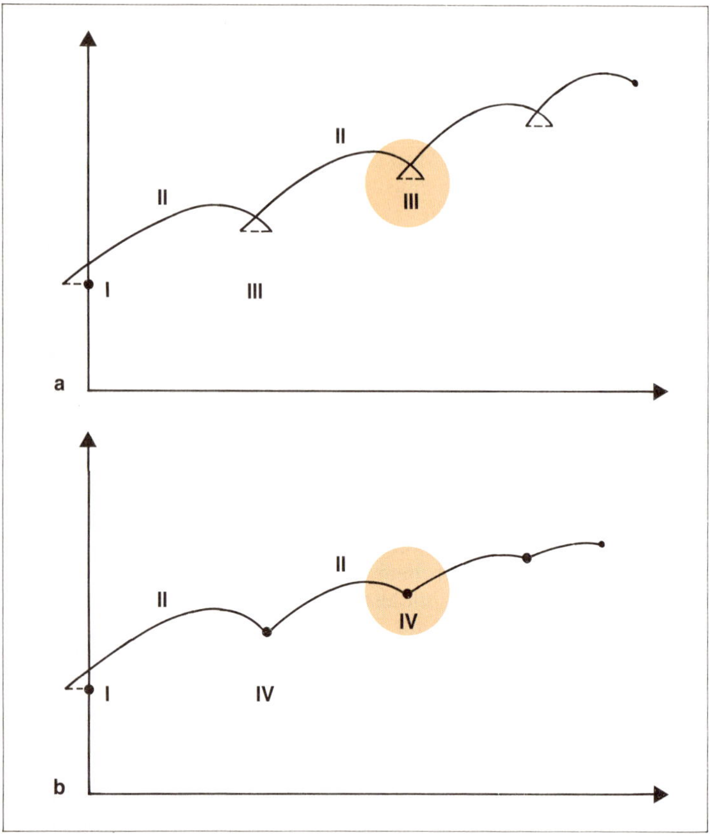

Abb. **8 a–b** PNF-Arbeitstechnik „statisch-dynamische Kombination".

I Therapeutischer Stretch.

II Dynamisch-konzentrische Kontraktion.

III Durch eine vom Therapeuten provozierte dynamisch-exzentrische Kontraktion wird am Punkt nachlassender Spannung die Steigerung der Rekrutierung der motorischen Einheiten und eine Erhöhung der Impulsfrequenzierung erreicht (Variante **a**).

IV Am Punkt nachlassender Spannung erfolgt ein Stimulationsreiz in Form einer statischen Kontraktion (Variante **b**).

Pivoting. Pivoting ist die zeitgleich kombinierte statische und dynamisch-konzentrische Muskelarbeit innerhalb einer agonistischen Muskelkette eines PNF-Musters.

Die Idee dieser Technik basiert auf der Betonung eines Drehpunktes (Gelenk) innerhalb eines PNF-Musters, das einem geschwächten Abschnitt der agonistischen Muskelkette zugeordnet ist.

Durch die Schaffung einer stabilisierenden statischen Muskelanspannung an einem Gelenk, das zum dynamisch mobilen Gelenk in direktem Bezug steht, soll die Übertragung der vorhandenen Kräfte auf die schwächeren Abschnitte der angesprochenen Muskelkette verstärkt werden.

Bei der Durchführung der Technik des Pivoting im Bereich der Extremitäten ist zu beachten, daß das statisch stabilisierte Gelenk immer proximal zum pivotierten Gelenk liegen muß.

Dynamisch-exzentrischer Einweg. Der exzentrische Einweg bezeichnet die dynamisch-exzentrische Arbeitsweise der agonistischen Muskelkette eines PNF-Musters, wobei die gesamte Bewegungsbahn oder Abschnitte der Bewegungsbahn zurückgelegt werden.

Diese anspruchsvolle Technik wird ohne den therapeutischen Stretch und nur mit koordinativ fortgeschrittenen Rehabilitanden geübt. Nach der Einstellung des PNF-Musters wird der Patient aufgefordert, diese Stellung für einige Sekunden statisch zu halten. Dann bewegt der Therapeut die entsprechenden Körperteile langsam in das antagonistische Muster, wobei der Rehabilitand mit dynamisch-exzentrischer Bremsarbeit nachgibt.

Problematik der PNF-Methode bei Unfallverletzten

Die PNF-Methode findet ihren Wirkungsbereich vor allem in den rehabilitativen Entwicklungsstufen der Übungsstabilität und der Belastbarkeit, in denen schwerpunktmäßig koordinative Defizite ausgeglichen werden.

Der Grundgedanke der PNF-Methode basiert darauf, daß der Bewegungsablauf eines Musters auf einer funktionellen Bewegungsdiagonalen stattfindet. Damit die positive Irradiation (overflow) gewährleistet ist, muß sichergestellt sein, daß die proximal der Läsionsstelle gesetzten Reize über die entsprechenden Muskelschlingen weiterlaufen können, um auf die distal der Verletzung befindlichen Muskeln zu wirken. In jedem Fall muß das von M. Knott geprägte „keep in the groove" („halte die Bewegungsdiagonale ein") als Leitsatz in der Anwendung von PNF betrachtet werden. Die *vollständige* Bewegungsbahn, also der Weg zwischen maximaler Ausgangsstellung und maximaler Endstellung, muß oder kann nicht immer realisiert werden. Verletzungsbedingte Gegebenheiten, der Fixationsgriff des Therapeuten, Negativeinflüsse durch weiterlaufende Bewegungen oder die bewußte Betonung bestimmter Bewegungsabschnitte lassen die Vollständigkeit der Bewegungsbahn oft nicht zu. Bei Beachtung der entsprechenden Bewegungsdiagonalen und bei exakter Grifftechnik des Therapeuten kommt es aber auch bei bezüglich des Bewegungsweges unvollständigen PNF-Mustern zu einem Weiterlaufen des Innervationsreizes auf die nicht direkt beteiligte Muskulatur.

Sofern die therapeutische Grifftechnik negative Einflüsse auf die Läsionsstelle ausschließt, sind alle Grund- und Arbeitstechniken anwendbar. Die individuellen, verletzungsbedingten Anforderungen lassen keine schematische Darstellung der Grifftechniken zu, doch kann generell gesagt werden, daß die distal der Läsionsstelle gesetzten Griffe sichernd, stabilisierend und widerstandsfrei sein müssen, wogegen die proximalen Griffe im Sinn der gewählten PNF-Technik kontrollieren, stimulieren und mit Widerstand eingesetzt werden.

Da die Verbesserung der intra- und intermuskulären Koordination in der Entwicklungsstufe der Übungsstabilität eindeutig den Vorrang vor Kraft-, Ausdauer- und Beweglichkeitstraining hat, müssen auch die PNF-Techniken analog dieser Richtlinie ausgewählt und durchgeführt werden.

Besondere Bedeutung kommt dabei der Grundtechnik des Pumping up zu. Durch das rhythmisch-koordinative assistiv durchgeführte Pumping up wird ein PNF-Muster automatisiert. Bei zunehmender Belastbarkeit können dadurch komplizierte Techniken vom Rehabilitanden sehr viel schneller und exakter erlernt werden. Gute Erfolge zeigt die Arbeitstechnik der statischen Einstellung, die wir als erste frühfunktionelle Methode zur Maximalkraftverbesserung bezeichnen. Die Grundtechniken Traktion, Vordehnung, Approximation sowie der therapeutische Stretch sind proximal der Läsion erlaubt. Sie tragen bei zur Funktionserhaltung der nicht direkt durch die Verletzung betroffenen Strukturen, die durch die verordnete Übungsstabilität häufig zur (Teil-)Passivität verurteilt sind. Bei Übungsstabilität sind alle therapeutischen Widerstände, die die Läsion belasten, untersagt. Da proximal der Verletzung normalerweise keine Einschränkungen bezüglich der Höhe des Widerstands bestehen, sofern die therapeutische Grifftechnik weiterlaufende Negativeinflüsse ausschaltet, wird die Höhe des proximal der Läsionsstelle gesetzten Widerstands vom Behandlungsziel bestimmt. In der Phase der Übungsstabilität dominiert die Koordinationsschulung. Entsprechend den trainingsmethodischen Anforderungen werden leichte Widerstände mit mittlerer bis submaximaler Bewegungsfrequenz gekoppelt. Sollen dagegen inaktive, nicht mit der Verletzung in direktem Zusammenhang stehende Muskeln gekräftigt werden, müssen die Widerstände analog dem

Behandlungsziel – Maximalkraft oder Kraftausdauer – gewählt werden.

Wir sind der Meinung, daß krankengymnastisches Muskeltraining in der Phase der Übungsstabilität nicht zu einer Muskelhypertrophie führen kann, da die für eine Muskelmassenzunahme nötige Belastung vor allem quantitativ kaum erreicht wird. Selbst die Erhaltung der Muskelmasse und -kraft ist praktisch unmöglich. Dabei ist weniger die Reizintensität der Übungen, also die Höhe des Widerstands, das Problem, sondern die Unmöglichkeit, den Reizumfang derart zu gestalten, daß die natürlichen Belastungsreize zumindest annähernd kompensiert werden. Inaktive, nichtverletzte Muskulatur kann während der Phase der Übungsstabilität lediglich stimuliert werden, damit die neuromuskuläre Koordination erhalten bleibt, um in späteren Rehabilitationsphasen ein adäquates Krafttraining durchführen zu können.

Der Einsatz von PNF in den Phasen der Belastbarkeit und Beanspruchbarkeit bietet die Möglichkeit, die Koordination des den verletzten Strukturen zugeordneten Funktionssystems im komplexen Zusammenhang zu schulen. Ein Rehabilitand mit einer Knieverletzung wird nun die vollständige Extensoren- bzw. Flexorenkette des Beines trainieren können und somit die Koordination im Funktionssystem LWS-Becken-Bein wiederherstellen.

Bei guten koordinativen Fähigkeiten des Rehabilitanden wird PNF zunehmend im Sinn des rehabilitiven Krafttrainings eingesetzt. Trainingsgeräte wie Hanteln oder Rollenzugapparate werden verwendet oder PNF-Übungen in belastenden Ausgangsstellungen (z. B. im Stand) trainiert.

PNF als Verletzungsprophylaxe und Ergänzung des sportartspezifischen Trainings

Das Training im (Leistungs-)Sport ist in der heutigen Zeit außergewöhnlich speziell ausgerichtet. Wird im Jugend- und Nachwuchssektor durchaus noch vielseitig und den gesamten Körper beanspruchend trainiert, so verliert diese Komplexität und Vielfältigkeit des Trainings mit zunehmender Spezialisierung auf eine oder einige wenige Disziplinen einer Sportart ihren Stellenwert. Je höher der Leistungsstandard des Sportlers ist, desto disziplinspezifischer sind die Trainingsanforderungen strukturiert.

Doch nicht die Spezialisierung ist das Problem, sondern die Einschränkung und Begrenzung der Trainingsinhalte auf die vordergründig erstrangigen Trainingsschwerpunkte. Diese Einseitigkeit des Trainings im Leistungs- und Spitzensport führt nicht nur zu Überlastungen bestimmter Strukturen innerhalb eines Funktionssystems und erhöht damit das Verletzungsrisiko, sie stellt häufig auch eine Sackgasse in der sportlichen Entwicklungsfähigkeit des Athleten dar. Bedauerlicherweise ist der Trend zur Einschränkung der Trainingsinhalte ausschließlich auf die unmittelbaren Anforderungen der ausgeübten Sportart auch im Breiten- und Freizeitsport erkennbar.

Das Problem des (Leistungs-)Trainings im Sport besteht u. a. in dem Ungleichgewicht der erstrangigen Hauptbewegungsmuskulatur und der zweitrangigen übrigen Muskulatur, deren synergistische Leistung vielfach unterschätzt wird. Die vorzeitige Ermüdung schlecht trainierter nachrangiger, nicht direkt an der sportlichen Aktion beteiligter Funktionssysteme verhindert die optimale Leistung. Das physiologische Muskelgleichgewicht darf sich nicht nur auf das gelenkorientierte Verhältnis von Agonisten und Antagonisten beschränken. Für eine hervorragende sportliche Leistung ist ein ähnliches physiologisches Kräftegleichgewicht zwischen den verschiedenen Funktionssystemen nötig.

Die Bewegungsmuster der PNF-Methode sind eine gute Möglichkeit, begleitend zum erforderlichen sportartspezifischen Training ein „Ausgleichstraining" durchzuführen. Dieses Ausgleichstraining hat das Ziel, die nachgeordneten Funktionssysteme so zu trainieren, daß das physiologische Kräftegleichgewicht zwischen den Hauptaktionssystemen und den zweitrangigen Funktionssystemen zumindest annähernd gewahrt wird.

In diesem Bereich der aktiven Sportphysiotherapie hat sich das Krafttraining mit Gewichten (Hanteln, Rollenzugapparat, Klettgewichten usw.) in PNF-Mustern bewährt. Die Funktionalität und Komplexität der PNF-Muster bieten den Vorteil, daß ökonomisch und zeitsparend geübt werden kann und damit der zeitlich-organisatorische Rahmen des Gesamtkonzeptes des Trainings nicht gesprengt wird.

Beispiele von Bewegungsmustern der PNF-Methode

Mit den Abbildungen **9–16** soll an einigen ausgewählten PNF-Mustern das Prinzip der funktionellen Agonistenkette gezeigt werden. Die dreidimensionalen, komplexen Bewegungsmuster laufen auf diagonalen Bewegungslinien und aktivieren somit die beteiligten Muskelketten optimal.

Die Bezeichnung der abgebildeten Muster richtet sich nach der angestrebten Endstellung. Die Bildtexte weisen auf die Hauptagonisten der entsprechenden PNF-Muster hin.

Die Vielzahl der möglichen Muster und deren Varianten in der Ausführung lassen eine vollständige Darstellung aller PNF-Muster an dieser Stelle nicht zu. Die Grund- und Arbeitstechniken der PNF-Methode können in fotografischer Form leider nicht demonstriert werden.

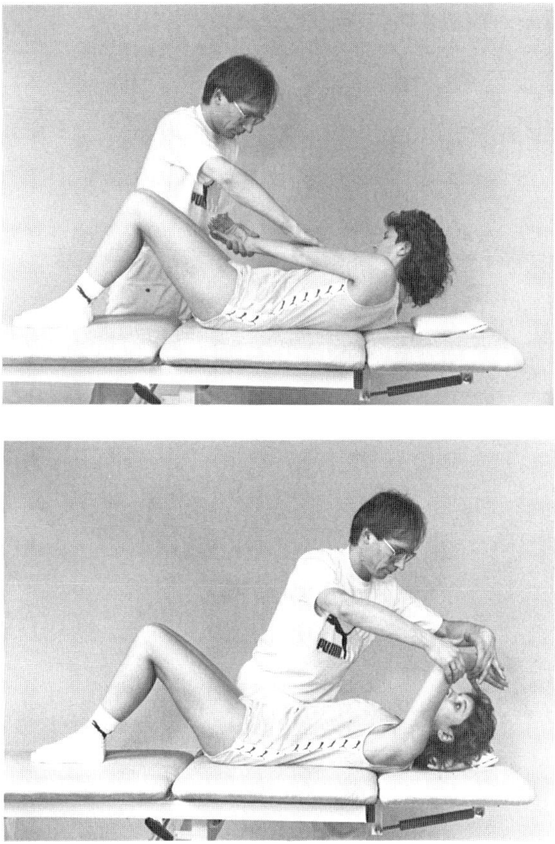

a

b

Abb. **9a–b** Armmuster Flexion–Abduktion–Außenrotation in die Ellenbogenflexion.

oo Schulterflexoren (M. deltoideus, M. trapezius)

o Schulteraußenrotatoren (M. infraspinatus)

o Ellenbogenflexoren, Supinatoren (M. biceps brachii)

o Hand- und Fingerextensoren

Bei Anwendung der modifizierten Pivot-Arbeitstechnik lassen sich die Außenrotatoren mit diesem Muster besonders effektiv schulen.

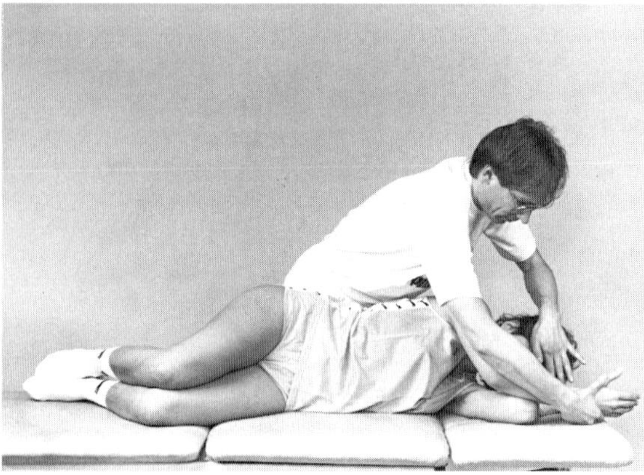

a

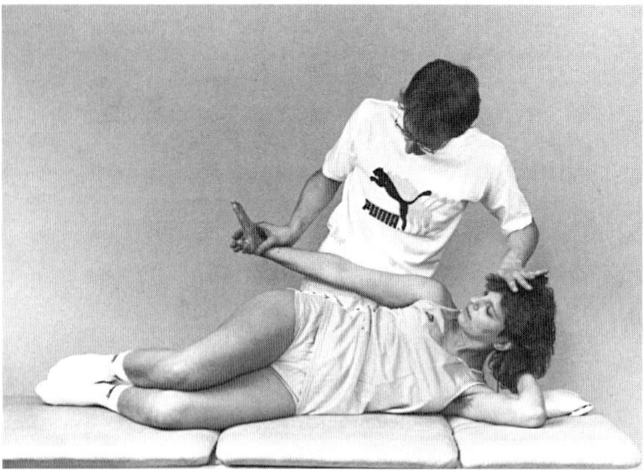

b

Abb. **10a–b** Armmuster Extension–Abduktion–Innenrotation in die Ellenbogenextension (hier in Kombination mit dem Flexionsmuster des Kopfes).
oo Schulterextensoren (M. deltoideus, M. latissimus, M. teres major)
oo interskapuläre Muskulatur (Mm. rhomboidei)
o Ellenbogenextensoren (M. triceps brachii)

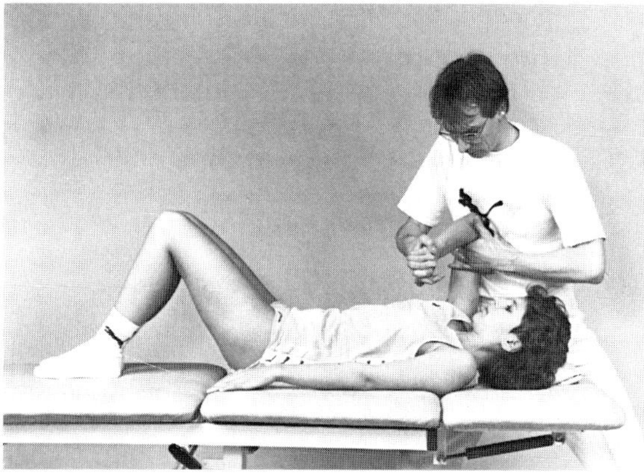

a

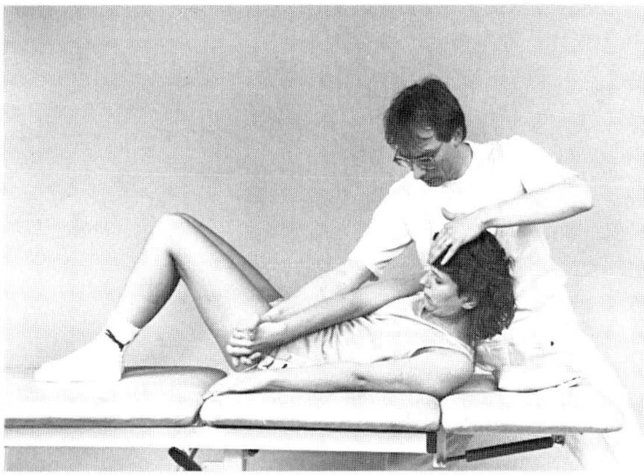

b

Abb. **11a–b** Armmuster Extension–Adduktion–Innenrotation in die Ellenbogenextension (hier in Kombination mit dem Flexionsmuster des Kopfes).

oo Ellenbogenextensoren (M. triceps brachii)

oo M. pectoralis

o Hand- und Fingerflexoren

Mit Hilfe dieses Musters wird durch die weiterlaufende Innervation die Bauchmuskulatur stimuliert. In Kombination mit dem Flexionsmuster des Kopfes läßt sich diese Übung den Rumpfmustern zuordnen.

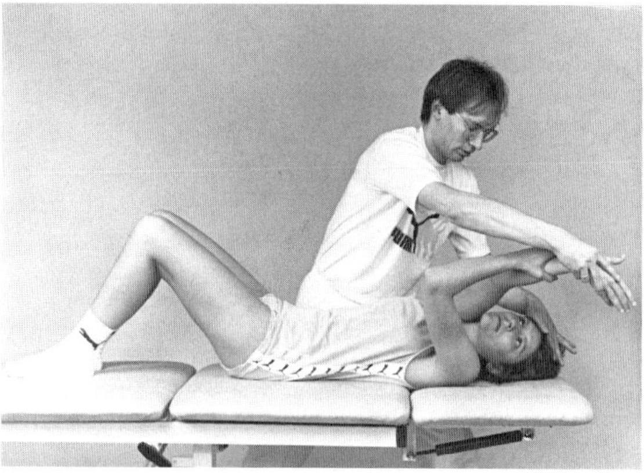

a

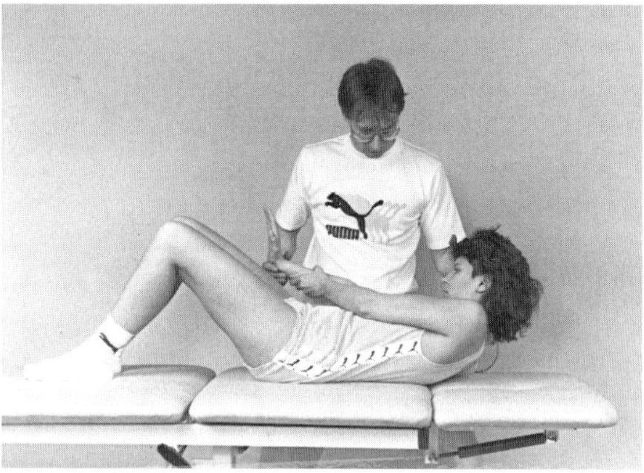

b

Abb. **12a–b** Rumpfmuster „Chopping".

- oo ventrale Rumpfmuskulatur (Bauchmuskulatur mit Schwerpunkt der schrägen Bauchmuskeln der Seite, zu der rotiert wird)
- oo Schulterextensoren (M. latissimus, M. teres major, M. triceps brachii/caput longum)
- o ventrale HWS-Muskulatur
- o M. pectoralis der assistierenden Seite

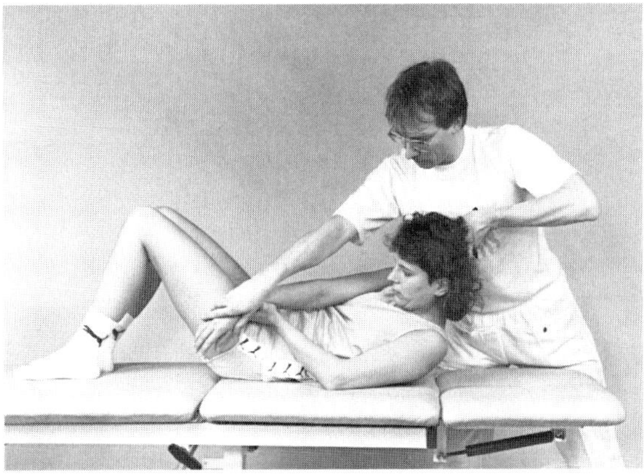

a

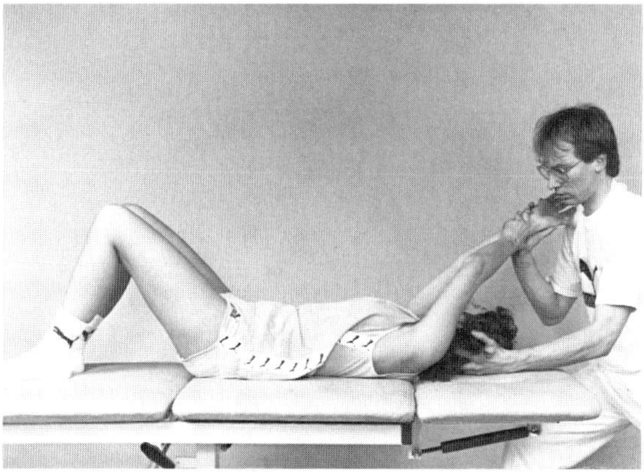

b

Abb. **13a–b** Rumpfmuster „Lifting".

○○ dorsale Rumpfmuskulatur (WS-Extensoren, M. erector trunci)

○○ Schulterflexoren (M. deltoideus, M. trapezius)

○ Ellenbogenextensoren (M. triceps brachii)

○ Hand- und Fingerextensoren

Das Lifting-Muster entfaltet seine beste Wirkung auf die genannten Hauptagonisten, wenn gegen die Schwerkraft gearbeitet wird (Ausgangsstellung z. B. Sitz oder Stand).

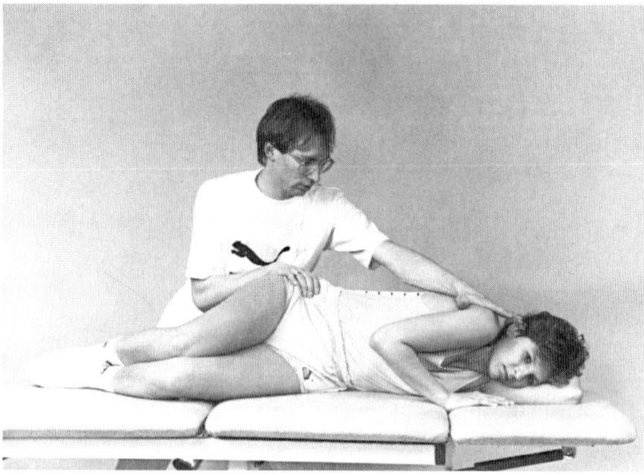

a

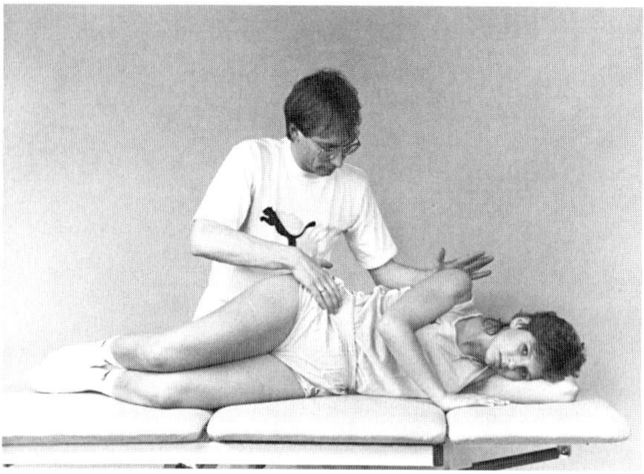

b

Abb. **14a–b** Rumpfmuster „Twitching".
oo ventrale Rumpfmuskulatur (Bauchmuskulatur)
oo dorsale Rumpfmuskulatur (WS-Extensoren, interskapuläre Muskulatur)
oo M. quadratus lumborum

Dieses Muster ist eine Kombination aus dem Beckenmuster anteriore Elevation (Beckenaufrichtung – Rotation und Lateralflexion der Spinae der „mobilen" Seite nach ventral-kranial) und dem Schulterblattmuster posteriore Depression (Schulterblattdepression/-adduktion).

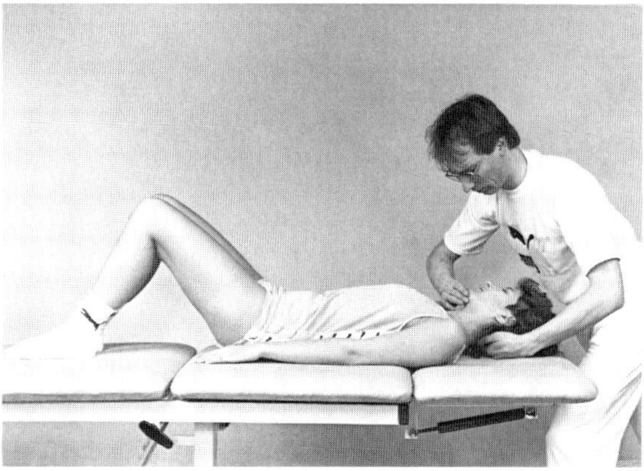

a

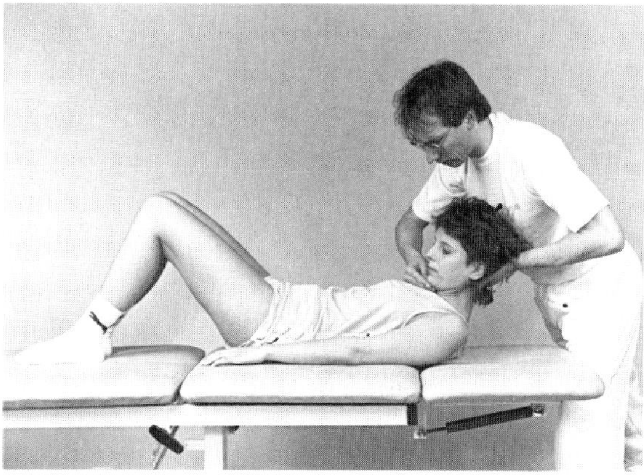

b

Abb. **15 a–b** Kopfflexionsmuster.
oo ventrale HWS-Muskulatur (HWS-Flexoren)
o ventrale Rumpfmuskulatur (Bauchmuskulatur)

Dieses Muster ist wesentlich in der Therapie von Störungen des physiologischen Muskelgleichgewichts zwischen den HWS-Flexoren und den HWS-Extensoren.

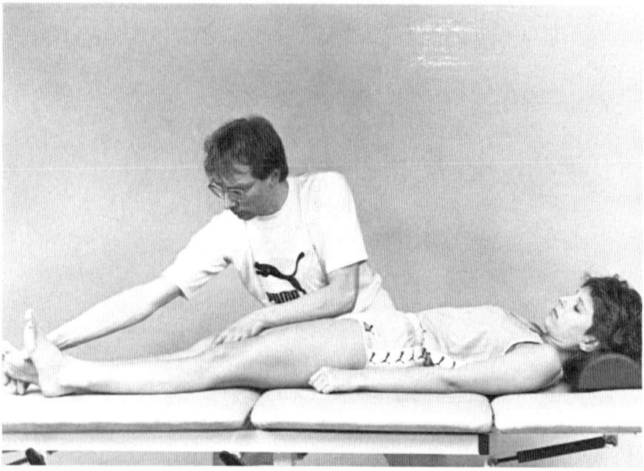

a

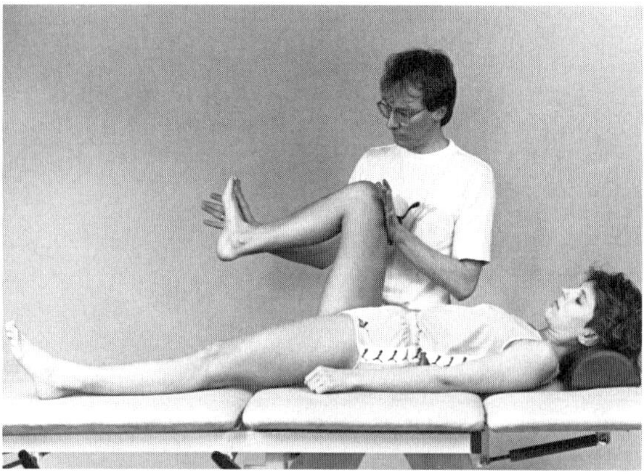

b

Abb. **16a–b** Beinmuster Flexion–Abduktion–Innenrotation in die Knieflexion.
oo Hüftflexoren (M. rectus femoris, M. iliopsoas, M. tensor fascia latae)
o Knieflexoren (ischiokrurale Muskulatur)
o Fuß- und Zehenextensoren

Kraft

Kraft wird als die Fähigkeit eines Menschen definiert, eine Masse zu bewegen, einen Widerstand zu überwinden oder einem Widerstand durch Muskeleinsatz entgegenzuwirken. Kraft darf aber nicht rein physikalisch betrachtet werden als Produkt von Masse mal Beschleunigung, sondern der Muskelstoffwechsel muß als biochemischer Faktor mit einbezogen werden. Die aerob oder anaerob gewonnene Energie wird in mechanische Energie umgewandelt, die Impulse dazu kommen vom Nervensystem. Erst ein funktionsfähiges neuromuskuläres System ermöglicht die Umsetzung der Kraft in Bewegung oder zur Stabilisation. Die Kraft muß deshalb immer in engem Zusammenhang mit der konditionellen Grundeigenschaft Koordination gesehen werden.

Die Sportwissenschaft vermittelt unterschiedliche Differenzierungsschemata für die Systematisierung der Kraft. Um einen einheitlichen theoretischen Hintergrund für die Darstellung des Krafttrainings zu geben, haben wir die Gemeinsamkeiten der verschiedenen Betrachtungsweisen herausgearbeitet und sie entsprechend den Erfordernissen des Rehabilitationstrainings skizziert.

Für die nachfolgenden Abschnitte über die theoretischen und praktischen Aspekte des medizinischen Krafttrainings ist eine geraffte Darstellung der unterschiedlichen Kontraktionsformen der Skelettmuskulatur nötig (Abb. **17**).

Als *dynamisch-konzentrische* (positiv-auxotone) Kontraktionsform wird die Spannungszunahme bei gleichzeitiger Verkürzung des Muskels bezeichnet. Die dynamisch-konzentrische Muskelarbeitsweise stellt die häufigste Form der Muskelkontraktion im Alltag dar.

Die *dynamisch-exzentrische* (negativ-auxotone) Kontraktionsform ist die Spannungszunahme bei gleichzeitiger Verlängerung (Dehnung) eines Muskels. Diese Kontraktionsform wird bei der sogenannten Bremsarbeit benötigt.

Die *statische* Kontraktionsform ist die Spannungszunahme eines Muskels bei gleichzeitiger unveränderter Muskellänge. Die herkömmliche Bezeichnung der „isometrischen Kontraktion“ bezieht sich auf die Konstanz der Muskellänge, die aber in der Praxis selten in voller Konsequenz besteht. Zwischen maximalen dynamisch-konzentrischen und statischen Muskelkontraktionen besteht ein enger Zusammenhang. Die *isotonische* Kontraktionsform stellt die Muskelverkürzung bei unveränderter Muskelspannung dar, ein Vorgang, der lediglich im experimentellen Bereich zu erzeugen ist.

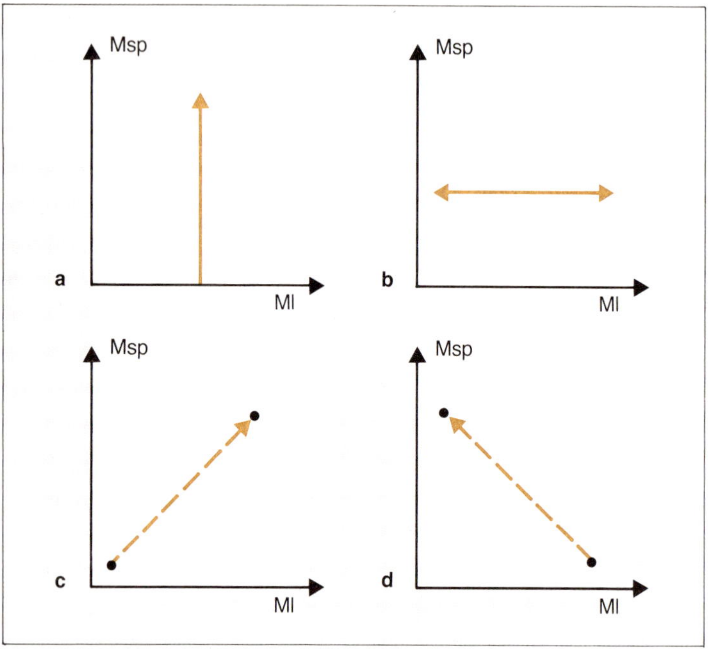

Abb. **17 a–d** Kontraktionsformen der Skelettmuskulatur. Msp = Muskelspannung, Ml = Muskellänge.

a Statisch. Ml = konstant, Msp = ↑.
b Isotonisch. Ml = ↑ oder ↓, Msp = konstant.
c Dynamisch-exzentrisch. Ml = ↑, Msp = ↑.
d Dynamisch-konzentrisch. Ml = ↓, Msp = ↑.

Neben den verschiedenen Kontraktionsformen ist die Erläuterung der drei wichtigsten Unterformen der Kraft für das Verständnis der nächsten Abschnitte erforderlich.

Die Unterformen der konditionellen Grundeigenschaft Kraft sind die Maximalkraft, die Kraftausdauer und die Schnellkraft. Diese Differenzierung bedeutet nicht, daß die drei Subkategorien der Kraft auf einer „hierarchischen Stufe“ stehen oder gar isoliert trainiert werden können.

Alle drei Formen werden vom Innervationsverhalten bestimmt, also der Fähigkeit der willkürlichen Aktivierung der motorischen Einheiten, vom Muskelfaserquerschnitt und der Muskelstruktur, bezogen auf den Anteil der schnellkräftigen Fast-twitch- bzw. der langsameren und ausdauernden Slow-twitch-Fasern.

Maximalkraft. Sie ist die bei einer maximalen statischen Muskelkontraktion gegen einen unüberwindlichen Widerstand einsetzbare Kraft. Diese Definition orientiert sich an der statischen Maximalkraft, die mit 100% angesetzt wird; die dynamisch-konzentrischen Maximalkraftwerte liegen normalerweise etwa um 10–15% niedriger. Gut trainierte Sportler weisen allerdings geringere Abweichungen auf.

Der statischen und der dynamisch-konzentrischen Maximalkraft liegt ein gleichartiges motorisches Vermögen zugrunde. Statische Arbeit wird nicht nur im Rahmen von sogenannter Haltearbeit geleistet. Bei jeder dynamisch-konzentrischen Kontraktion gegen Widerstand ist zu einem gewissen Prozentsatz statische Arbeit gefordert. Beim Anheben eines Gewichtes muß so lange statisch agiert werden, bis die innere Kraft des Übenden die Höhe der äußeren Kraft neutralisiert hat und er durch eine weitere Steigerung seines Krafteinsatzes das Gewicht dynamisch bewegen bzw. beschleunigen kann. Je nach der Größe des zu überwindenden Widerstands kann der Anteil der statischen Kraft bis zu 90% und mehr an der „dynamischen" Gesamtleistung sein.

Das Verhalten der exzentrischen Maximalkraft ist dagegen unterschiedlich. Hier liegen die möglichen Maximalkraftwerte deutlich (bis zu 40%) über denen der statischen Maximalkraft. Die Ursachen liegen in der Summation von Faktoren, die bei statischer oder konzentrischer Arbeit keinen oder nur geringen Einfluß haben. Die dynamisch-exzentrische Arbeitsweise ermöglicht die Rekrutierung nahezu sämtlicher motorischer Einheiten, die maximal mögliche Frequenzierung der motorischen Impulse wird erreicht, und es kommt zu einer Addition der passiven Elastizitätskräfte zum willkürlich geleisteten Kraftaufwand.

Jede dynamische und statische Muskelarbeit, also auch Arbeit im geringen bis submaximalen Bereich, orientiert sich an der Maximalkraft. Diese Tatsache gilt beim Training gesunder Sportler ebenso wie bei der Behandlung von Rehabilitanden.

Unter dem Begriff der physiologischen Grenzkraft wird die Kraft verstanden, die kontrolliert und willkürlich maximal verfügbar ist. Die physiologische Grenzkraft beträgt bei Nichtsportlern etwa 70% der Absolutkraft. Die Absolutkraft ist die Addition der physiologischen Grenzkraft und der autonome geschützten Reservekraft, die lediglich unter speziellen Einflüssen zugänglich ist (intensive Elektrostimulation, maximale exzentrische Kontraktionen, Streßsituationen, Pharmaeinsatz/Doping).

Kraftausdauer. Sie ist eine Kombinationseigenschaft von Maximalkraft und Muskelausdauer. Die Kraftausdauer ist die Ermüdungswiderstandsfähigkeit bei langandauernden oder sich häufig wiederholenden Kraftleistungen. Daraus ergibt sich die Existenz einer statischen und einer dynamischen Kraftausdauer. Für die Qualität der Kraftausdauer sind in erster Linie die lokalen hämodynamischen (z. B. Kapillarkompression) und metabolischen Vorgänge der belasteten Strukturen von Bedeutung. Das kardiopulmonale System ist ein Zuarbeiter der Kraftausdauer, aber nicht der leistungsbegrenzende Faktor.

Die Energiebereitstellung ist bei statischer Kontraktionsweise auf rein aerober Grundlage lediglich bei einer Belastungsintensität von weniger als 15% der Maximalkraft möglich. Im Bereich von 15–50% der Maximalkraft verhält sich der Stoffwechsel bei statischer Arbeit gemischt aerob/anaerob. Bei höherer Beanspruchung kommt es durch die Kontraktionsintensität zur Gefäßkompression und damit zu einem Durchblutungsstopp, in dessen Folge rein anaerobe Vorgänge die Energiebereitstellung prägen.

Rein aerobe dynamische Kraftausdauer ist bei Krafteinsätzen gefragt, die unter der 20- bis 30%Marke der Maximalkraft liegen, wobei submaximale Bewegungsfrequenzen nicht überschritten werden dürfen. Durch die Steigerung der Belastungsintensität (Widerstand), der Bewegungsfrequenz oder durch biomechanische Einflüsse (Arbeitswinkel) ergeben sich fließende Übergänge zur anaeroben dynamischen Arbeitsweise, die ab einer Beanspruchung von 30–50% der Maximalkraft beginnt.
Von lokaler (Muskel-)Ausdauer wird gesprochen, wenn weniger als ein Drittel der Gesamtmuskelmasse beansprucht wird.
Damit ist die (lokale) Kraftausdauer gegen die sogenannte allgemeine Ausdauer, die von der Funktionsfähigkeit des kardiopulmonalen Systems bestimmt wird, abgegrenzt.

Schnellkraft. Sie ist die Fähigkeit des neuromuskulären Systems, einen möglichst großen Impuls in der zur Verfügung stehenden Zeit zu produzieren.

Die Größe des Impulses ist vom Kraftanstieg, d. h. der Schnelligkeit der Kraftentfaltung, vom Kraftmaximum und der Dauer der Kraftwirkung abhängig.

Im Gegensatz zur weit verbreiteten Meinung reduziert sich Schnellkraft nicht auf dynamische Muskelkontraktionsformen, sondern spielt auch bei statischer Arbeitsweise eine wichtige Rolle.

Obgleich der Schnellkraft in den meisten Sportarten eine überragende Stellung zukommt, ist sie im Rehabilitationstraining nahezu ohne Bedeutung. Die Entwicklung der schnellkräftigen Eigenschaften der Muskulatur kann nach Verletzungen oder im Rahmen der Rehabilitation erst dann wieder einsetzen, wenn die Normalisierung und die Reökonomisierung des Muskelstoffwechsels abgeschlossen und die Defizite im Bereich der Maximalkraft und der neuromuskulären Koordination ausgeglichen sind.

Die Hypertrophie, die Normotrophie und die Atrophie sind die Zustandsformen der Skelettmuskulatur. Die Kennzeichen des atrophierten Muskels sind der reduzierte Muskelfaserquerschnitt, Veränderungen der kontraktilen Eiweiße, Störungen im Bereich des Muskelstoffwechsels und Mängel im Rahmen der neuromuskulären Koordination. Diese komplizierte Ausgangssituation erfordert die Modifizierung des Krafttrainings analog den aktuellen, individuellen Gegebenheiten. Eines der wesentlichen Ziele der krankengymnastischen Rehabilitation ist die Wiederherstellung eines normotrophen Zustands der Skelettmuskulatur. Dazu ist eine Steigerung der Maximalkraft und eine Verbesserung der Kraftausdauer vorrangig. In vielen Fällen ist eine gezielte Hypertrophie einzelner Muskeln oder ganzer Muskelketten gefordert, um den posttraumatischen Gegebenheiten gerecht zu werden. Einen besonderen Stellenwert hat in diesem Zusammenhang das Rehabilitationstraining Querschnittgelähmter und Amputierter, wenn atrophierte oder normotrophe Muskulatur zur Hypertrophie gebracht werden soll, um die Dysfunktion bzw. das Fehlen ganzer Körperteile zu kompensieren.
Die Stadien der Anpassung eines gesunden Muskels im Rahmen des Hypertrophietrainings wurde an Sportstudenden untersucht. Unter der Voraussetzung einer Trainingshäufigkeit von viermal pro Woche war nach zwei Wochen Training eine deutliche Verbesserung der intermuskulären Koordination nachweisbar, für die vor allem der koordinative Lerneffekt und die Reduzierung der negativen Irradiation verantwortlich war. Verbesserungen im Bereich der intramuskulären Koordination sowie die eindeutige Adaption des Muskelstoffwechsels zeichneten sich zwischen der 6. und 8. Woche ab.

Eine nachweisbare Zunahme des Muskelfaserquerschnitts ist selbst bei dem beschriebenen konsequenten Krafttraining mit normotropher Muskulatur erst zwischen der 4. und 10. Woche zu erwarten (23).
Verletzte oder atrophe Muskulatur benötigt erfahrungsgemäß längere Zeit, um die erwähnten Adaptationsmechanismen zu realisieren. Systematisches (Kraft-)Training bringt aber auch hier bereits nach kurzer Zeit eine Kraftzunahme, die im wesentlichen auf der verbesserten Koordination und den metabolischen Anpassungserscheinungen beruht. Massenzunahme in Form von Querschnittveränderung der Muskelfasern stehen erst am Ende der krankengymnastischen Rehabilitation und sind nur mit konsequentem Eigentraining des Verletzten zu erreichen.

Rolle der Maximalkraft

Untersuchungen verschiedener Autoren weisen auf die enormen Verluste an Maximalkraft durch Immobilisationen hin. Bereits eine 3tägige Immobilisation kann zu einer Maximalkraftabnahme von über 10% bezogen auf den Ausgangswert führen. Nach 7 Tagen beträgt der Verlust schon mehr als 20%, nach 2 Wochen übersteigt er deutlich die 25%-Marke, 4 Wochen Ruhigstellung können zu Maximalkraftdefiziten von über 50% führen. Diese Untersuchungen beziehen sich auf Untrainierte. Sportler mit besonderen antrainierten Muskelkraftfähigkeiten weisen in der Regel deutlich höhere Reduktionsraten auf. Trotz eines raschen Zuwachses der Maximalkraftwerte im Verlauf der Rehabilitation, der sich in erster Linie mit der verbesserten Koordination und Bewegungsökonomie sowie unter Umständen durch erste trainingsbedingte Veränderungen des Muskelstoffwechsels erklären läßt, läßt eine nachweisebare Hypertrophie in der Regel zunächst auf sich warten. Ein atrophischer M. quadriceps, der bei Beginn der Behandlung 50% des durchschnittlichen Maximalkraftwerts der Vergleichsgruppe aufweist, benötigt bei statischem Muskeltraining etwa 7–8 Wochen, um die Maximalkraftwerte der normotrophen Probanden zu erreichen.

Die elektrische Aktivität eines Muskels wird als Merkmal für die Spannungsentwicklung und den damit verbundenen Innervationsaufwand betrachtet. Im Laufe des Trainings mit normotropher Muskulatur sinkt die elektrische Aktivität bei gleichbleibender Kontraktionsstärke stetig. Der Grund dieses Vorgangs liegt in der verbesserten Ökonomie und Koordination der trainierten Muskulatur, die mit geringem Innervationsaufwand die gleiche Leistung erbringen kann. Atrophierte Muskulatur weist dagegen zunächst einen Anstieg der elektrischen Aktivität bis etwa zur 6. Woche auf, um erst dann die normalen Reaktionen der trainingsbedingten elektrischen Aktivitätsreduzierung zu zeigen.

In der Trainingswissenschaft werden zwei unterschiedliche Theorien angeboten, die beide den Anspruch erheben, den optimalen Reiz zur Entwicklung der Maximalkraft zu beschreiben.
Zum einen existiert die Reizspannungstheorie, auf der die Methodik des statischen Muskeltrainings basiert. Die klassische Reizspannungstheorie geht von maximalen statischen Muskelkontraktionen aus.
Zum anderen gibt es die ATP-Mangel-Theorie. Der Begriff ATP-Mangel ist unglücklich gewählt, da neuere Untersuchungen zeigen, daß selbst in völlig erschöpfter Muskulatur kein Mangel an ATP nachzuweisen ist. Das Prinzip der ATP-Mangel-Theorie basiert auf der Wiederholung von dynamischen Krafteinsätzen, die eine Muskelspannung von 70–95% der Maximalkraft sowie submaximale Bewegungsfrequenzen erfordern.

Trotz der offensichtlichen Widersprüchlichkeit bezüglich der Methodik wurden mit beiden Verfahrensweisen nachweisbar hohe Maximalkraftzunahmen erzielt. Eine Erklärung dieses Phänomens könnte die Vorstellung sein, daß der Muskel ab einem bestimmten Spannungszustand, unabhängig von der Dauer und Anzahl der Kontraktionen, mit der gleichen Anpassung antwortet oder aber, daß zwei unterschiedliche physiologische Anpassungsvorgänge letztendlich zum gleichen meßbaren Ergebnis führen, nämlich zur Maximalkraftzunahme.

Rolle der Kraftausdauer

Die lokale aerobe dynamische Kraftausdauer hat in der Rehabilitation eine besondere Bedeutung. Rein aerobe Energiebereitstellung liegt bei dynamischen Krafteinsätzen unterhalb von 30% der Maximalkraft vor. Da ein Großteil der normalen Alltagsmotorik innerhalb dieser Belastungszone angesiedelt ist, wird die Relevanz der Entwicklung der aeroben dynamischen Kraftausdauer verständlich. Fließende Übergänge zur anaeroben dynamischen Kraftausdauer, bei welcher der Mischbereich mit aerob-anaerobem Stoffwechsel bei Belastungen zwischen 30 und 50% der Maximalkraft liegt, und zur anaeroben statischen Kraftausdauer sind natürlich.

Als bestimmende Faktoren der aeroben dynamischen Kraftausdauer werden die Kapillarisierung, das intrazelluläre Sauerstoffangebot, die Enzymtätigkeit des aeroben Stoffwechsels, die verbesserte Utilisation des Sauerstoffangebots, der Myoglobingehalt und der Umfang der Bereitstellung von freien Fettsäuren im Blut gesehen. Außerdem ist die Qualität der neuromuskulären Koordination entscheidend.

In der Rehabilitation nach Immobilisierungen wird in der ersten Phase der Normalisierung der hämodynamischen und metabolischen Mechanismen ein höherer Stellenwert zukommen als der Steigerung der Maximalkraft und der Provozierung einer Muskelhypertrophie.

Erst nach Ausgleich der Kraftausdauerdefizite toleriert der zu rehabilitierende Muskel ein konzentriertes Maximalkrafttraining.

Ein objektiver Maßstab der Qualität des lokalen aeroben Muskelstoffwechsels ist die SDH-Aktivität (SDH = Succinatdehydrogenase), die zur Bewertung der aktuellen aeroben Muskelausdauer herangezogen werden kann. Succinatdehydrogenase ist ein wesentliches Enzym des aeroben Muskelstoffwechsels. Weltklasse-Ausdauerathleten weisen SDH-Werte im Muskel bis zu 35 mmol/kg auf, wogegen Bewegungsmangel oder Immobilisierung den SDH-Spiegel unter 3–4 mmol/kg drücken können (23). Bei Untersuchungen an Beinmuskeln wurde festgestellt, daß die SDH-Aktivität nach Immobilisierungen von 4 Wochen um die Hälfte reduziert war. Dieses Defizit ließ sich selbst mit gezieltem Training erst nach 4–6 Wochen ausgleichen.-

Ein weiteres Problem des Muskelstoffwechsels nach Immobilisierung ist die Schwierigkeit der reibungslosen Umstellung von Kohlenhydrat- auf Fettverwertung. Normalerweise wird bei gut trainierten Muskel sogar bei submaximalen Belastungen bereits die Lipidoxidation favorisiert und damit die Glykogendepots geschont. Dieser sogenannte Glykogendepot-Schoneffekt ist nach Immobilisierungen nahezu völlig aufgehoben und hat eine erhebliche Reduzierung der Kraftausdauer der Muskulatur zur Folge.

Methodik des Krafttrainings

Bei der systematischen Darstellung der Methoden des Krafttrainings in der Rehabilitation müssen die unterschiedlichen Reizintensitätsstufen (Widerstände) berücksichtigt werden. Die Feinabstimmung in 30, 70 oder 85% der Maximalkraft läßt sich nur durch objektivierbare Widerstände regeln, wie sie die festgeschriebenen Belastungsnormen von Zugapparaten, Kraftmaschinen oder Hanteln darstellen.
Sofern Geräte dieser Art vorhanden und in das Rehabilitationstraining integrierbar sind, ist die Dosierung der Reizintensität problemlos.
In den Entwicklungsstufen der Übungsstabilität und zum Teil auch noch in der Belastbarkeit sind dagegen oft nur manuelle Widerstände, vom Therapeuten gesetzt, möglich. Damit die Effektivität der Behandlung bereits in diesen frühen Stufen der Rehabilitation gesichert ist, muß auch hier die Reizintensität variiert werden. Die Dosierung des therapeutischen Widerstands ist vom Feingefühl des Therapeuten abhängig, der in der Lage sein sollte, fünf unterschiedliche Intensitäten zu setzen (Tab. **2**). Stufe I ist vergleichbar mit einer Intensität von etwa 10% der Maximalkraft. Der Therapeut nimmt dabei dem Patienten die Eigenschwere des zu bewegenden Körperteils ab und unterstützt die Bewegung. Stufe II (ca. 30% der Maximalkraft) läßt in Abhängigkeit von der Schwerkraft die Eigenschwere des bewegten Körperteils als Gewichtslast zu und gibt zusätzlichen leichten Führungswiderstand. Muskelkontraktionen in der Stufe I und II werden vom aeroben Stoffwechsel bestimmt. In Stufe III gibt der Therapeut Widerstände, die vom Patienten etwa 50% (½ Kraft) seiner Maximalkraft fordern. Stufe IV bedeutet Widerstände bis zu 75% (¾ Kraft), und die Dosierungsstufe V arbeitet mit Widerständen, die etwa 95% der Maximalkraft verlangen. Stufe V ist nur in Ausnahmefällen sinnvoll, da Patienten, die Widerstände der Kategorie V tolerieren, möglichst rasch zu den o.g. apparativen und objektivierbaren Krafttrainingsmitteln geführt werden sollten.

Aus Tab. **3** sind die für das rehabilitative Krafttraining relevanten Methoden ersichtlich. Neben einer statischen Methode werden sieben dynamische Behandlungsmethoden genannt.

Tabelle **2** Therapeutischer Widerstand und die adäquate Maximalkraft

Therapeutischer Widerstand	I	II	III	IV	V
Maximalkraft adäquat	10%	30%	50%	75%	95%

Bei der *statischen Methode* werden 8–10 statische Muskelkontraktionen mit 90–100% der willkürlich möglichen Spannung über jeweils 8–12 Sekunden gehalten. Die Pausen zwischen den einzelnen Kontraktionen betragen jeweils 15–30 Sekunden. Nach jeder Übung kann der Gelenkwinkel des mit dem trainierten Muskel korrespondierenden Gelenks verändert werden, damit die statische Maximalkraft nicht nur bezogen auf einen einzigen Arbeitswinkel der Muskulatur geübt wird.

Die Dauer der Kontraktion hängt von der Intensität der Belastung ab. Bei maximalen statischen Übungen genügt eine Haltedauer von 20–30% der maximal möglichen Zeit, um einen optimalen Effekt zu erzielen. Bei geringeren Spannungsintensitäten erhöht sich die Haltedauer, damit dasselbe Resultat zustande kommt. Bei maximal ausgeführten statischen Kontraktionen genügt in der Regel eine Haltedauer von 4–8 Sekunden, um einen optimalen Trainingseffekt zu erreichen, setzt man eine maximal mögliche Haltedauer von etwa 20 Sekunden voraus. Schon fünf tägliche Kontraktionen in der oben beschriebenen Dosierung führen zum optimalen Resultat bezüglich der statischen Maximalkraftzunahme eines Muskels. Eine Steigerung der Zahl der Muskelkontraktionen bringt keine besseren Werte. Wird dagegen lediglich eine statische Kontraktion täglich ausgeführt, ist nur eine 80- bis 85%ige Ausnutzung des Optimums möglich (19). Die Untersuchungen beziehen sich auf nichttrainierte Probanden mit normotropher Muskulatur. Um die Unterdosierung mit Muskelatrophien zu vermeiden, wird geraten, im statischen Maximalkrafttraining mit möglichst hoher Spannungsintensität zu arbeiten.

Maximale statische Muskelkontraktionen provozieren Herzfrequenzen bis zu 150/min, die einer dynamischen Ergometerleistung von 175 Watt entsprechen. Diese verhältnismäßig hohen Pulsfrequenzen werden vor allem auf den Einfluß peripherer Chemorezeptoren zurückgeführt. Statische Anspannungen, die mit mehr als 50% der Maximalkraft ausgeführt werden, basieren ausschließlich auf anaeroben Stoffwechselvorgängen. Die Sauerstoffaufnahme während maximaler statischer Muskelkontraktionen ist entsprechend gering und entspricht einer Ergometerleistung von lediglich 10–20 Watt. Daneben tritt während statischer Übungen ein nicht unerheblicher Blutdruckanstieg auf. Diese Tatsache ist besonders in der Frühmobilisation von (bettlägerigen) Patienten zu beachten und erfordert eine wohldosierte Mischung von statischen und dynamischen Methoden, damit die einseitige anaerobe Belastung vermieden wird.

Die Vorteile des statischen Muskeltrainings in der Rehabilitation bestehen darin, einzelne Muskeln oder bestimmte Muskelketten winkelbezogen zu trainieren. Vergleicht man die Relation von Trainingswirkung und zeitlichem Aufwand, so muß dem statischen Muskeltraining außergewöhnliche Wirksamkeit bescheinigt werden. Die besonderen Gegebenheiten der ersten Phase der krankengymnastischen Rehabilitation nach Verletzungen rücken die statische Methode in den Vordergrund, da häufig aufgrund des speziellen Charakters der Verletzungen dynamisches Üben noch nicht möglich ist. Wir bezeichnen deshalb statisches Muskeltraining als die erste Methode der frühfunktionellen Maximalkraftschulung. Die Voraussetzung, um statische Übungen durchführen zu können, ist die Übungsstabilität der betroffenen Strukturen. Die Belastbarkeit ist nicht unbedingt erforderlich.

Die Nachteile des statischen Trainings liegen in der Unmöglichkeit der Koordinationsschulung. Die Umsetzung der durch statische Übungen verbesserten Maximalkraft in Bewegungen ausführende und kontrollierende „Gebrauchskraft" kann nur durch dynamisches Training gelingen. Nicht unerheblich ist außerdem die Tatsache, daß durch statisches Training vorwiegend die Slow-twitch-Fasern geübt werden, was besonders in der Behandlung von Sportverletzten beachtet werden muß, die schnellkräftige Sportarten ausüben.

Als eine Methode zur Verbesserung der Maximalkraft und zur Erzielung einer Muskelhypertrophie hat sich die *konstante Methode* bewährt, die auf der ATP-Mangel-Theorie basiert. „Konstant" bezieht sich auf die unveränderte Reizintensität von mindestens 70% der Maximalkraft. Wiederholungen mit Belastungsintensitäten von 75–95% werden im Krafttraining mitunter auch als Hypertrophietraining bezeichnet.

Das Verfahren der konstanten Methode umfaßt 3–5 Serien zu je 3–10 Kontraktionen, die mit submaximaler Bewegungsfrequenz hintereinander ausgeführt werden. Die Serienpause beträgt zwischen 30 und 60 Sekunden.

Die Reizintensität von 80% läßt sich an genormten Trainingsmitteln (Hanteln, Kraftmaschine, Zugapparat) exakt einstellen; bei Übungen, die mit therapeutischem Widerstand ausgeführt werden, entspricht der für die konstante Methode benötigte Widerstand etwa Stufe IV (¾ Kraft).

Die *progressive Methode* arbeitet mit ansteigenden Belastungsintensität, wobei sich die Anzahl der Wiederholungen pro Serie nach der Belastungshöhe richtet (Abb. **18**). Nach jeder Serie wird die Belastung gesteigert und die Zahl der Repetitionen verringert. Die Serienpause

Tabelle 3 Methoden des Krafttrainings in der Krankengymnastik und Rehabilitation

	Belastung*	Wiederholungen	Serien	Pause (s)	Trainierte Kraftdimensionen
Statische Methode	90–100%	(8–10 zu 8–12 s Dauer)		15–30	Maximalkraft, anaerobe statische Kraftausdauer
Konstante Methode	80%–IV	8–10	3–5	30–60	Maximalkraft, anaerobe dynamische Kraftausdauer
Pyramidenmethode	30%–II	30	1	15	Maximalkraft, anaerobe dynamische Kraftausdauer, aerobe dynamische Kraftausdauer
	50%–III	20	1	15	
	75%–IV	10	1	30	
	95%–V	5	1	30	
	75%–IV	10	1	20	
	50%–III	20	1	10	
	30%–II	30	1		
Progressive Methode	30%–II	40	1	30	Maximalkraft, anaerobe dynamische Kraftausdauer, aerobe dynamische Kraftausdauer
	50%–III	20	2	20	
	75%–IV	10	2	30	
	95%–V	5	1		
Exzessive Methode	60–70%–IV	20	3–5	15–20	Maximalkraft, anaerobe dynamische Kraftausdauer
Superserie	80%–IV	10	2	0	Maximalkraft, anaerobe dynamische Kraftausdauer
Extensive Methode	25–40%–II	30	4–6	15–30	aerobe dynamische Kraftausdauer
Intensive Methode	40–60%–III	15–30	3–5	15–30	aerobe und anaerobe dynamische Kraftausdauer, bedingt Maximalkraft

* Die Prozentangaben beziehen sich auf die Maximalkraft, die römischen Ziffern auf die Stufen des therapeutischen Widerstands. Die hier aufgeführten Größen sind lediglich Beispiele. Entsprechend den Normativen der Belastung sind Variationen möglich. Die einzelnen Methoden sind während einer Behandlungseinheit kombinierbar.

ist variabel und muß analog der Belastungshöhe geregelt werden. Mit der progressiven Methode lassen sich das Training der Maximalkraft und das der Kraftausdauer gut kombinieren.

Die *Pyramidenmethode* ist eine Kombination von Übungen mit progredient ansteigender Belastung, unter Umständen bis zur einmaligen Wiederholung einer Fast-Maximalbelastung, und anschließend abfallenden Gewichtlasten. Die Serienpausen richten sich nach der Gesamtbelastung der Serie, die Bewegungsfrequenz sollte nach Möglichkeit im submaximalen Bereich liegen. Werden die Übungen mit

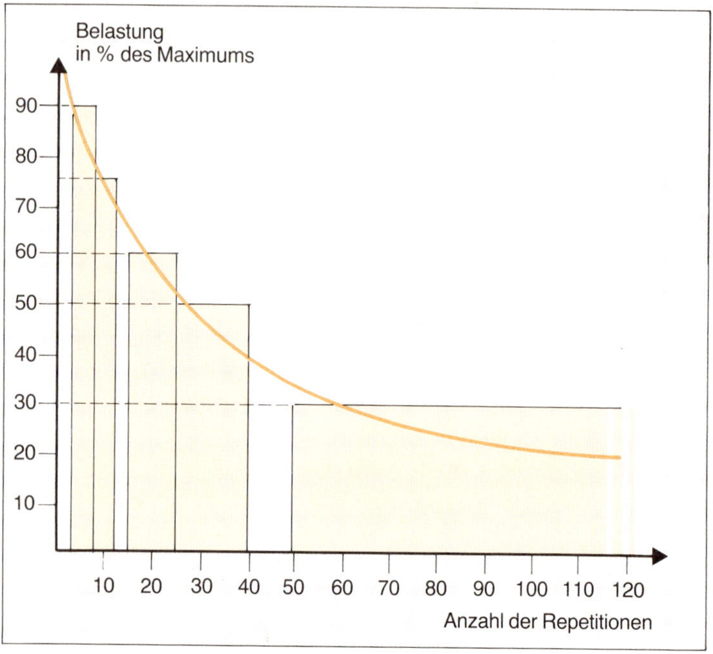

Abb. **18** Die Abhängigkeit der Belastung (Reizintensität) von der Anzahl der Repetitionen.

manuellem Widerstand eines Therapeuten ausgeführt, ist das gesamte Spektrum der therapeutischen Widerstände anwendbar. Auch diese Methode eignet sich zur kombinierten Schulung von Maximalkraft und Kraftausdauer.

Die *exzessive Methode* soll die beübte Muskulatur möglichst maximal „ausschöpfen". Bei dieser Variante wird bewußt in den aneroben Bereich hineingearbeitet. Um das Ziel, die Verbesserung der anaeroben dynamischen Kraftausdauer in Kombination mit einer Zunahme der Maximalkraft, zu erreichen, sind bei Belastungen von 60–70% der Maximalkraft (therapeutischer Widerstand der Stufe IV = ¾ Kraft) 15–20 Wiederholungen mit submaximaler Bewegungsfrequenz und kurze Serienpausen notwendig (15–30 Sekunden). Die exzessive Methode ist im Rahmen der Rehabilitation erst im fortgeschrittenen Stadium empfehlenswert, wenn die Wiederherstellung der Ökonomie des aeroben Muskelstoffwechsels weitgehend abgeschlossen ist.

Das Prinzip der *Superserie* basiert auf der Wiederholung von zwei regulären konstanten Serien (Doppelserie) ohne Pause. Ähnlich der exzessiven Methode wird auch bei der Superserie betont anaerob geübt, und die Energiespeicher eines bestimmten Muskels werden nahezu vollständig ausgeschöpft, um dadurch eine überdurchschnittliche Superkompensation (Mehrausgleich) zu erzielen.

Das Training der Kraftausdauer fordert vor allem hohe Wiederholungszahlen und geringe Pausenintervalle zwischen den einzelnen Serien.

Die *extensive Methode* wird von Belastungsintensitäten im Bereich von 25–40% der Maximalkraft bestimmt, was einem therapeutischen Widerstand der Stufe II entspricht. 4–6 Serien zu je 30 und mehr Wiederholungen können durchgeführt werden. Je nach der Menge der an der Aktion beteiligten Muskelmasse sind hier fließende Übergänge von der lokalen aeroben Muskelausdauer zur kardiopulmonalen Ausdauer möglich.

Die *intensive Methode* sieht bei Belastungsintensitäten von 40–60% der Maximalkraft (therapeutischer Widerstand Stufe III) 10–20 Wiederholungen vor. Die Pausendauer zwischen den 3–5 Serien sollte zwischen 20 und 30 Sekunden liegen. Im oberen Belastungsbereich (50–60%) nimmt die intensive Kraftausdauermethode den Charakter der exzessiven Methode an und hat dadurch besonders im Training atropher Muskulatur Einfluß auf die Maximalkraft und die Muskelhypertrophie.

Dynamisch-exzentrisches Krafttraining

Untersuchungen an gesunden Sportlern ergaben, daß dynamisch-exzentrisches Muskeltraining mit maximaler Intensität den größten Zuwachs an Maximalkraft bringt. Neben diesem positiven Resultat wird allerdings darauf hingewiesen, daß exzentrisches Krafttraining eine deutlich höhere Verletzungsgefahr mit sich bringt. Außerdem sei, aufgrund des ungewöhnlichen Belastungscharakters, in der ersten Woche mit einer Symptomatik im Sinne des Muskelkaters zu rechnen, was sogar kurzfristig zu einer meßbaren Verringerung der Maximalkraft führe. Unter diesen Umständen ist von exzentrischem Training mit Maximallasten innerhalb der Rehabilitation abzuraten.

Exzentrische Kontraktionsformen mit submaximalen Intensitäten haben jedoch im Rahmen des rehabilitativen Krafttrainings ihren Stellenwert. Wird exzentrisches und statisches Krafttraining mit 50% der Maximalkraft durchgeführt, kommt es mit beiden Methoden zu einer deutlichen Maximalkraftzunahme, wobei die Größenordnungen, bezogen auf die unterschiedlichen Kontraktionsformen, nahezu identisch sind. Nach 5 Wochen Training zeigte eine exzentrisch trainierende Gruppe einen Kraftzuwachs von 3%, die statisch arbeitende Vergleichsgruppe kam auf ein Plus von 3,2% (23).

Bei der Durchführung von submaximalen dynamisch-exzentrischen Übungen ist der Energie- und Innervationsaufwand geringer als bei dynamisch-konzentrischer Kontraktion. Zudem entwickelt dynamisch-exzentrisches Training neben der Maximalkraft auch die lokale anaerobe statische Muskelausdauer.

Exzentrische Muskelarbeit von submaximaler Intensität ist eine gute Ergänzung des Krafttrainings in der Rehabilitation. Ausschließlich exzentrisches Training sollte allerdings nicht absolviert werden, zumal dadurch vorwiegend die Slow-twitch-Fasern hypertrophieren, was bei Schnellkraftsportlern nicht von Vorteil ist.

Isokinetisches Krafttraining

Das isokinetische Training wird von einer apparativ kontrollierten und konstant gehaltenen Bewegungsgeschwindigkeit gegen Widerstand über die gesamte Bewegungsbahn bestimmt. Der für isokinetisches Training nötige Apparat wirkt ähnlich einer Zentrifugalbremse und steuert den Widerstand in Abhängigkeit von der Bewegungsgeschwindigkeit. Erhöht sich die Bewegungsgeschwindigkeit durch günstigere Arbeitswinkel, so nimmt der vom Apparat kontrollierte Widerstand zu, so daß die Bewegungsgeschwindigkeit nahezu konstant bleibt. Der Vorteil dieser Methode ist die Möglichkeit, in sämtlichen Gelenkwinkelstellungen einen optimalen Trainingsreiz zu setzen.

Neuere Untersuchungen relativieren allerdings die Vorstellung, daß der trainierte Muskel auf der gesamten Bewegungsbahn eine konstante Kraft aufzuwenden hätte. Durch Messung der elektrischen Muskelaktivität wurde festgestellt, daß der Innervationsaufwand und damit die Spannungsentwicklung mit zunehmend kleinerem Gelenkwinkel rapide zunimmt.

Isokinetische Trainingsmethoden wurden erstmalig bei Schwimmern in den USA eingesetzt. Dabei wurde eine signifikante Verbesserung der Maximalkraft und der Schnellkraft erzielt, bei gleichzeitig deutlich geringerem Verletzungsrisiko.

In der Literatur werden keine eindeutigen Aussagen getroffen, ob isokinetisches Training tatsächlich effektiver ist als die übrigen bekannten Methoden zur Kraftentwicklung. Für die Rehabilitation läßt sich isokinetisches Üben aus verletzungsprophylaktischen Gründen empfehlen, trotz des hohen technisch-organisatorischen Aufwands.

Krafttraining und physiologisches Muskelgleichgewicht

Das physiologische Muskelgleichgewicht ist einer der entscheidenden Aspekte im Krafttraining. Sowohl im Sport als auch in der Rehabilitation Sport- und Unfallverletzter wird leider zu oft der Fehler beobachtet, daß das Training der Hauptbewegungsmuskeln überbetont wird. In einer muskulären Dysbalance liegt nicht selten die Ursache schlechter Haltung, unzureichender Stabilität und mangelhafter Koordination. Jedes Ungleichgewicht der Muskelverhältnisse erhöht das Risiko der Verletzung.

Interessante Detailinformationen liefern dazu computergesteuerte Muskeldiagnostikgeräte, die das z. B. physiologische Muskelgleichgewicht der gesunden Oberschenkelmuskulatur auf 100 (Knieextensoren) zu 60–70 (Knieflexoren) taxieren.

Physiologisches Muskelgleichgewicht bedeutet nicht absolute Kräfteparität. Ein forciertes Training der Agonisten einer bestimmten Bewegung hat aber nur dann einen Sinn, wenn die Entwicklung der entsprechenden Antagonisten nicht vernachlässigt wird.

Das Orientierungsschema in Tab. **4** basiert auf Muskelkraftmessungen von Hollmann und Hettinger, die wir prozentual umgerechnet und gerundet haben, um somit eine schematische Richtlinie der physiologischen Agonisten-Antagonisten-Verhältnisse bezogen auf die großen Gelenke zu erhalten. Zum besseren Verständnis sei angemerkt, daß die jeweils stärkere Muskelgruppe mit 100(%) bezeichnet wird. Die Kraft der jeweiligen (schwächeren) Antagonisten wird in Prozent der Kraft der stärkeren Muskelgruppe angegeben. Das Muskelgleichgewicht der HWS-Extensoren und HWS-Flexoren soll das Schema verdeutlichen. Die stärkere Gruppe der HWS-Extensoren weist eine Kraft von 100(%) auf. Bei bestehendem physiologischem Muskelgleichgewicht sollten die HWS-Flexoren dagegen über eine Kraft verfügen, die etwa 60% der Extensorenkraft entspricht.

Tabelle **4** Orientierungsschema „physiologisches Muskelgleichgewicht“ – Angaben in % (nach *Hettinger* u. *Hollmann*)

Gelenk	Extensoren	Flexoren	Andere Bewegungen	
HWS	100	60		
BWS/LWS	100	70–80		
Schulter	20	100	Adduktion/ Abduktion	100 : 40–60
			Innenrotation/ Außenrotation	100 : 50
Ellenbogen	70–80	100	Supination/ Pronation	100 : 95
Hand	30–40	100		
Hüfte	100	85–95	Adduktion/ Abduktion	100 : 70–80
			Außenrotation/ Innenrotation	100 : 10–20
Knie	100	60–70		
Fuß	70	100	Supination/ Pronation	100 : 40–50

Hauptagonisten einfacher Bewegungen großer Gelenke

Diese Übersicht soll – in Anlehnung an die Bewegungs- und Kraftanalyse von Lanz und Wachsmuth – die Wertigkeit einzelner Muskeln bezüglich einfach strukturierter Bewegungen schematisch darstellen. Für die krankengymnastische Rehabilitation ist eine solche Systematik sinnvoll, weil dadurch die Gewichtigkeit einzelner Muskelgruppen und Muskeln erkannt wird. Außerdem kann bei Muskeln mit mehreren Funktionen bzw. Wirkungsmöglichkeiten auf mehr als ein Gelenk die Hauptfunktion festgestellt werden.

Sind die Hauptagonisten bzw. -antagonisten bekannt, ist die Durchführung von Dehnungen und Kräftigungsübungen effektiver und die Diagnostik möglicher muskulärer Probleme einfacher.

Die Wertigkeit der Muskeln wurde absichtlich nicht in Kraftwerten (kp, kpm, Newton) angegeben, da diesbezüglich zu unterschiedliche semiobjektive Angaben vorlagen. Aus dem vorliegenden Quellenmaterial wurden Mittelwerte herausgelesen und diese Ergebnisse dann prozentual umgerechnet (Abb. **19–40**).

Um die Kräfteverhältnisse an den Gelenken abschätzen zu können, wird zusätzlich auf das Orientierungsschema „physiologisches Muskelgleichgewicht" in Tab. **4** hingewiesen.

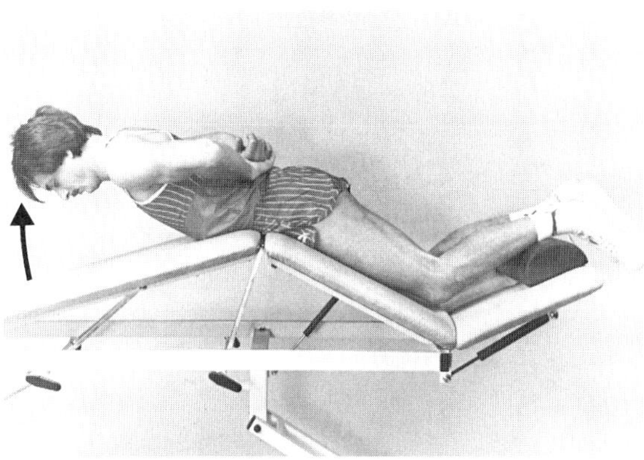

Abb. **19** Rumpfextension aus der Bauchlage mit leichter Hüftflexion.
○○ M. erector spinae
Assistenz: M. latissimus dorsi, M. trapezius, Mm. rhomboidei, M. glutaeus maximus.

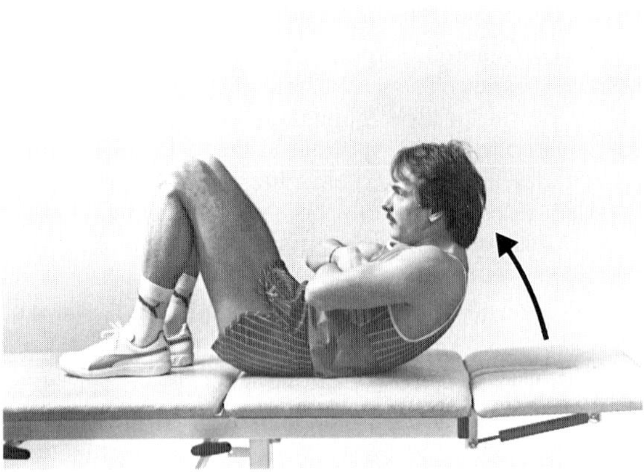

Abb. **20** Rumpfflexion aus der Rückenlage mit Hüft- und Knieflexion, Arme auf der Brust verschränkt.

oo M. rectus abdominis
o M. obliquus externus abdominis
o M. obliquus internus abdominis
Assistenz: M. pectoralis, M. rectus femoris, M. iliopsoas.

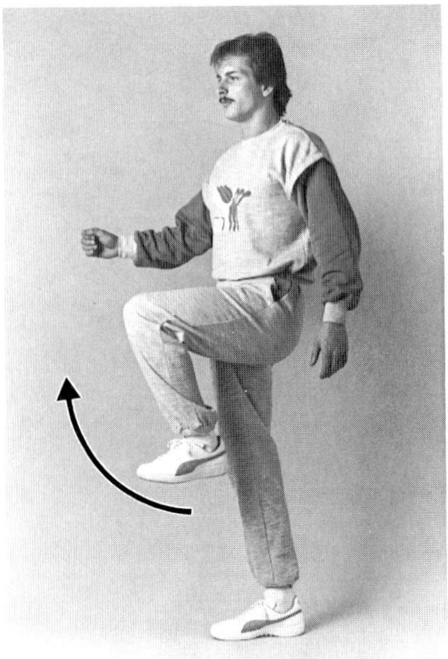

Abb. **21** Hüftflexion aus dem Stand (0-Stellung) in die 90-Grad-Stellung mit flektiertem Kniegelenk.

oo	M. rectus femoris	35%
oo	M. iliopsoas	25%
o	M. tensor fascia latae	15%
o	M. sartorius	10%

Assistenz: Mm. glutaei medius et minimus (vorderer Anteil), M. pectineus.

Abb. **22** Hüftextension im Stand aus der 90-Grad-Stellung in die 0-Stellung.

oo M. glutaeus maximus 45%
o M. semimembranosus et M. semitendinosus 20%
o M. adductor magnus 15%

Assistenz: Mm. glutaei medius et minimus (hinterer Anteil), M. biceps femoris (caput longum).

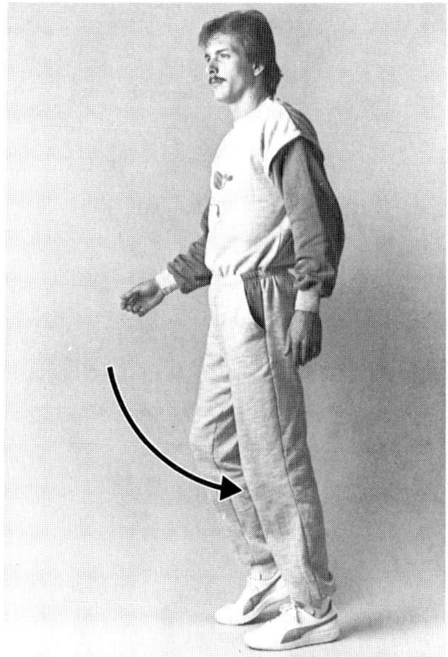

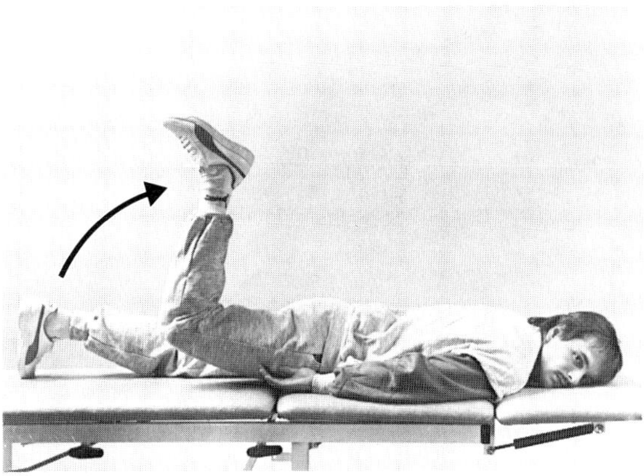

Abb. **23** Hüftextension aus der Bauchlage in die Retroversion.

oo M. glutaeus maximus 50%
o Mm. glutaei medius et minimus 25%

Assistenz: Mm. semitendinosus et semimembranosus, M. biceps femoris (caput longum).

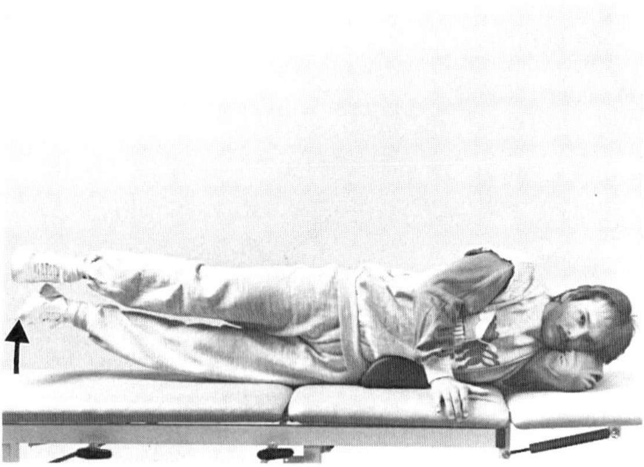

24

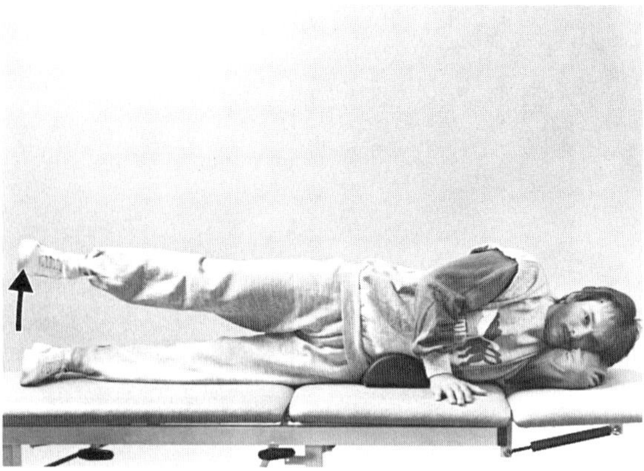

25

Abb. **24** Hüftabduktion aus der Seitlage.

oo	Mm. glutaei medius et minimus	40%
o	M. rectus femoris	55% zu gleichen Anteilen
o	M. glutaeus maximus (oberer Anteil)	
o	M. tensor fascia latae	

Assistenz: M. sartorius, M. piriformis.

Abb. **25** Hüftadduktion aus der Seitlage.

oo	Mm. adductores	50%
o	M. glutaeus maximus (unterer Anteil)	25% zu gleichen Anteilen
o	Mm. semimembranosus et semitendinosus	

Assistenz: M. biceps femoris (caput longum), M. pectineus, M. obturatorius externus, M. quadratus femoris, M. gracilis.

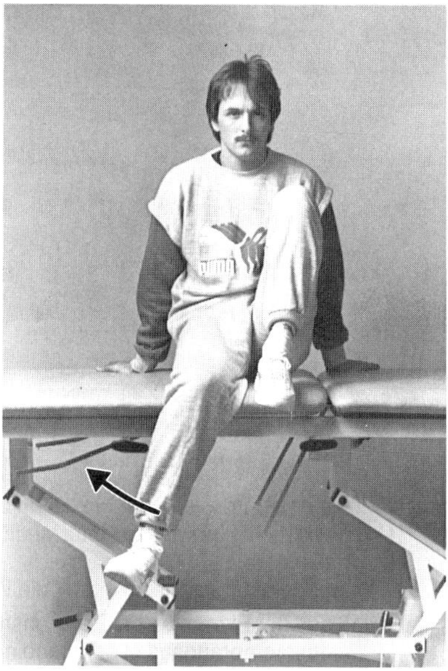

Abb. **26** Hüftinnenrotation aus dem Sitz mit flektiertem Kniegelenk.

- o Mm. adductores magnus et longus
- o M. tensor fasciae latae
- o Mm. glutaei medius et minimus (vorderer Anteil)

Abb. **27** Hüftaußenrotation aus dem Sitz mit flektiertem Kniegelenk.

- oo M. glutaeus maximus 45%
- o Mm. glutaei medius et minimus (hinterer Anteil) 30%

Assistenz: M. adductor magnus, M. rectus femoris, M. obturatorius, Mm. gemelli.

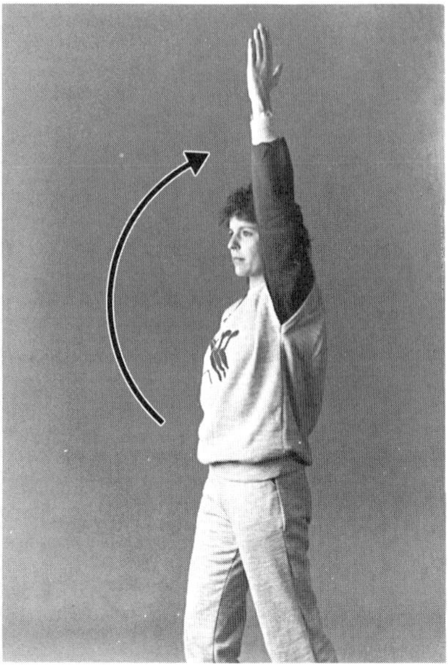

Abb. **32** Schulterflexion bis 180 Grad (Elevation) aus der 90-Grad-Flexionsstellung.
oo M. deltoideus (alle Anteile)
oo M. serratus anterior
o M. trapezius

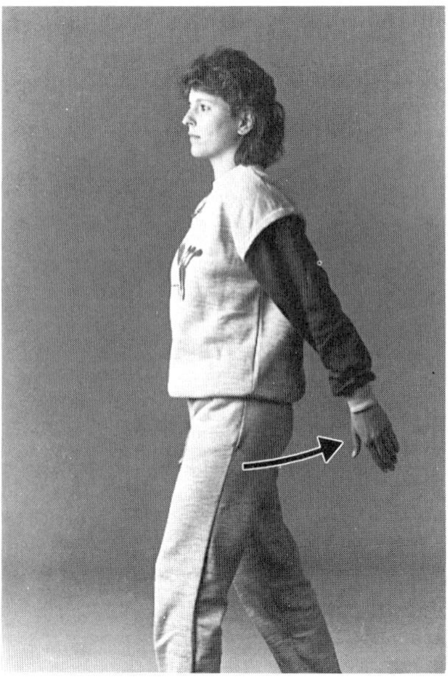

Abb. **33** Schulterextension (Retroversion) aus der 0-Stellung.

oo	M. deltoideus (pars spinalis)	90% zu gleichen Anteilen
oo	M. teres major	
oo	M. subscapularis	

Assistenz: M. latissimus dorsi, M. triceps brachii (caput longum).

34

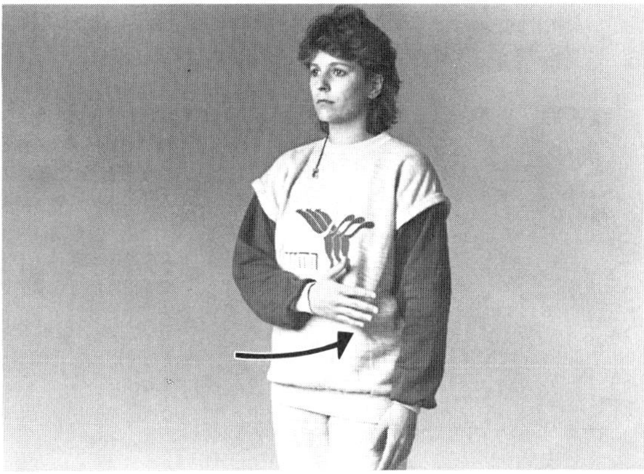

35

Abb. **34** Schulterabduktion aus der 0-Stellung bis 90 Grad.

oo	M. deltoideus	65%
o	M. supraspinatus	15%
o	M. infraspinatus	15%

Assistenz: M. biceps brachii (caput longum), M. trapezius (pars descendens).

Schulteradduktion aus der 90-Grad-Abduktionsstellung in die 0-Stellung.

oo	M. pectoralis major	40%
o	M. triceps brachii (caput longum)	55% zu gleichen Anteilen
o	M. teres major	
o	M. latissimus dorsi	

Assistenz: M. deltoideus, M. biceps brachii (caput breve), M. coracobrachialis, M. subscapularis.

Abb. **35** Schulterinnenrotation aus der 0-Stellung.

oo	M. subscapularis	50%
o	M. biceps brachii (caput longum)	45% zu gleichen Anteilen
o	M. pectoralis major	
o	M. teres major	

Assistenz: M. deltoideus (pars clavicularis), M. latissimus dorsi.

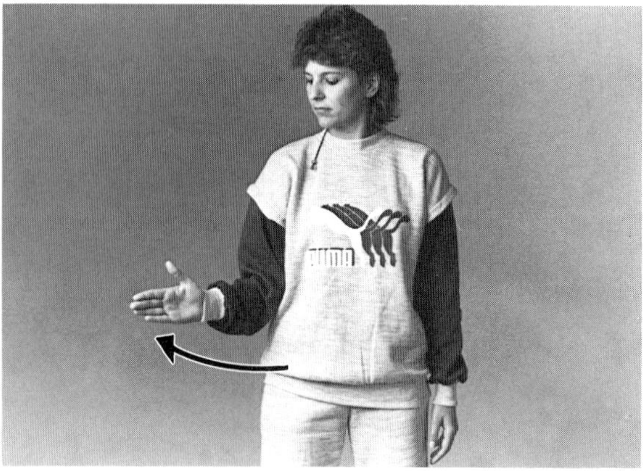

Abb. **36** Schulteraußenrotation aus der 0-Stellung.

oo	M. infraspinatus	80%

Assistenz: M. deltoideus (pars spinalis), M. teres minor.

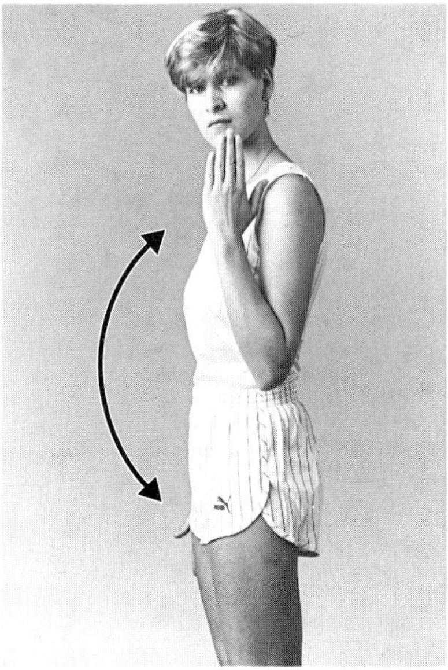

Abb. **37** Ellenbogenflexion aus der 0-Stellung.

oo	M. biceps brachii	35%
oo	M. brachialis	25%
o	M. brachioradialis	15%

Assistenz: M. pronator teres, M. extensor carpi radialis longus.

Ellenbogenextension aus der Flexionsstellung in die 0-Stellung.

oo	M. triceps brachii (caput mediale et laterale)	65%
o	M. triceps brachii (caput longum)	25%

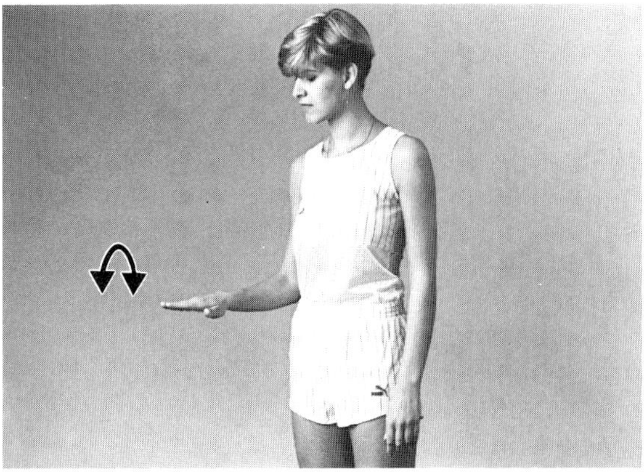

38

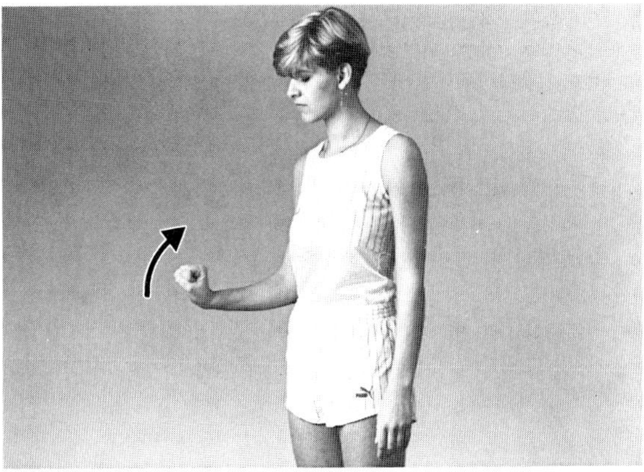

39

Abb. **38** Pronation aus der 0-Stellung bei flektiertem Ellenbogen.
oo M. pronator teres 50%
Assistenz: M. pronator quadratus, diverse Hand- und Fingermuskeln.

Supination aus der 0-Stellung bei flektiertem Ellenbogen.
oo M. biceps brachii 70%
Assistenz: M. supinator, diverse Hand- und Fingermuskeln.

Abb. **39** Dorsalextension aus der 0-Stellung.
oo M. extensor carpi radialis longus et brevis 50%
oo M. extensor digitorum communis 40%
Assistenz: M. extensor indicis, M. extensor carpi ulnaris.

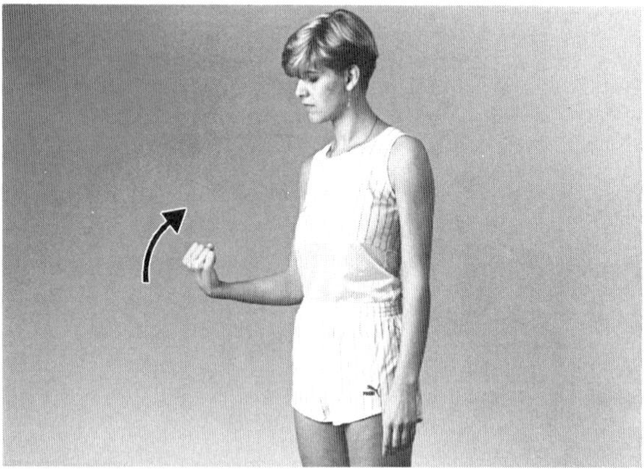

Abb. **40** Volarflexion aus der 0-Stellung.

oo	M. flexor digitorum superficialis	40%
oo	M. flexor digitorum profundus	35%

Assistenz: M. flexor carpi ulnaris, M. flexor pollicis longus, M. flexor carpi radialis.

Beispiele von funktionellen Kräftigungsübungen

Die Bildserie „Kräftigung“ soll keine komplette Darstellung sämtlicher sinnvollen Übungen zur Muskelkräftigung sein. Anhand einfach strukturierter Übungen wird gezeigt, wie die Kräftigung von häufig behandlungsbedürftiger Muskulatur möglich ist. Diese Übungen sind Trainingsmittel. Eine echte Kraftzunahme kann nur unter Berücksichtigung der im Abschnitt „Kraft“ erläuterten Prinzipien erreicht werden (Abb. **41–54**).

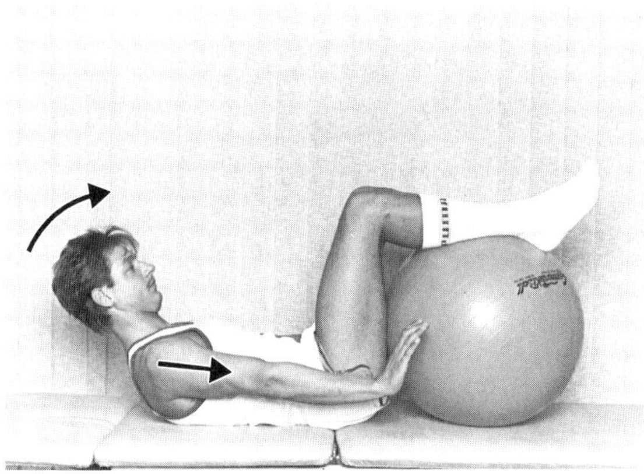

a

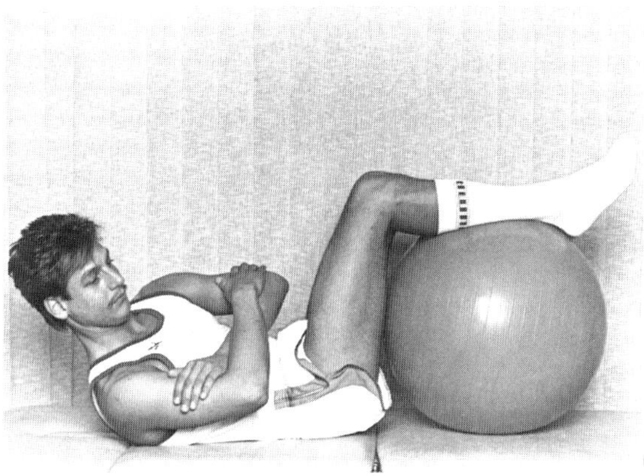

b

Abb. **41 a–b** *Modifizierte „Crunchers“* zur Kräftigung der Abdominalmuskulatur. **a** Position, die schwerpunktmäßig die geraden Bauchmuskeln aktiviert. **b** Die Kombination der Rumpfflexion mit der -rotation spricht eher die schrägen Bauchmuskeln an.

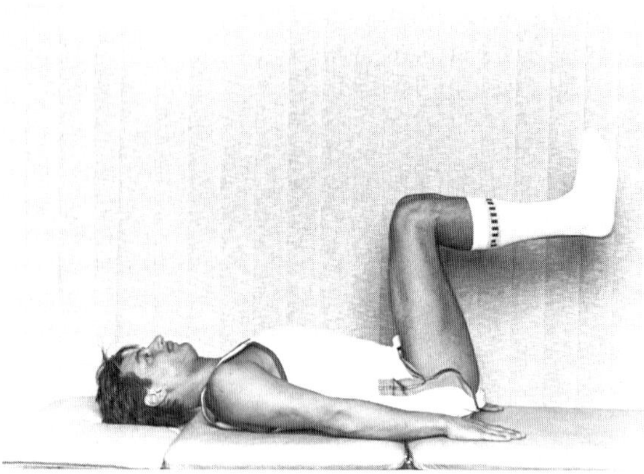

42a

b

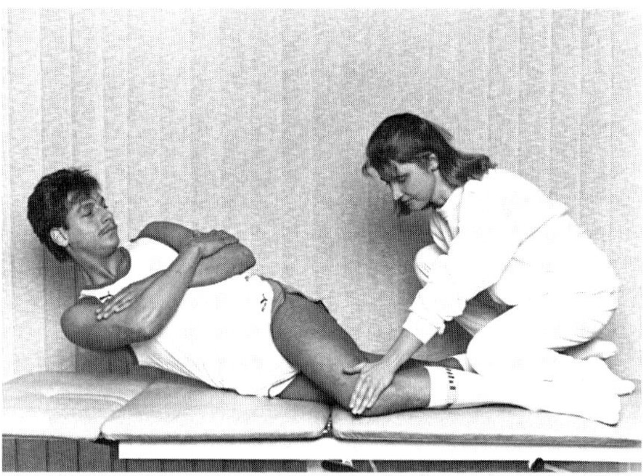

43

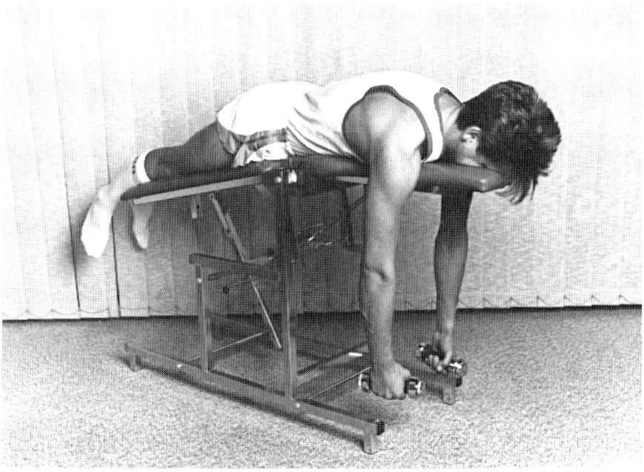

44a

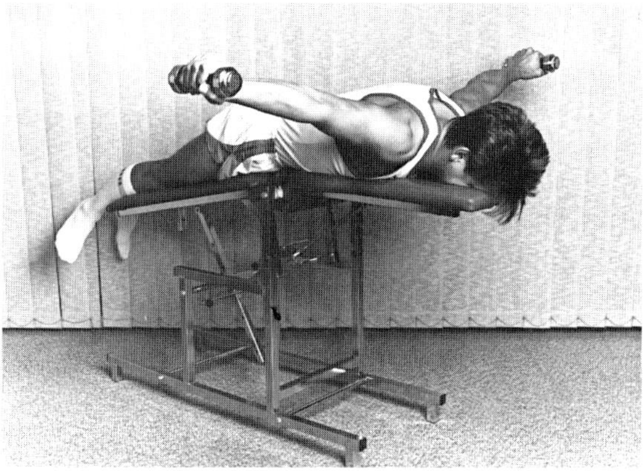

b

Abb. **42a–b** „Pelvis lift off" zur Kräftigung der geraden Abdominalmuskulatur unter weitgehender Elimination der Hüftflexoren.

Abb. **43** „Rotation lift off" zur Kräftigung der Rumpfrotatoren und -lateralflexoren mit weiterlaufender Innervation in beide Beine.

Abb. **44a–b** „Albatros" zur Kräftigung der interskapulären Muskulatur. Änderung der Hebelverhältnisse von Last- und Kraftarm sind durch unterschiedliche Armpositionen möglich.

a

b

Abb. **45 a–b** Wirbelsäulenstabilisation in Kombination mit dem „Albatros". Neben der statischen (Stabilisations-)Arbeit der Rumpfmuskulatur ist dynamisches Üben im Sinn der Albatrosübung möglich.

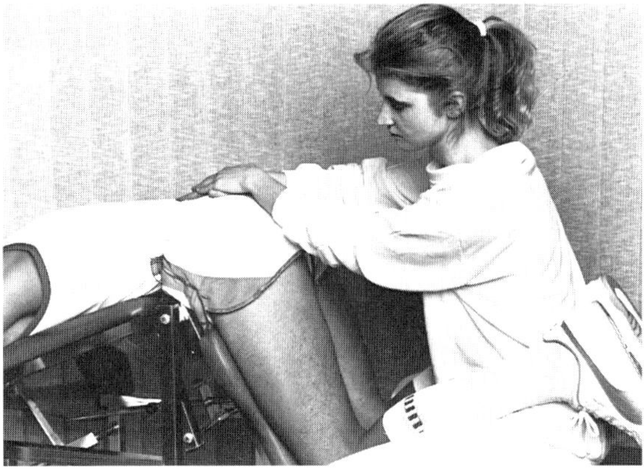

a

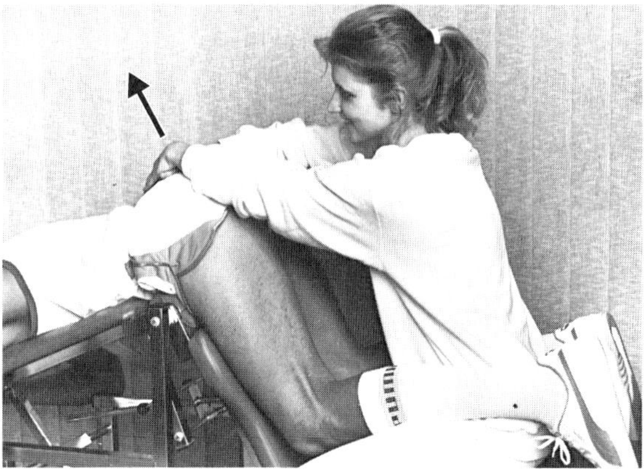

b

Abb. **46 a–b** „Lower back special" zur differenzierten Koordinationsschulung und Kräftigung der LWS-Extensoren aus der Hakenposition.

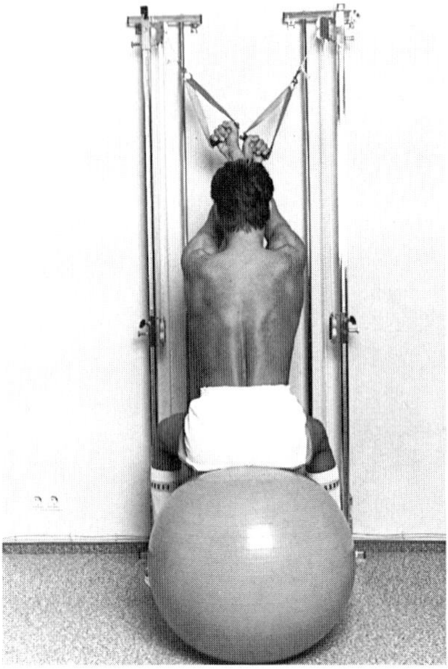

a

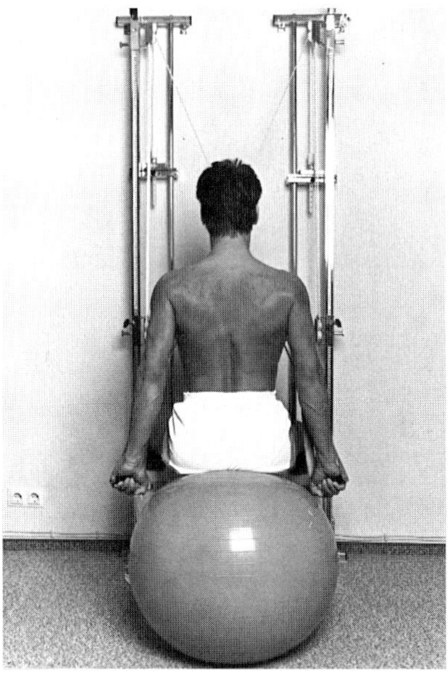

b

Abb. **47a–b** „Dorsal pull". Dynamische Übung zur Kräftigung der Schulterextensoren, des M. latissimus und der interskapulären Muskulatur bei gleichzeitiger statischer Stabilisation der Wirbelsäule durch den M. erector trunci, die Abdominalmuskulatur und die Beinmuskulatur.

Abb. **48a–b** „Ventral pull". Dynamische Übung zur Kräftigung des M. pectoralis, des M. biceps brachii und der ventralen Anteile des M. deltoideus bei gleichzeitiger statischer Stabilisation der Wirbelsäule durch den M. erector trunci, die Abdominalmuskulatur und die Beinmuskulatur.

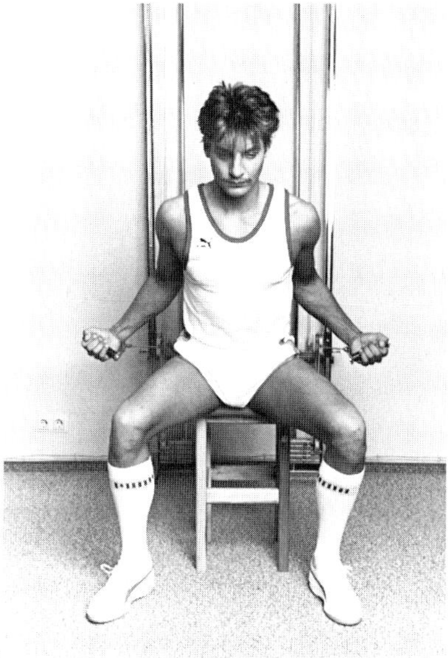

a

b

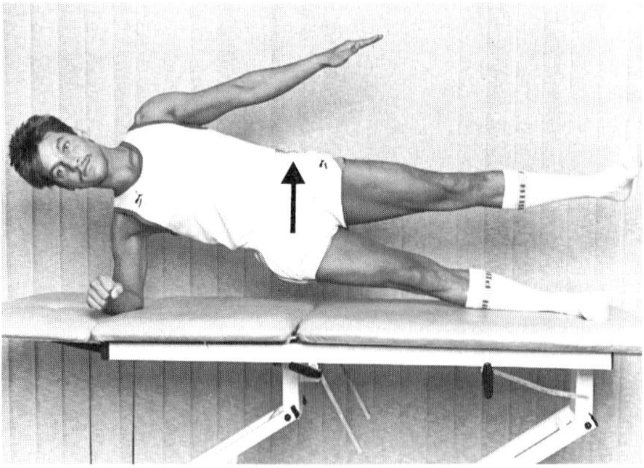

49

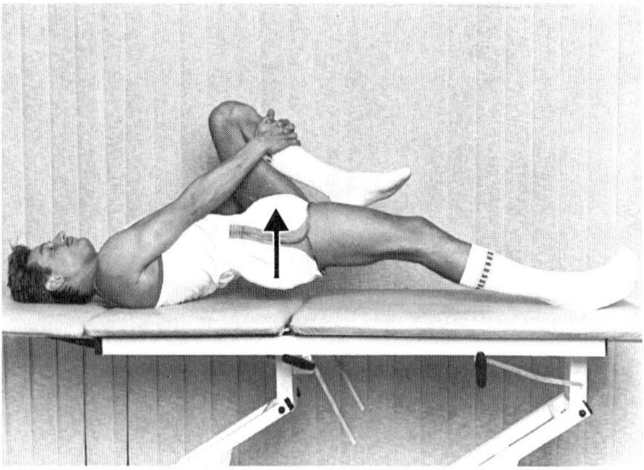

50

Abb. **49** „Lateral stabilization" zur Kräftigung lateraler Muskelketten (M. latissimus, M. quadratus lumborum, WS-Extensoren, WS-Flexoren, Hüftabduktoren).

Abb. **50** „Dorsal stabilization" zur Kräftigung dorsaler Muskelketten (WS-Extensoren, Gesäßmuskulatur, Knieflexoren).

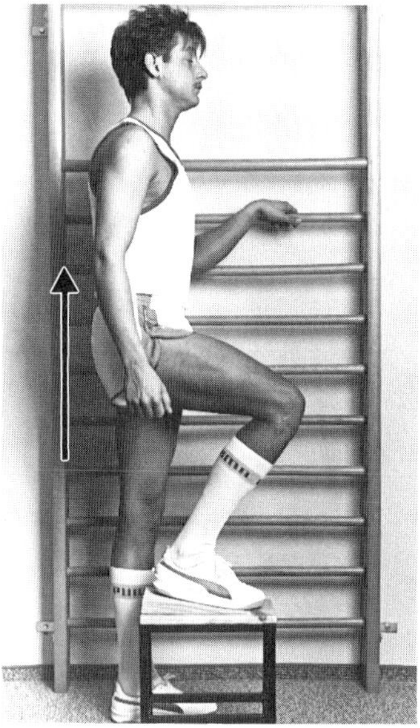
a

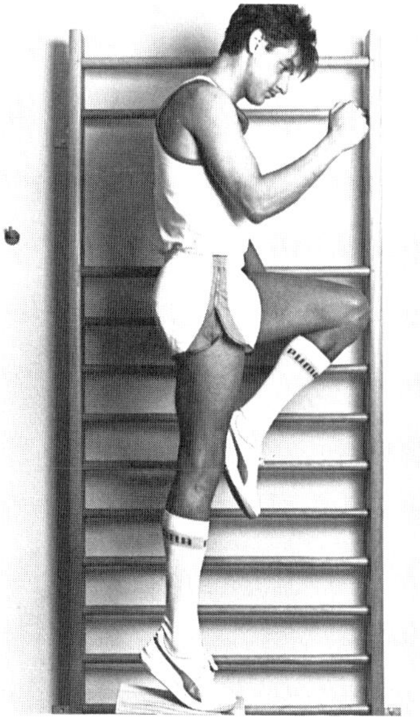
b

Abb. **51 a–c** „Step up" zur Kräftigung der Extensorenkette der Beinmuskulatur (Plantarflexoren, M. quadriceps, Gesäßmuskulatur).

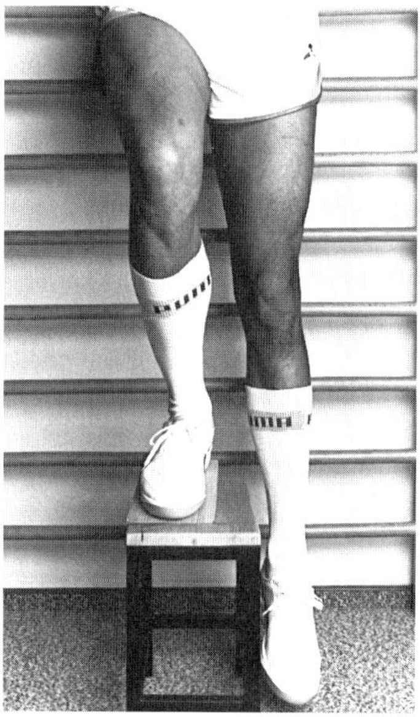
c

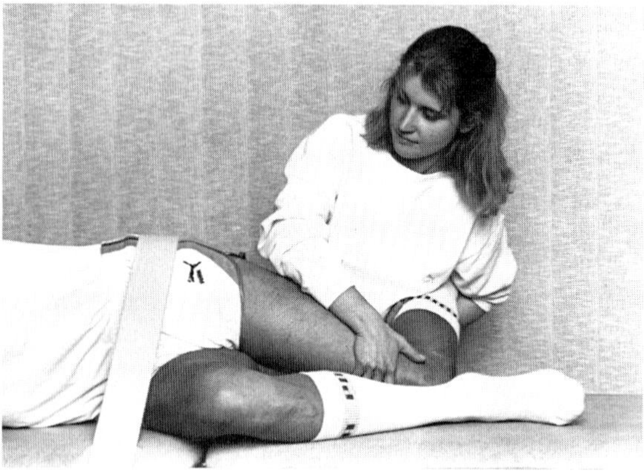

a

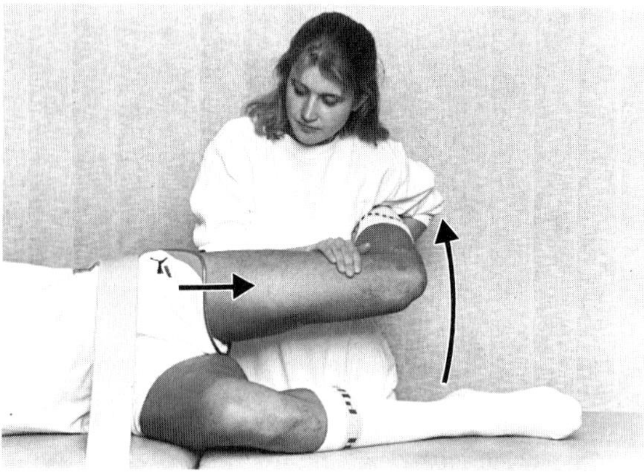

b

Abb. **52a–b** „Hip abductors special" zur isolierten Kräftigung der Hüftabduktoren bei gleichzeitiger Hemmung des M. quadratus lumborum.

Abb. **53 a–b** „Hip extensors special“ zur isolierten Kräftigung der Hüftextensoren bei gleichzeitiger Hemmung der ischiokruralen Muskulatur und der LWS-Extensoren.

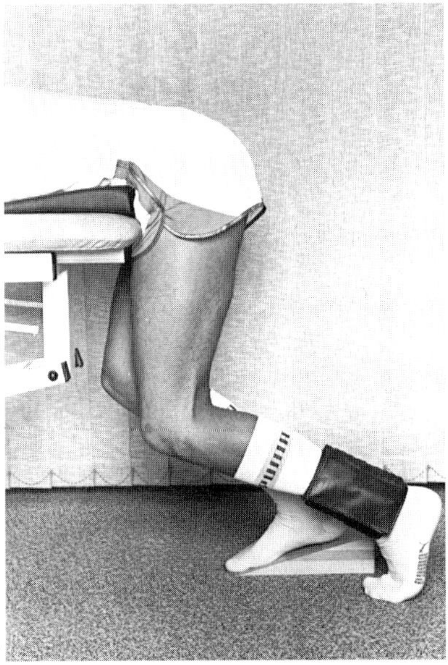

a

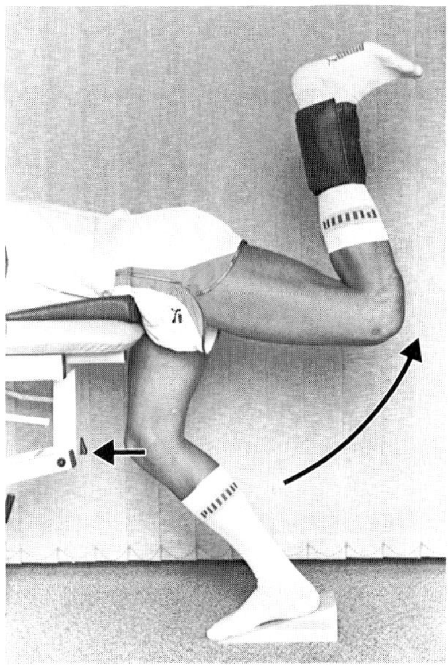

b

a

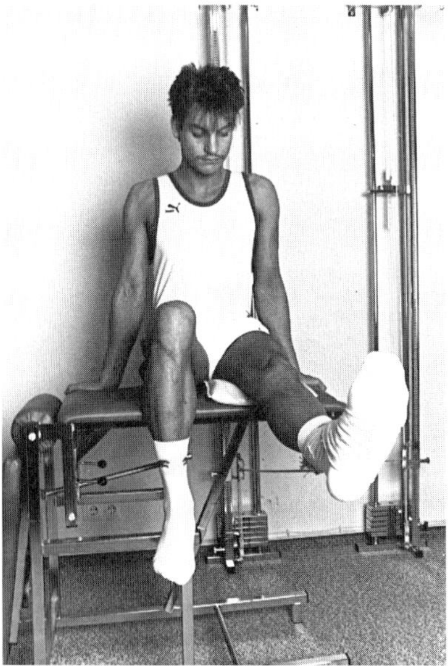
b

Abb. **54a–b** „Vastus medialis special" zur schwerpunktmäßigen Kräftigung des M. vastus medialis. Diese Übung ist eine Kombination einer Hüftaußenrotation mit einer Knieextension und entspricht dem Muster der PNF-Methode Hüftaußenrotation – Flexion – Adduktion in die Knieextension.

Beweglichkeit

Beweglichkeit wird als Schwingungsweite der Gelenke innerhalb der natürlichen Grenzen bezeichnet. Ist die Beweglichkeit gut und kann sie muskulär gesichert und kontrolliert werden, können Bewegungen mit großer Amplitude ausgeführt werden. Die in der medizinischen Befunderhebung gebräuchliche Neutral-0-Methode zur Feststellung der Gelenkbeweglichkeit kann als semiobjektive Maßeinheit der Beweglichkeit herangezogen werden.

Die Beweglichkeit ist von vielen Faktoren abhängig, von denen die wichtigsten hier skizziert werden.

Als *anatomische* und *biomechanische* Faktoren werden die Gelenkart, der Zustand der bindegewebigen Haltestrukturen, die Anordnung und Zugrichtung der passiven und aktiven Halte- und Bewegungsstrukturen sowie die Elastizität und Kraft der Muskeln und Sehnen bezeichnet.

Biochemische Faktoren sind der Muskel- und Gelenkstoffwechsel. Die *neurophysiologischen* Faktoren beziehen sich auf den Muskeltonus und die Entspannungsfähigkeit der Muskulatur.

Daneben spielen psychische Bedingungen eine Rolle (Nervosität, Erregung). Die Temperatur und Tageszeit sind entscheidend. Außerdem haben das Lebensalter und das Geschlecht Einfluß auf die Beweglichkeit. Schließlich können genbedingte Veranlagungen den Ausschlag geben, ob eine Tendenz zur Hypo- oder Hypermobilität besteht. Die Hypermobilität ist bei Sportlern bedenklich, da eine enorme muskuläre Kompensation erforderlich ist, um den sportlichen Anforderungen die entsprechende Gelenkstabilität entgegenzusetzen.

Bei ungenügend entwickelter Beweglichkeit wird das Erlernen bestimmter Bewegungsfertigkeiten erschwert oder verhindert. Die Bewegungsamplitude wird begrenzt, andere konditionelle Grundeigenschaften wie Kraft, Koordination, Schnelligkeit und Ausdauer werden in ihrer Entwicklung oder Ausnutzung behindert, die Qualität der Bewegungsausführung wird verschlechtert. Daraus resultiert eine Zunahme der Verletzungsrisiken.

Physiologisches Verhalten des Muskels bei Dehnung

Die Fasern des menschlichen Skelettmuskels weisen eine beeinflußbare plastische Elastizität auf. Die Elastizität des Muskels entscheidet über die Dehnbarkeit, die bis zu einem bestimmten Grad trainierbar ist. Die Plastizität als die Bereitschaft des Muskels zur Formbarkeit und Adaptation an die Dehnung wird anhand der Tatsache deutlich, daß der Muskel nach Beendigung des Dehnvorgangs nicht sofort die Ausgangslänge einnimmt. Dieser zeitweilige Längengewinn durch die Dehnung wird als Dehnungsrückstand bezeichnet.

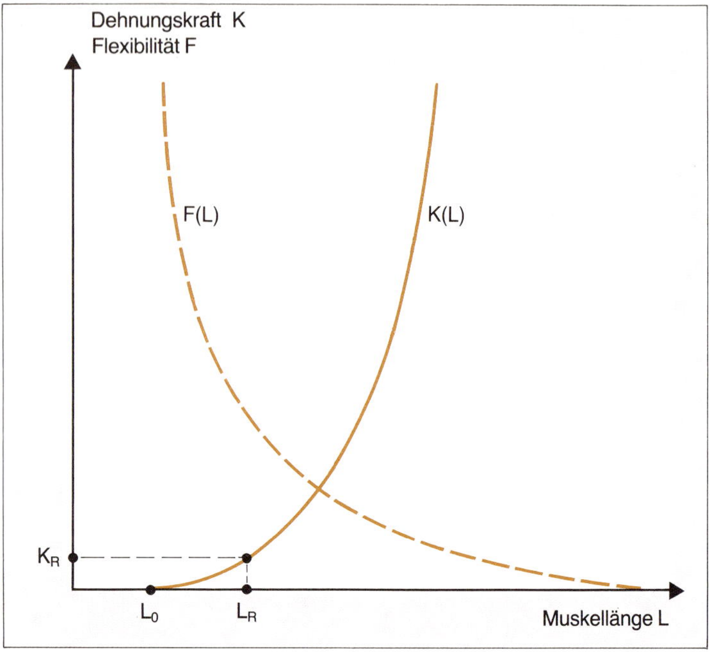

Abb. **55** Abhängigkeit der Flexibilität und der Muskellänge von der Dehnungskraft.
F (L) Flexibilität in Abhängigkeit einer bestimmten Muskellänge.
K (L) Kraft, die bei der Dehnung auf eine bestimmte Muskellänge nötig ist.
L_0 (Theoretische) Muskellänge, bei der keine Kraft im Muskel wirkt.
L_R Ruhelänge des Muskels im lebenden Organismus.
K_R Ruhekraft.
Mit zunehmender Muskellänge (Dehnungslänge) wird die dafür aufzubringende Kraft (Dehnungskraft) überproportional größer.
Die Flexibilität (Beweglichkeit) nimmt mit zunehmender Muskellänge (Dehnungslänge) ab.

$$\text{Flexibilität} = \frac{\text{Dehnungslänge}}{\text{Dehnungskraft}}$$

Die plastisch bedingte Längenzunahme der gedehnten Muskelfaser ist nicht in vollem Umfang von Dauer. Muskelkontraktionen können die plastische Verlängerung durch Dehnung teilweise oder vollständig wieder rückgängig machen.
Den Grad der Dehnbarkeit gibt der Quotient aus dem Längengewinn und der zur Dehnung notwendigen Kraft an. Da die zur Dehnung

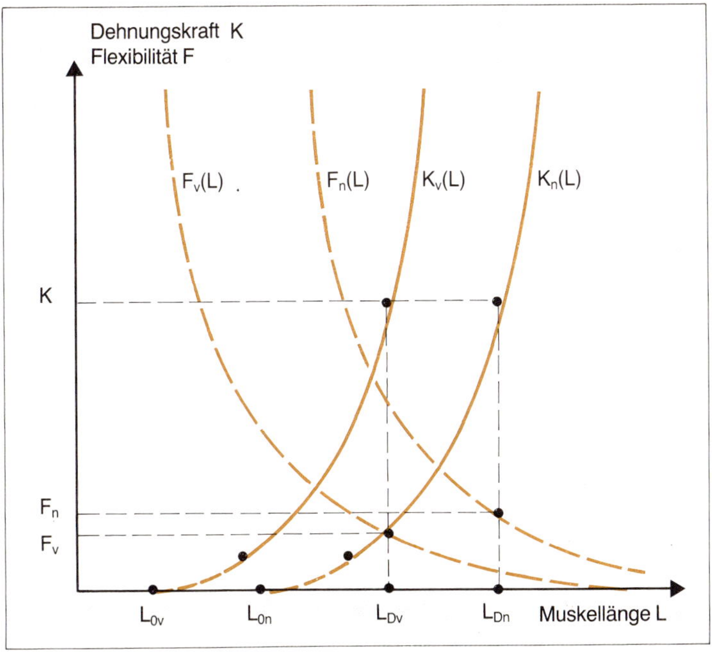

Abb. **56** Veränderung der Flexibilität durch Dehnungsübungen.
$F_{v,\,n}$ Flexibilität **vor** bzw. **nach** den Dehnungsübungen.
$K_{v,\,n}$ Kraft (Dehnungskraft), die **vor** bzw. **nach** den Dehnübungen nötig ist, um eine bestimmte Muskellänge (Dehnungslänge) zu erreichen.
$L_{0v,\,n}$ (Theoretische) Muskellänge, bei der keine Kraft im Muskel wirkt.
$L_{Dv,\,n}$ Muskellänge (Dehnungslänge) **vor** bzw. **nach** den Dehnübungen.
Nach den Dehnübungen wird mit der gleichen Kraft (Dehnungskraft) eine größere Muskellänge (Dehnungslänge) erzielt. Die für die Erreichung einer bestimmten Muskellänge (Dehnungslänge) notwendige Kraft (Dehnungskraft) ist nach Dehnübungen geringer als vor den Dehnübungen.

$$L_{Dn}(K) > L_{Dv}(K)$$
$$F_n(K) > F_v(K)$$

notwendige Dehnungskraft überproportional zum Längengewinn zunimmt, besteht keine lineare Beziehung zwischen den beiden Komponenten. Man erhält bei der grafischen Darstellung eine exponentielle Dehnungskurve (Abb. **55** u. **56**). In der Praxis bedeutet dies: je größer der Längengewinn bzw. die Dehnungslänge bei gleicher oder geringerer Dehnungskraft ist, desto besser ist die Dehnbarkeit. Als

Umkehrregel heißt das, je größer die zur Dehnung notwendige Kraft bei gleichem oder geringerem Längengewinn ist, desto „steifer“ ist ein Muskel. Ein Skelettmuskel ist in der Lage, sich bis auf zwei Drittel seiner Ruhelänge zu verkürzen. Die Weber-Fick-Regel beschreibt die maximale Verkürzungslänge als die Hälfte der maximalen Dehnungslänge. Der Längengewinn durch Dehnung beträgt damit zwischen 20 und 50% der Ruhelänge (12).

Die Elastizität der Sehnen als kraftübertragende Elemente beträgt dagegen lediglich 3–4%. Der antagonistische Hauptwiderstand bei Dehnungen wird nicht von den kontraktilen muskulären Elementen bestimmt, sondern Flexibilitätseinschränkungen entstehen vor allem durch unelastische Muskelfaszien. Als zweit- und drittgewichtigste Faktoren werden die Gelenkkapseln und die Sehnen genannt. Erst an vierter Stelle folgt die Muskulatur.

Innerhalb der Muskelfaser befinden sich in einer fibrösen Hülle 2 bis 10 mm lange parallel verlaufende intrafusale Spindeln. Diese intrafusalen Fasern beinhalten zwar – wie die Arbeitsmuskelfaser auch – ein kontraktiles Myosin-Actin-System, doch besteht ihre Hauptaufgabe in einer Meßgeberfunktion. Entsprechend ihrem Verlauf sind die intrafusalen Spindeln in der Lage, die Länge und die Längenveränderung des Muskels zu messen. Bei Dehnung werden die intrafusalen Spindeln gedehnt. Diese Dehnung wird von den Propriozeptoren an den Endigungen der sensiblen Nervenbahnen der intrafusalen Spindeln registriert.

Neben den intrafusalen Spindeln existiert ein zweites Meß- und Regelsystem, das bei Muskeldehnung wichtige Aufgaben wahrzunehmen hat. In der Sehne des Skelettmuskels befinden sich die Golgi-Sehnenorgane mit ihren Rezeptoren. Bei Dehnung oder Kontraktion wird eine reflektorische Hemmung der Motoneurone des betreffenden Muskels ausgelöst. Die Golgi-Sehnenorgane sind ein Schutzmechanismus, der einer zu hohen Spannungsentwicklung bei Dehnung oder Kontraktion entgegensteuern soll. Die Reizschwelle der Golgi-Organe liegt allerdings weit über der von intrafusalen Fasern.

Die Eigenreflexe haben bei der Durchführung von Dehnübungen große Bedeutung. Der Eigenreflex läßt sich in eine phasische und eine tonische Variante unterscheiden. Der phasische Eigenreflex ist das Resultat einer plötzlichen Dehnung der intrafusalen Spindeln. Die kurze, kräftige Dehnung, wie sie leider noch zu oft praktiziert wird, provoziert eine Kontraktion des Muskels, also gerade das Gegenteil dessen, was mit Dehnung bezweckt werden soll. Anstelle einer Längenzunahme ruft der harte, federnde Dehnungsreiz eine reflektorische Kontraktion des gedehnten Muskels hervor. Der Sinn der Dehnübung ist verfehlt, die Verletzungsgefahr bei nicht genügend erwärmter Muskulatur steigt.

Wird ein Muskel über längere Zeit mit konstanter Kraft gedehnt, registrieren die Propriozeptoren der intrafusalen Spindeln die Längenveränderung der Muskelfasern ebenfalls, aber die Antwort ist nicht der phasische, sondern der tonische Eigenreflex. Bei langgehaltenen, statischen Dehnübungen kommt es über längenproportionale Spindelafferenzen zu einer Steigerung der Aktivität der tonischen Motoneurone. Das Ergebnis ist eine erhöhte aktive Grundspannung, aber keine der Reaktion auf den phasischen Eigenreflex vergleichbare Kontraktion. Die Entladungsfrequenz der tonischen Motoneurone wird zudem durch komplizierte Regulationsmechanismen niedriggehalten. Eine wichtige Rolle spielen in diesem Zusammenhang die Hemmfunktion des Renshaw-Systems und die im Vergleich zu den Neuriten der phasischen Motoneurone geringere Reizleitungsgeschwindigkeit der Neuriten der tonischen Motoneurone (51).

Im Zusammenhang mit langgehaltenen, intensiven Dehnungen ist das Phänomen der „lengthening reaction“ zu beobachten. Bei intensiver Dehnung kann nach einer Phase ansteigender Spannung die aktive Spannungsentwicklung plötzlich nachlassen. Dieser als Erschlaffungsvorgang oder lengthening reaction bezeichnete Vorgang beruht vermutlich auf der Tatsache, daß die Reizschwelle der Golgi-Sehnenorgane überschritten ist und es somit zu einer Hemmung der Muskelaktivität des gedehnten Muskels kommt.

Eine weitere Besonderheit der Physiologie des Muskel-Nerv-Systems bei Dehnungsreizen ist die reziproke Innervation. Während des Dehnungsvorgangs wird der gedehnte Muskel fördernd beeinflußt, während der Antagonist gehemmt ist. Die reziproke Innervation hat allerdings nur dann Gültigkeit, wenn der Dehnungsreiz überschwellig für das fusimotorische Regelsystem ist und die Reizschwelle der Golgi-Sehnenorgane nicht überschritten wird. Diese Tatsache ist vor allem bei aktiven Dehnübungen von Bedeutung, wenn ein aktiv kontrahierter Muskel die Dehnung des Antagonisten hervorrufen soll. Eventuell liegt hier die Erklärung für das Phänomen der „zitternden Kontraktion“, das bei aktiven statischen Dehnübungen häufig zu beobachten ist.

Dehnung beeinflußt den Muskelstoffwechsel. Bei Dehnungen von 10–50% der Ruhelänge kann es zu Steigerungen des Sauerstoffverbrauchs und der Wärmebildung bis zum 3- bis 5fachen des Ausgangswertes kommen. Allerdings zeigen andere Untersuchungen, daß bei starken Dehnungen der Sauerstoffverbrauch wieder abnimmt (51). Unter Berücksichtigung der erzielten Sauerstoffaufnahme und Wärmebildung wird die komplexe Wirkung von Dehnübungen in der Aufwärmarbeit vor sportlicher Aktivität deutlich.

Muskeldehntechniken

Die aktive Beweglichkeit wird von der passiven unterschieden. Die aktive Beweglichkeit hängt von der Kraft der Agonisten (innere Kraft) und dem Dehnungsgrad der antagonistischen Strukturen ab, sofern keine arthrogenen Hindernisse bestehen. Bei der passiven Beweglichkeit ist neben der Elastizität der gedehnten Strukturen die Höhe der einwirkenden äußeren Kraft (Fremdgewicht, Partner, Schwerkraft usw.) von Bedeutung. Die passive ist größer als die aktive Beweglichkeit, da die Hebelwirkung der äußeren Kräfte in der Regel effektiver ist als die Hebelverhältnisse bei aktiven Dehnungen. Für die meisten Tätigkeiten des Alltags und des Sports ist allein die aktive Beweglichkeit von funktioneller Bedeutung. Die passive Beweglichkeit ist aber die Voraussetzung und bestimmt und begrenzt die aktive Beweglichkeit.

Analog der dargestellten Einteilung wird zwischen aktiven, d.h. nur durch eigene Muskelkraft bewirkte Dehnung, und passiven Dehnungen, die durch äußere Kräfte zustande kommt, unterschieden. In der Praxis der Beweglichkeitsschulung finden sich meist Mischformen und Kombinationen.

Zur Verbesserung der konditionellen Grundeigenschaft Beweglichkeit haben sich drei verschiedene Muskeldehntechniken bewährt: die statische Dehnung, die dynamische Dehnung und die Contract-hold-relax-stretch-Technik (CHRS).

Bei *statischen* Dehnübungen werden der zu dehnende Muskel bzw. die Muskelkette und die zugeordneten Strukturen langsam und vorsichtig in die Länge gezogen. Statische Dehnübungen können sowohl als rein aktive als auch in Form von passiver oder passiv-aktiver Dehnung durchgeführt werden. Ist die Position erreicht, in der die Dehnung der Muskulatur in Form eines „ziehenden" Gefühls wahrzunehmen ist, wird diese Stellung für 5–30 Sekunden gehalten, ohne daß Bewegungen ausgeführt werden. Bei aktiven Dehnübungen bedeutet dies statische Haltearbeit der Antagonisten der gedehnten Muskulatur.

Statische Dehnungen begünstigen, bedingt durch die Plastizität des Skelettmuskels, die Adaptation an die Dehnung. Da eine plötzliche, ruckartige Dehnung vermieden wird, ist der phasische Eigenreflex gehemmt. Die lange Dehnungsdauer eröffnet bei entsprechender Dehnungsintensität die Möglichkeit der lengtheningreaction. Statische Dehnübungen wirken lokal stoffwechselsteigernd und durchblutungsfördernd.

Statische Dehnungen erfordern Konzentration, besonders wenn innere Kräfte am Dehnungsvorgang beteiligt sind. Durch die reziproke Innervation kommt es zu einer Hemmung der aktiven Muskulatur, die die Dehnung bewirken soll, was das Aufrechterhalten der aktiven statischen Muskelspannung erschwert.

Bei Untersuchungen bezüglich der Effizienz verschiedener Dehnungsmethoden konnten zwar keine eindeutigen Unterschiede zwischen der Wirksamkeit statischer im Vergleich zu dynamischer Dehnung festgestellt werden, doch ist der Dehnungswiderstand der gedehnten Strukturen bei statischen Dehnübungen deutlich geringer als bei dynamischer Dehnung.

Als *dynamische* Dehnübungen bezeichnen wir weiche, rhythmische Bewegungen, die nach vorangegangener statischer Dehnung langsam und möglichst aktiv nahe der Toleranzgrenze ausgeführt werden. Um diese Methode der dynamischen Dehnung über die Kontraktion der Antagonisten der gedehnten Strukturen klar von den üblichen federnden Dehnungen („ballistics") zu trennen, sei ein theoretisches Zahlenspiel erlaubt. Setzt man die maximal mögliche aktive statische Dehnfähigkeit mit 100% an, so wird diese Variante der dynamischen Dehnung im submaximalen Dehnbereich von 75 bis annähernd 100% ausgeführt. Dynamische Dehnungen dieser Art haben das Ziel, den durch die statische Vordehnung vergrößerten Bewegungsspielraum aktiv, dynamisch zu kontrollieren und zu sichern. Dynamische Dehnungen sind im Grunde funktioneller als rein statische Dehnübungen, da in der Praxis der gedehnte Muskel bzw. die gedehnten Strukturen ständig auf auxotone, dynamische Kontraktionen der Agonisten reagieren müssen.

Die Methode der dynamischen Muskeldehnung setzt gut gedehnte Muskulatur und ein ausgeprägtes Körpergefühl (Koordination) voraus und eignet sich deshalb nur für Fortgeschrittene.

Der Ausdruck *CHRS-Dehnung* ist eine klarere Bezeichnung für die Dehnungsmethode, die auch als postisometrische Muskeldehnung, propriozeptive neuromuskuläre Dehnung, Ermüdungs- oder Entspannungstechnik bezeichnet wird. Der Begriff „CHRS" beschreibt bereits das Dehnverfahren in englischer Sprache: Contract-hold-relax-stretch.

CHRS-Dehnungen basieren auf der Tatsache, daß nach einer statischen Kontraktion eines Muskels eine Relaxationsphase mit verminderter Spannung desselben Muskels erfolgt und dadurch der reflektorische Muskelwiderstand gegen Dehnung verringert ist (52).

Das Prinzip dieser Dehnmethode ist es, durch Ermüdung des zu dehnenden Muskels dessen Muskelaktivität zu drosseln und damit seine Fähigkeit, eine Gegenspannung zur geplanten Dehnung aufzubauen, zu hemmen. Setzt man die Ermüdung therapeutisch im Rahmen von Dehnübungen ein, hat sich gezeigt, daß statische Muskelanspannungen am schnellsten zum Ziel führen. Für die Wirksamkeit dieses Dehnverfahrens sind Kontraktionsstärken erforderlich, die im Bereich zwischen 30 und 50% der Maximalkraft liegen. Maximale Spannungen sind nicht zwingend nötig, verkürzen aber bei guter

Koordination und exakter Ausführung die Zeitspanne bis zur Ermüdung.

Im Gegensatz zu dynamischen Kontraktionen wird bei statischer Anspannung von Beginn an die Blutzirkulation innerhalb des aktiven Muskels reduziert bzw. sogar vollständig blockiert. Um die Kontraktionskraft des Muskels trotz nachlassender Energiezufuhr weiterhin auf dem vorgegebenen Wert zu halten, müssen nun immer mehr motorische Einheiten rekrutiert und die Entladefrequenz der bereits aktivierten Einheiten gesteigert werden. Dieser Mechanismus führt nach kurzfristig erhöhter bioelektrischer Muskelaktivität bei gleichzeitig abnehmender Kontraktionsstärke zur lokalen Ermüdung der beanspruchten neuromuskulären Systeme. Ein bewußt kontrolliertes und gesteuertes Entspannen leitet die Relaxationsphase ein.

Die Anwendung der Contract-relax-Entspannungstechnik mit dem Ziel, eine günstige Ausgangslage für anschließende Muskeldehnungen zu erreichen, ist eine Gratwanderung zwischen therapeutisch sinnvoller lokaler Ermüdung und therapeutisch nicht gewünschter Erschöpfung. Die biochemische und neuromuskuläre Ermüdung ist gewollt, denn sie hemmt die Fähigkeit des Muskels, bei der nachfolgenden Dehnung eine Gegenspannung zu produzieren. Bei zu intensiver Spannungsentwicklung, zu langer Haltedauer oder der Nichteinhaltung der vollständigen Entspannung nach der statischen Kontraktion werden dagegen Prozesse hervorgerufen, die die Dehnfähigkeit eher verringern als positiv beeinflussen.

In der praktischen Anwendung der CHRS-Methode zur Behandlung von muskulären Kontrakturen oder zur prophylaktischen Dehnung von stark beanspruchter Muskulatur wird eine statische Anspannung von einer Dauer von 5–15 Sekunden und einer Kontraktionsstärke von 40–75% der Maximalkraft ausgeführt. Anschließend erfolgt eine kurze Periode (ca. 2–5 Sekunden) der vollständigen, bewußten Entspannung. Nach dieser Initialbehandlung folgt die weiche Dehnung des zuvor kontrahierten Muskels. Die Dehnungen werden in der Regel vom Therapeuten kontrollierend begleitet (Kontrolle des Dehnungswiderstands) und vom Patienten bzw. Sportler u. U. durch die aktive Arbeit der Antagonisten des gedehnten Muskels unterstützt. Der Vorgang der CHRS-Dehnung kann mehrfach wiederholt werden.

Die CHRS-Dehnungsmethode in PNF-Mustern ist oft sinnvoll, da hier mit einer Übung eine vollständige Muskelkette gedehnt wird, wobei Schwerpunkte gesetzt und einzelne Abschnitte der Muskelkette betont behandelt werden können.

Die Kombination von CHRS-Dehnung mit Kryotherapie hat sich insofern bewährt, als vor der Dehnbehandlung eine 5- bis 10minütige Eisapplikation auf der kontrakten Muskulatur erfolgt. Die eigentliche

Dehnbehandlung schließt sich nach einer Reizpause von ca. 5 Minuten unter Ausnutzung der reaktiven Hyperämie und mit Unterstützung der kryotherapeutischen Sekundentechnik zur Stimulation der Antagonisten des gedehnten Muskels an.

Die CHRS-Methode ist die effektivste Möglichkeit, um die eine Bewegung einschränkenden muskulären Strukturen zu dehnen und somit die Beweglichkeit zu verbessern. Die Erfolgsaussichten sind deutlich besser als bei rein statischer oder ausschließlich dynamischer Dehnung. Die Ausführung von CHRS-Übungen ist nicht einfach und erfordert spezielle Kenntnisse. Deshalb darf nur unter Anleitung qualifizierter Therapeuten gearbeitet werden.

Beweglichkeitstraining in der aktiven Sportphysiotherapie

Unter der Voraussetzung, daß keine pathologischen Befunde vorliegen, wird beim gesunden Sportler eine größere aktive Gelenkbeweglichkeit in erster Linie durch die Verbesserung der elastischen Eigenschaften der gelenkorientierten Muskulatur erreicht und nur in geringem Maße durch eine Steigerung der Dehnfähigkeit der passiven, bindegewebigen Strukturen.

Die Aufgabe der aktiven Sportphysiotherapie ist es, zur Erhaltung und Verbesserung der Elastizität der Muskulatur beizutragen. In dieser Systematik werden drei Typen von Dehnübungen unterschieden: die Trainings-, die Erhaltungs- und die Regenerationsdehnübungen (Tab. **5**).

Trainingsdehnübungen stellen die intensivste Form der Beweglichkeitsschulung dar und werden zur Verbesserung der Muskelelastizität eingesetzt. Die Indikationen für Trainingsdehnübungen sind Muskelverkürzungen aufgrund einer Trainingsunterbrechung, als Resultat einer alten, ausgeheilten Verletzung oder manifestierter Erschöpfungskontrakturen im Bereich der Arbeitsmuskulatur. Da Trainingsdehnübungen oft in der Übergangsphase von der krankengymnastischen Rehabilitation zum sportartspezifischen Training angezeigt ist, ist es sinnvoll, wenn ein entsprechend geschulter Therapeut die Durchführung der Trainingsdehnübungen überprüft. Trainingsdehnübungen werden zunächst in statischer Form ausgeführt. Die besten Ergebnisse werden mit langer Dehndauer (bis 30 Sekunden) und mittlerer Intensität erzielt. Hartnäckige muskuläre Verkürzungen sollten in der Einzelbehandlung bzw. im Partnertraining mit Dehnungen im Sinne der CHRS-Methode behandelt werden.

Trainingsdehnübungen sind als eine eigenständige Trainingseinheit zu betrachten. Sie sind nicht als Vorbereitung vor einem sportartspezifischen Spezialtraining oder einem Wettkampf zu empfehlen. Ist aus organisatorischen Gründen die Kombination mit anderen Trainingsin-

Tabelle **5** Methoden zur Verbesserung der Beweglichkeit

▷ Im Rahmen der aktiven Sportphysiotherapie		
Regenerationsdehnübungen	⇨ Verhinderung von Erschöpfungskontrakturen nach hochintensiven Belastungen, Muskelentspannung, Durchblutungsförderung und Ausschwemmung der Stoffwechselabbauprodukte	⇨ – statische Dehnübungen mit geringer bis mittlerer Intensität – CHRS-Methode
Erhaltungsdehnübungen	⇨ Erhaltung der Muskelelastizität und Gelenkbeweglichkeit, Vorbereitung für Trainings- und Wettkampfbelastungen	⇨ – statische Dehnübungen mit mittlerer Intensität – dynamische Dehnübungen in Kombination mit sportartspezifischen Koordinationsübungen
Trainingsdehnübungen	⇨ Verbesserung der Muskelelastizität und Gelenkbeweglichkeit bei myogenen Beweglichkeitsdefiziten	⇨ – statische Dehnübungen mit mittlerer bis hoher Intensität und langer Dehndauer – CHRS-Methode mit guter Fixation der benachbarten Gelenke
▷ Im Rahmen der Krankengymnastik und Rehabilitation		
Muskeldehntechniken	⇨ Behandlung von eindeutig diagnostizierten Muskelkontrakturen	⇨ – statische Dehnübungen mit mittlerer Intensität und langer Dehndauer – CHRS-Methode mit guter Fixation der benachbarten Gelenke
Manuelle Therapie	⇨ Behandlung von Kontrakturen im Bereich der passiven, bindegewebigen Strukturen	⇨ – translatorische Gleitbewegungen in Verbindung mit Längstraktionen des zu bewegenden Gelenkpartners

halten unvermeidbar, so sind die Trainingsdehnübungen vor dem Beginn oder an das Ende einer Trainingseinheit von geringerer Belastungsintensität zu legen.

Die Notwendigkeit von Trainingsdehnübungen wird leider oft verkannt. Das konzentrierte, intensive Dehnen ist als isolierte Trainingseinheit in belastungsintensiven Sportarten eine Voraussetzung, damit die Muskulatur auf die sportartspezifischen Trainingsreize optimal reagieren kann. Erst ausreichend gedehnte Muskulatur ist in der Lage, zum Beispiel die Reize eines Krafttrainings zu verarbeiten und umzusetzen. Außerdem erhöhen elastische Antagonisten die Wirksamkeit der Agonisten. Aus biomechanischer Sicht sind Trainingsdehnübungen notwendig, damit das physiologische Muskelgleichgewicht erhalten bleibt. Damit wirken Trainingsdehnübungen nicht nur als Verletzungsprophylaxe, sondern tragen entscheidend zur Optimierung des Trainings bei.

Die *Erhaltungsdehnübungen* haben die Aufgabe, den Grad der Muskelelastizität und der Gelenkbeweglichkeit zu erhalten. Erhaltungsdehnübungen gehören in das reguläre Aufwärmprogramm jeder Trainingseinheit. Der Umfang und die Intensität der Erhaltungsdehnübungen liegen allerdings deutlich unter dem der Trainingsdehnübungen. Die knapp bemessene Übungszeit oder das umfangreiche Trainingsprogramm des Leistungssportlers sind oft die Ursache für vernachlässigtes Aufwärmen und Dehnen. Deshalb muß das Programm der Erhaltungsdehnübungen konzentriert und gestrafft sein. Bereits nach 4–5 Dehnungen eines Muskels wird eine nachweislich bessere Dehnfähigkeit im Vergleich zum Ausgangswert erreicht.

Leistungssportler führen nicht selten uneffektive Übungen durch, die die Vorbereitungsphase einer Trainingseinheit aufblähen und damit die Gesamttrainingszeit unnötig erhöhen. Leider zählen auch heute noch Übungen wie Rumpfkreisen, federndes Rumpfvorbeugen und das beliebte ruckartige Zurückfedern der Arme zu den Kernübungen der sogenannten Aufwärmgymnastik. Die genannten Beispiele sind aus krankengymnastischer Sicht unfunktionell und können sogar bestehende Probleme (z. B. Hypermobilität und Muskelkontrakturen) verstärken. Die Devise muß lauten: Auf das wesentliche konzentrieren und funktionell arbeiten! Neben drei bis höchstens fünf verschiedenen Übungen für die Hauptmuskelgruppen, die nicht direkt an den sportartspezifischen Bewegungen beteiligt sind, gehören zum Kern des Programms mehrere differenzierte Übungen, die die unmittelbar beanspruchte Muskulatur auch in verschiedenen Funktionsstellungen oder mit Bewegungsausschlag dehnen.

Der Mindestzeitaufwand für die dem Hauptteil der Trainingseinheit vorgeschalteten Erhaltungsdehnübungen beträgt in der Regel 10–20

Minuten und ist abhängig von der ausgeübten Sportart. Einige Leistungssportler in den Bereichen Kunstturnen, Leichtathletik oder fernöstliche Kampfsportarten wenden oft mehr als 50% der Gesamttrainingszeit zur Entwicklung der Beweglichkeit auf – dann allerdings in Kombination mit Schnelligkeits- oder Krafttraining im Sinn einer Verbesserung der Koordination und der aktiven Beweglichkeit.

Regenerationsdehnübungen basieren auf einer Kombination von Muskelentspannungstechniken und Dehnübungen mit geringer Intensität. Regenerationsdehnübungen werden sinnvollerweise nach hochintensiven Trainings- oder Wettkampfbeanspruchungen in das Cool-down integriert. Regenerationsdehnübungen haben entspannenden Charakter und fördern über die dehnungsbedingte Mehrdurchblutung die Ausschwemmung der Stoffwechselabbauprodukte nach anaeroben Belastungen sowie die Normalisierung der hypertonen postaktiven Funktionslage der Arbeitsmuskulatur. Regenerationsdehnübungen werden mit geringer bis mittlerer Intensität in Form von statischen Dehnungen oder CHRS-Dehnungen durchgeführt.

Spezielle krankengymnastische Methoden zur Verbesserung der Beweglichkeit

Die Problematik des Beweglichkeitstrainings im Sport liegt in der Regel in den Elastizitätsdefiziten im myogenen Bereich, die sich häufig erst bei besonderer körperlicher Belastung bemerkbar machen. Im Alltag spielen diese relativen Flexibilitätsmängel selten eine Rolle.

Im Gegensatz dazu hat die Krankengymnastik die Aufgabe, nach Verletzungen zum Teil deutlich funktionseinschränkende Beweglichkeitsdefizite auszugleichen und die normale Gelenkflexibilität wiederherzustellen. Bedingt durch die Art der Läsion, den Umfang der betroffenen Strukturen und dem Charakter der medizinischen Versorgung (z.B. Gipsruhigstellung), können diese Beweglichkeitsdefizite sehr resistent sein. Durch längere Immobilisierungen entstehen zum Teil hartnäckige Kontrakturen der passiven, bindegewebigen Strukturen. Vor allem Verklebungen im Bereich der Gelenkkapsel bereiten in der Rehabilitation größte Schwierigkeiten und lassen sich leider nicht nur mit den bisher vorgestellten Therapiemöglichkeiten der Muskeldehnung behandeln. In der Krankengymnastik und in der Rehabilitation spielen die Behandlungstechniken der manuellen Therapie eine entscheidende Rolle. Die genaue Untersuchung des zu behandelnden Gelenks ist notwendig, um sinnvoll therapieren zu können. Ein wichtiges Differenzierungskriterium ist das Endgefühl, das der Therapeut bei der passiven Gelenkuntersuchung am Ende der aktuellen Bewegungsbahn feststellt. Bei bestehenden Bewegungseinschränkungen deutet ein weichelastisches Endgefühl auf einen sogenannten Muskelstopp hin, d.h., myogene Strukturen behindern die Bewegung. Ein festelastischer Anschlag hat seine Ursache eher im Bereich des passiven, nichtkontraktilen Kapsel- und Bandapparats. Bei einem hartelastischen Endgefühl sind vermutlich Veränderungen der knöchernen Gelenkanatomie der Grund des Flexibilitätsdefizits.

Bei eindeutig diagnostizierten muskulären Kontrakturen empfehlen sich die Muskeldehntechniken nach der CHRS-Methode, wobei auf die exakte Fixation der benachbarten Gelenke geachtet werden muß. Behindern knöcherne Fehlstellungen die Beweglichkeit, erübrigt sich eine krankengymnastische Therapie, die die Vergrößerung der Gelenkbeweglichkeit anstrebt. Die eigentliche Indikation der speziellen Behandlungstechniken der manuellen Therapie stellen die Bewegungseinschränkungen dar, die auf kontrakten Kapsel- und Bandstrukturen beruhen. In diesem Zusammenhang ist die Wiederherstellung des physiologischen Gelenkspiels von entscheidender Bedeutung. Das „joint play" bezieht sich auf sogenannte translatorische Bewegungen. Das Vorhandensein dieser passiven Gleitmöglichkeit bezogen auf eine Tangentialebene, die parallel zum konkaven Gelenkpartner steht, ist die Voraussetzung für jede passive und aktive Gelenkbewegung. Die kleinen Gleitbewegungen und die senkrecht zur Gleitebene durchgeführten Traktionen des bewegten Gelenkpartners werden translatorische Bewegungen genannt, die vom Patienten nicht selbständig ausgeführt werden können. Translatorische Gelenkbewegungen werden nicht nur im Rahmen der Diagnostik zur Feststellung von Gelenkfunktionsstörungen benutzt, sondern sind auch therapeutische Mittel zur Rückgewinnung der normalen Gelenkbeweglichkeit (Abb. **57** u. **58**).

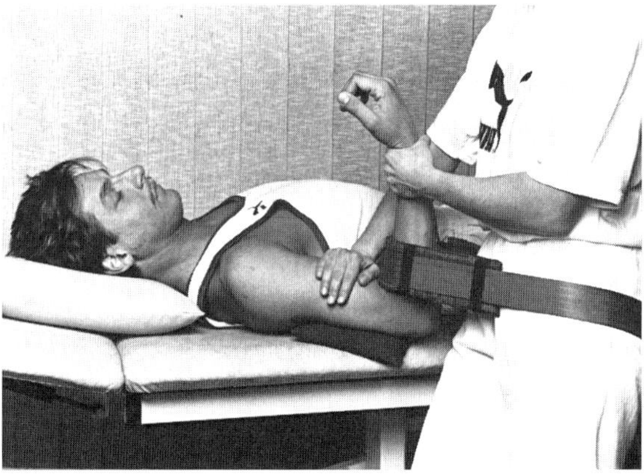

Abb. **57** Manuelle Therapie bei eingeschränkter Ellenbogenflexion. Traktion mit einem Therapiegurt nach distal und etwas nach dorsal.

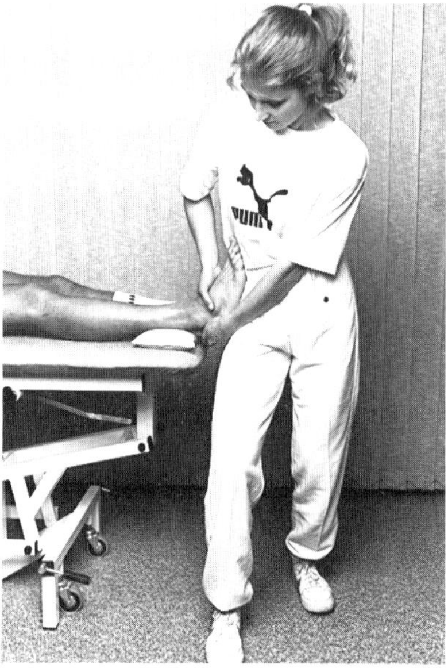

Abb. **58** Manuelle Therapie bei eingeschränkter Dorsalextension des Sprunggelenks. Translatorische Gleitbewegung (joint play) des Talus gegen den Unterschenkel nach dorsal.

In den letzten Jahren haben die Befürworter der manuellen Therapie versucht, die Behandlung von Gelenkstörungen im Sinne der dargestellten Prinzipien zu optimieren. Die spezifischen manualtherapeutischen Behandlungstechniken, die über vom Therapeuten ausgeführte passive translatorische Bewegungen in Verbindung mit Längstraktionen das physiologische „joint play“ erarbeiten sollen, wurden mit bekannten aktiven Behandlungsmethoden kombiniert. Eine Kombinationsbehandlung mit Techniken der PNF-Methode trägt zum Beispiel dazu bei, daß die Verbesserung der Gelenkbeweglichkeit auch funktionell-koordinativ gehalten werden kann.

Kontraindikationen der Dehnübungen

So sinnvoll richtig angewendete Dehnübungen sind, so wichtig ist die Beachtung der Kontraindikationen. Zu den bedeutenden Gegenanzeigen zählt die allgemeine Bindegewebsschwäche, die in überstreckbaren Gelenken und meist hypotoner Muskulatur zum Ausdruck kommt. Die pathologische Hypermobilität, bedingt durch akute oder chronische Gelenkinstabilität, sowie frische und alte Verletzungen sind ein Grund, bei der Anwendung von Dehnübungen sehr vorsichtig zu sein. In diesen Fällen müssen Dehnübungen selbst bei tatsächlich bestehenden Kontrakturen sorgfältig modifiziert werden. Auf keinen Fall darf pauschal gedehnt werden. Auch bei entzündlichen und infektiösen Prozessen ist von Dehnübungen in der betroffenen Region abzusehen.

Entdeckt ein Trainer oder Übungsleiter hartnäckige Bewegungseinschränkungen, was besonders häufig in Breitensportgruppen der Fall ist, so raten wir hier zu einer Konsultation eines Arztes, denn gerade auffallende Flexibilitätsdefizite haben oft ihre Ursache in Fehlstellungen des Skelettsystems.

Noch nicht vollständig geklärt ist die Rolle der Muskeldehnung nach anstrengender Muskelarbeit und bei dem Phänomen, das landläufig als Muskelkater bezeichnet wird. Zum Muskelkater wird an anderer Stelle noch ausführlich Stellung bezogen (S. 173).

Nach anstrengender körperlicher Arbeit kann es durch biochemische Prozesse zu einem reversiblen Anschwellen der Muskelzellen kommen. Außerdem können Störungen im Bereich der Kaliumionen-Rückbildung und die damit im Zusammenhang stehende Erschöpfungskontraktur für die postaktive „Steifigkeit" verantwortlich sein. Die Reduzierung der Dehnfähigkeit nach anstrengender Arbeit wird auch auf eine erhöhte Viskosität der Muskulatur zurückgeführt.

Anhand der praktischen Erfahrung empfehlen wir, nicht direkt nach harter anaerober Muskelarbeit Dehnübungen durchzuführen, um damit die „Steifigkeit" zu vertreiben. Es ist sinnvoller, erst den Stoffwechsel des Muskels zu normalisieren, ehe Dehnübungen durchgeführt werden. Diese Normalisierung erreicht man z. B. durch leichtes Trablaufen, Lockerungsübungen oder allgemeine Bewegungen von geringer Intensität, die die Ausschwemmung der Stoffwechselabbauprodukte beschleunigt. Anschließend sind (Regenerations-)Dehnübungen indiziert, damit einer Erschöpfungskontraktur der hochintensiv belasteten Muskulatur vorgebeugt wird.

Beispiele von funktionellen Dehnübungen

Die Bildserie „Dehnung" zeigt sogenannte therapeutische Dehnungen, die nur mit Hilfe eines Therapeuten oder eines speziell geschulten Partners möglich sind, und Eigendehnübungen, die selbständig durchgeführt werden können. Die abgebildeten Übungen sind kein vollständiges Dehnungsprogramm. Sie verstehen sich als Anregungen und Beispiele für die praktische Arbeit mit Sportlern in der sporttherapeutischen Praxis und im Trainingsalltag (Abb. **59–83**).

Hartnäckige muskuläre Kontrakturen lassen sich nur mit therapeutischen Dehnübungen behandeln, wobei häufig zusätzliche Fixationshilfen und Geräte (z. B. Schlingentisch) eingesetzt werden müssen. Wir haben bewußt auf die bildliche Darstellung dieser Spezialdehnungen verzichtet und lediglich die ohne aufwendige Apparaturen möglichen Dehnungen gezeigt.

Therapeutische Dehnungen

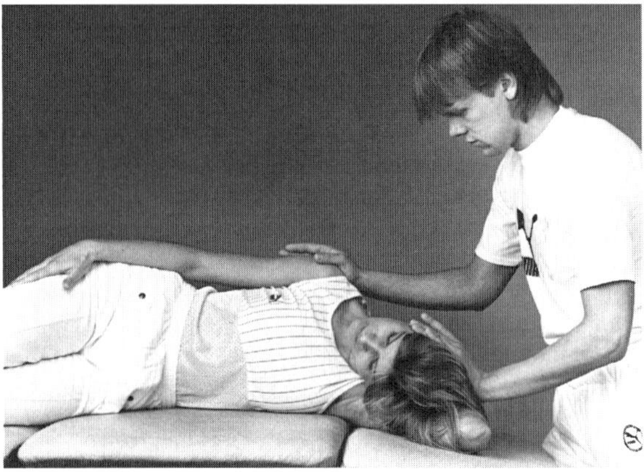

59

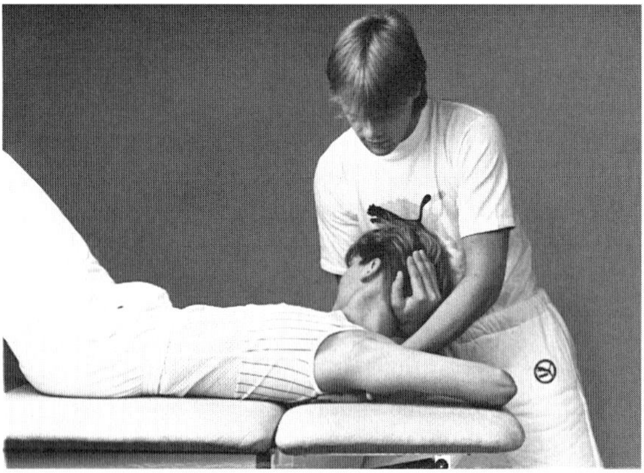

60

Abb. **59** M. trapezius (pars descendens). Dehnung durch eine Bewegung der Skapula nach kaudal bei fixiertem Kopf.

Abb. **60** M. levator scapulae. Dehnung durch eine Bewegung der Skapula nach kaudal-lateral bei fixiertem Kopf.

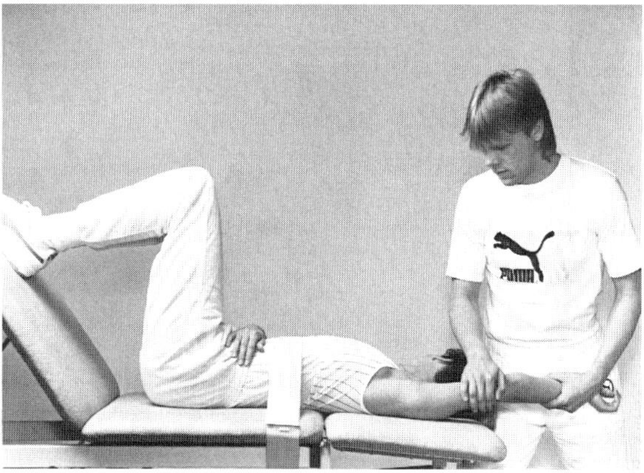

61

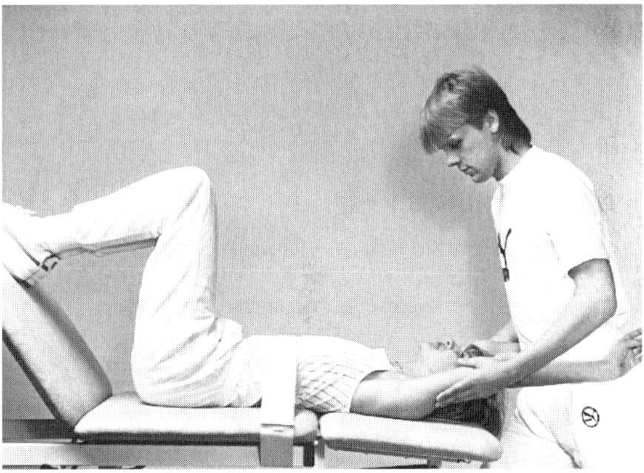

62

Abb. **61** M. latissimus dorsi. Dehnung durch Traktion und Bewegung des Schultergelenks in die maximale Flexion und Abduktion mit leichter Außenrotationskomponente.

Abb. **62** M. pectoralis major (pars abdominalis). Dehnung durch Traktion und Bewegung des Schultergelenks in die maximale Flexion und Außenrotation.

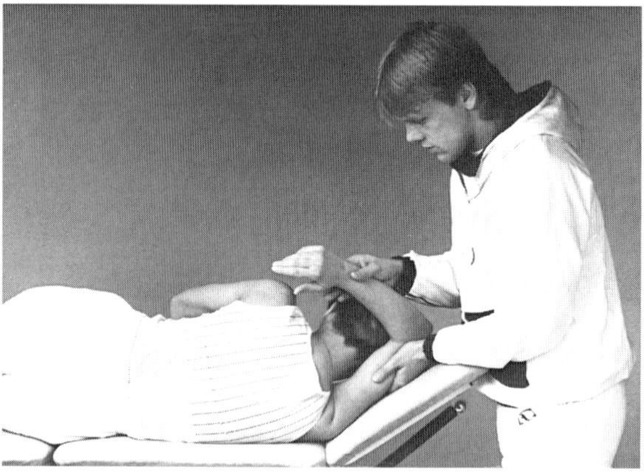

Abb. **63** M. triceps brachii. Dehnung durch Bewegung des Ellenbogengelenks in die maximale Flexion. Dieses Beispiel zielt in erster Linie auf die Dehnung des Caput longum ab.

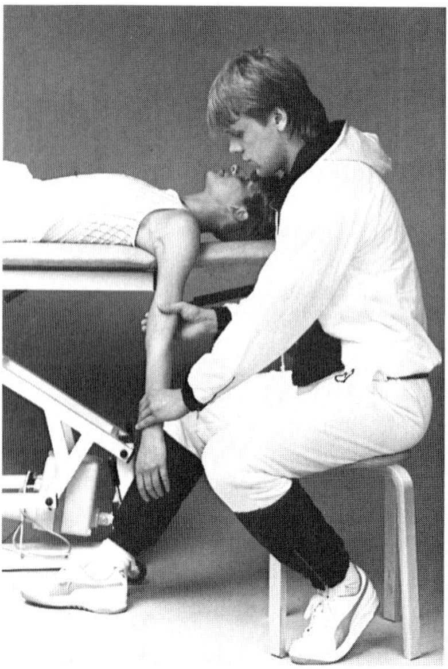

Abb. **64** M. biceps brachii (caput longum). Nach exakter Einstellung der Dehnposition (Schultergelenk: Außenrotation, Unterarm: Pronation) Dehnung durch Bewegung des Schultergelenks in die maximale Extension mit leichter Adduktionskomponente und durch Bewegung des Ellenbogengelenks in die maximale Extension.

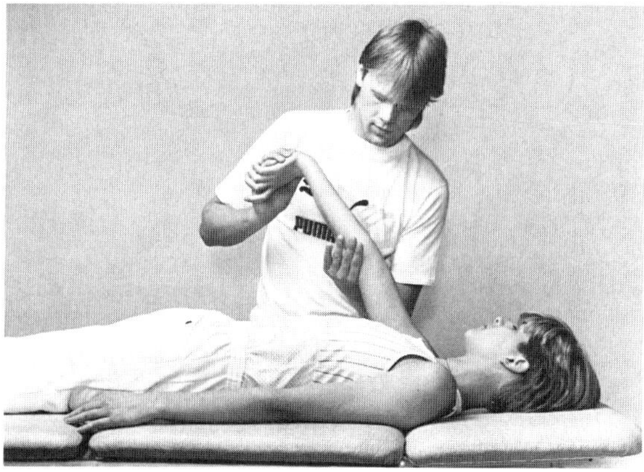

65

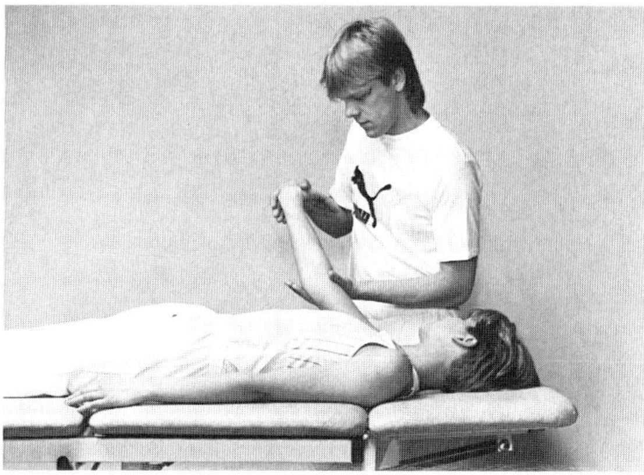

66

Abb. **65** Hand- und Fingerflexoren. Dehnung durch Bewegung des Handgelenks in die maximale Dorsalextension und des Ellenbogengelenks in die maximale Extension. Intensivierung der Dehnung durch maximale Extension der Fingergelenke.

Abb. **66** Hand- und Fingerextensoren. Dehnung durch Bewegung des Handgelenks in die maximale Volarflexion und des Ellenbogengelenks in die Extension. (Achtung: sehr gelenknah fassen!)

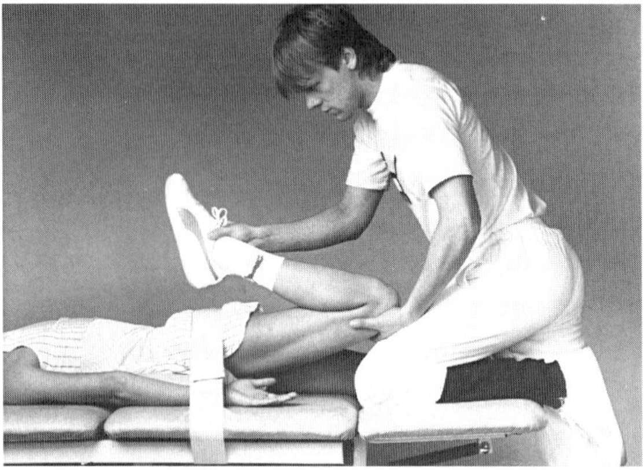

67

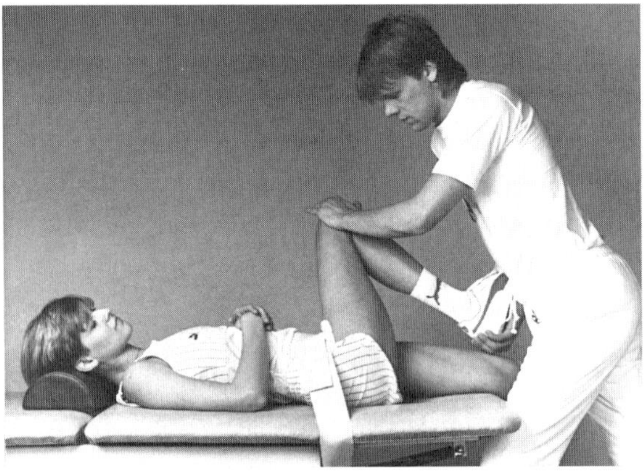

68

Abb. **67** M. quadriceps (rectus femoris). Dehnung durch Bewegung des Hüftgelenks in die maximale Extension und des Kniegelenks in die maximale Flexion.

Abb. **68** Hüftabduktoren und Hüftextensoren. Kombinationsdehnung des M. glutaeus maximus und des hinteren Anteils der kleinen Glutäalmuskulatur. Dehnung durch Traktion und Bewegung des Hüftgelenks in die maximale Flexion mit Adduktionskomponente.

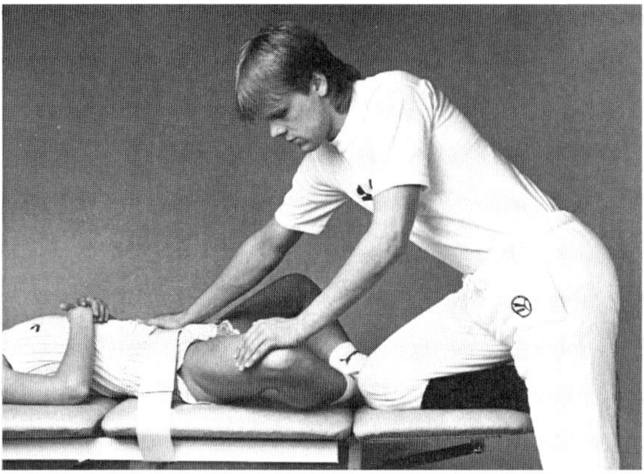

Abb. **69** Hüftadduktoren. Pauschaldehnung der eingelenkigen Adduktoren, wobei die Dehnung durch die Bewegung des Hüftgelenks in die maximale Abduktion erfolgt. Die Funktionskomponente Extension des M. adductor magnus wird bei dieser Übung vernachlässigt.

Abb. **70** Ischiokrurale Muskulatur. Dehnung durch Bewegung des Hüftgelenks in die maximale Flexion und des Kniegelenks in die maximale Extension. Die Wahl der Hüftrotation bestimmt die schwerpunktmäßige Dehnung der Semimuskulatur (leichte Hüftaußenrotation mit Abduktionskomponente) bzw. des M. biceps femoris (leichte Hüftinnenrotation mit Adduktionskomponente).

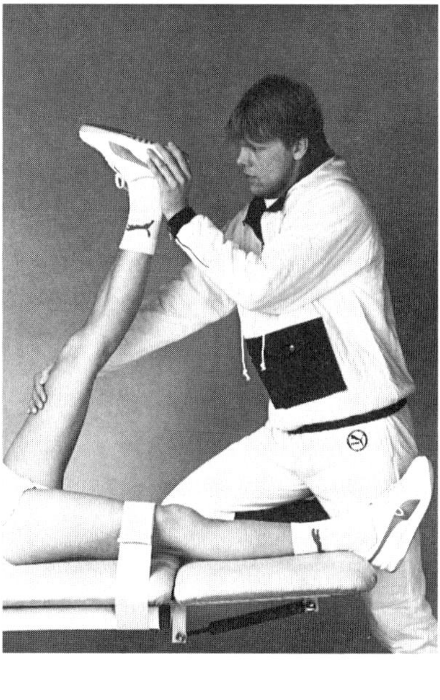

Eigendehnungen

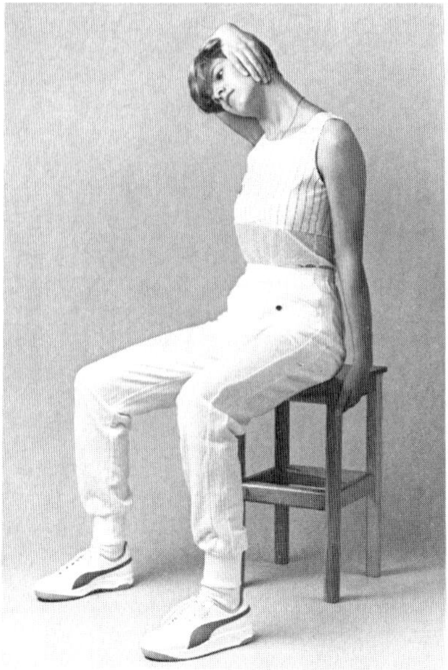

Abb. **71** M. trapezius (pars descendens). Dehnung durch eine leichte Lateralflexion der Wirbelsäule zur Gegenseite des fixierten Armes.

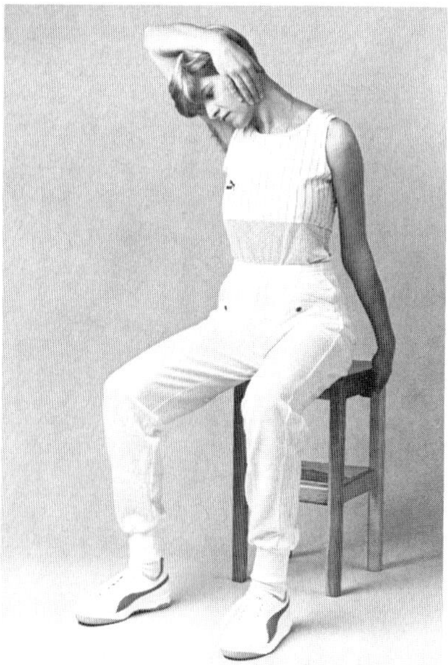

Abb. **72** M. levator scapulae. Dehnung durch eine leichte Lateralflexion zur Gegenseite des fixierten Armes und durch eine Flexionskomponente des Rumpfes.

73

74

Abb. **73** M. triceps brachii (caput longum). Dehnung durch Traktion und maximale Abduktion des Schultergelenks.

Abb. **74** Hand- und Fingerflexoren. Dehnung durch maximale Dorsalextension des Handgelenks, die durch eine Rückverlagerung des Oberkörpers erreicht wird.

75

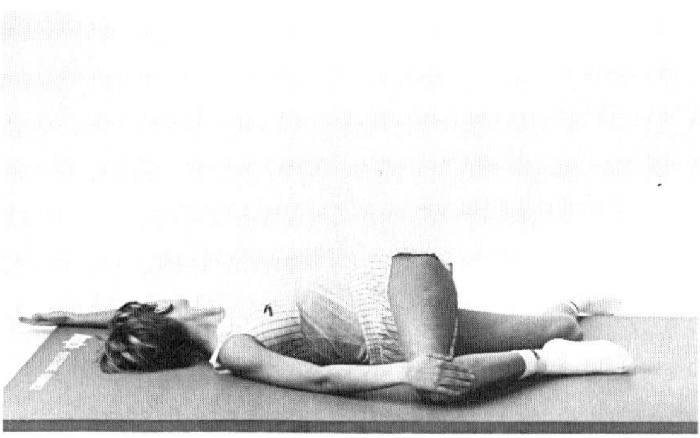

76

Abb. **75** Hand- und Fingerextensoren. Dehnung durch maximale Volarflexion des Handgelenks und maximale Ellenbogenextension.

Abb. **76** Rotationsseitlage (Drehdehnseitlage). Pauschaldehnung der Rumpfmuskulatur (u. a. M. pectoralis major, Abdominalmuskulatur, Hüftabduktoren und -extensoren, M. tensor fascia latae).

77

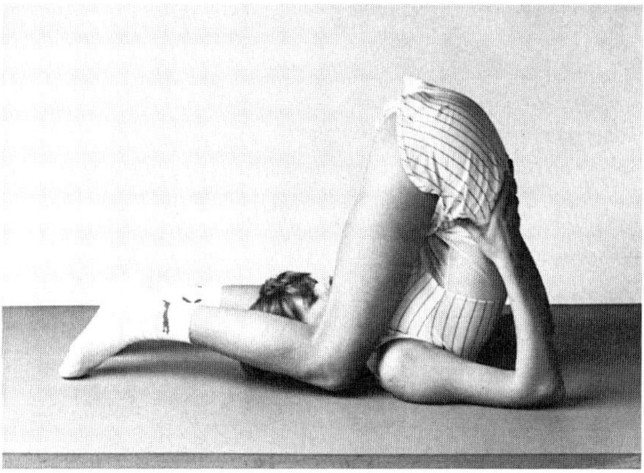

78

Abb. **77** Rotationssitz. Pauschaldehnung der Hüftabduktoren und der Rumpfmuskulatur mit Schwerpunkt der rotatorisch wirkenden Muskulatur im Bereich der Brustwirbelsäule.

Abb. **78** M. erector trunci. Damit die Belastung am HWS-BWS-Übergang reduziert wird, muß das Becken unterstützt werden. Um die Dehnung für die LWS-Extensoren optimal zu gestalten muß die obere BWS auf der Unterlage liegenbleiben.

79

80

Abb. **79** Abdominalmuskulatur. Dehnung durch maximale Extension der Wirbelsäule, wobei das Becken auf der Unterlage bleibt. Diese Übung ist bei Hypermobilitäten im Bereich der LWS nicht ratsam.

Abb. **80** M. iliopsoas. Dehnung durch maximale Extension des Hüftgelenks.

Abb. **81** M. quadriceps (rectus femoris). Dehnung durch Extension des Hüftgelenks und maximale Flexion des Kniegelenks.

Abb. **82** Ischiokrurale Muskulatur. Dehnung der „hamstrings" über den proximalen Ansatz. Die Dehnung erfolgt durch eine Rotation der kontralateralen Beckenseite nach ventral, was eine Kaudalbewegung des Tuber ischiadicum zur Folge hat und damit die Dehnung auslöst.

Abb. **83** M. triceps surae. Dehnung durch maximale Dorsalextension des Sprunggelenks und maximale Extension des Kniegelenks.

Ausdauer

Ausdauer wird als die Widerstandsfähigkeit gegen Ermüdung bezeichnet. Die Ausdauer ist der bestimmende Faktor für die Belastungsverträglichkeit und damit die Voraussetzung für die rasche Regeneration nach Belastungen.

Die konditionelle Grundeigenschaft Ausdauer wird geprägt durch die Ökonomisierung aller Organfunktionen, insbesondere des Herz-Kreislauf-Systems, des Muskelstoffwechsels und der neuromuskulären Koordination.

In der theoretischen Strukturierung wird die Ausdauer in die *zyklische* und *azyklische* Ausdauer differenziert. Die zyklische Ausdauer ist an eine kontinuierliche, homogene (Dauer-)Belastung gekoppelt. Die azyklische Ausdauer bezieht sich auf heterogene, azyklische Belastungen, die durch zum Teil hohe Belastungsspitzen, aber auch durch Ruheintervalle charakterisiert sind (Mannschaftsballspiele, Tennis usw.). In beiden Fällen hat die Ausdauer die Funktion, die gewählte sportartspezifische Belastungsintensität möglichst lange beizubehalten und die Verluste durch die einsetzende Ermüdung gering zu halten.

Ein anderes Differenzierungsschema unterscheidet die Ausdauer analog dem Umfang der eingesetzten Muskulatur. *Lokale* Ausdauer wird benötigt, wenn weniger als ein Drittel der Gesamtmuskelmasse eingesetzt wird, *regionale* Ausdauer ist erforderlich bei Arbeit mit ein Drittel bis zwei Drittel der Muskulatur. Die *globale* Ausdauer wird beansprucht, wenn mehr als zwei Drittel der Gesamtmuskulatur an der Aktivität beteiligt sind. Die Problematik der lokalen Muskelausdauer wird im Zusammenhang mit der Kraftausdauer besprochen.

Unter dem Begriff der *allgemeinen* Ausdauer wird die Fähigkeit verstanden, unterschiedlich strukturierte körperliche Arbeit, die verschiedene Muskelgruppen und -massen beansprucht und von wechselnden Belastungsintensitäten geprägt wird, für lange Zeit auszuführen. Beim Training der allgemeinen (Grundlagen-)Ausdauer geht es um die Schaffung einer disziplinunabhängigen Ausdauer, die durch eine unspezifische Verbesserung der Ökonomisierung des Herz-Kreislauf-Systems gekennzeichnet ist. Auf der Grundlage dieser allgemeinen Ausdauer baut sich das *spezielle* Ausdauertraining auf, das mit höheren Intensitäten und erweitertem Belastungsumfang, bezogen auf die sportartspezifischen Bewegungs- und Belastungsanforderungen, arbeitet. Im Bereich der Energiebereitstellung der allgemeinen Ausdauer existiert sowohl eine aerobe als auch eine anaerobe Komponente, wobei die aeroben Stoffwechselvorgänge allerdings eindeutig dominieren. Im Rahmen der Rehabilitation ist es das Ziel, die erwähnten unspezifischen allgemeinen Ausdauerfähigkeiten des Rehabilitanden zu verbessern. Gerade hochspezialisierte Athleten müssen nach langen Verletzungspausen zunächst ihre allgemeine Ausdauerkapazität wiedererlangen, ehe disziplinspezifisches Leistungstraining durchgeführt werden kann.

Der Charakter des Stoffwechsels unterscheidet die Ausdauer in eine *aerobe* und eine *anaerobe* Komponente. Da so gut wie sämtliche körperliche Leistungen auf einer Mischung beider Energiegewinnungsarten beruhen, lassen sich die beiden Systeme in der Praxis nicht voneinander trennen. Die aerobe Ausdauer wird durch die oxidative Energiegewinnung bestimmt, die vor allem dynamische Muskelaktionen von längerer Dauer und geringer bis mittlerer Intensität prägt.

Der aerobe Stoffwechsel basiert auf dem organisierten System von aeroben Enzymen, Coenzymen und Aktivatoren der Mitochondrien der Muskelzellen (intramitochondrialer Stoffwechsel).

Die Energielieferanten des aeroben Stoffwechsels sind Kohlenhydrate und die freien Fettsäuren. Die Kohlenhydrate sind besonders in der Anfangsphase von Dauerbelastungen von Bedeutung. Die Bedeutung der freien Fettsäuren nimmt mit der Dauer der Ausdauerbelastung zu.

Der Fettstoffwechsel wird durch einen langsamen Anstieg gekennzeichnet. Erst nach 15–30 Minuten kontinuierlicher Dauerbelastung steigt der Anteil der freien Fettsäuren im arteriellen Blut über den Ruheausgangswert. Bei sehr langen Belastungen deckt die Fettoxidation zwischen 70 und 90% des Energiebedarfs.

In einem engen Zusammenhang mit dem aeroben Stoffwechsel steht das Steady state des Sauerstoffverbrauchs und der Sauerstoffaufnahme. Je nach Qualität und Quantität der Arbeit sind 2–6 Minuten nach dem Belastungsbeginn nötig, damit die Sauerstoffaufnahme der Arbeitsintensität entspricht. Diese Phase wird als Arbeitsanlaufphase verstanden und ist auch im Rehabilitationstraining zu berücksichtigen. Die Existenz der Arbeitsanlaufzeit bringt es mit sich, daß selbst bei geringer bis mittlerer Belastungsintensität innerhalb der Anfangsphase ein Sauerstoffdefizit entsteht. Dieses Sauerstoffdefizit wird erst nach Beendigung der Belastung durch die postaktive Sauerstoffmehraufnahme ausgeglichen. Bei Belastungen, die mehr als 50% der maximalen Sauerstoffkapazität fordern, beginnt bei durchschnittlich trainierten Personen die Lactatbildung anzusteigen. Dieser Grenzbereich zwischen aerobem und anaerobem Stoffwechsel wird als aerob-anaerobe Schwelle bezeichnet.

Die anaerobe Ausdauer wird von anoxidativen Mechanismen zur Energiegewinnung bestimmt und dominiert bei statischer Arbeit ab mittleren Intensitätsgraden und dynamischer Muskelarbeit ab submaximaler Intensität oder hoher Bewegungsfrequenz. Der anaerobe Stoffwechsel basiert auf anaeroben Katalysatoren im Plasma der Muskelzellen (extramitochondrialer Stoffwechsel). Der anaerobe Stoffwechsel beruht auf der anoxidativen Umsetzung der Kohlenhydrate in hochenergetische phosphathaltige Adeninriboseverbindungen (ATP) und damit in die für Muskelkontraktionen notwendige Energie.

Ohne den ständigen Nachschub würde der ATP-Energiespeicher nur für 1–3 maximale Muskelkontraktionen ausreichen, was einer Belastungsdauer von 1–2 Sekunden entspricht. Die erste Restitutionsmöglichkeit für ATP ist der Kreatinphosphatspeicher. Bei voller Ausschöpfung des Kreatinphosphatspeichers kann eine Belastungsdauer von maximaler Intensität über etwa 10 Sekunden abgedeckt werden. Bei maximalen Beanspruchungen von 10–50 Sekunden Dauer dominiert der anaerobe Kohlenhydratstoffwechsel.

Bei der anaeroben Energiegewinnung werden Lactate freigesetzt. Diese Lactate verändern die reguläre Wasserstoffionenkonzentration (ph-Normwert 7,4) in den sauren Bereich. Ab einem ph-Wert von 6,4 (Azidose) werden die anaeroben Stoffwechselvorgänge vollständig blockiert, so daß eine Weiterführung körperlicher Arbeit unmöglich ist.

Der Lactatspiegel im Blut gibt Auskunft über die augenblicklich bevorzugten Mechanismen zur Energiegewinnung. Der Ruhelactatspiegel beträgt etwa 1 mmol/l. Nach maximalen anaeroben Belastungen wurden Lactatwerte bis zu 30 mmol/l registriert (51). Die aerob-anaerobe Schwelle wird in den Bereich einer Lactatkonzentration von 3–4 mmol/l gerückt. Die optimale Adaptation im Bereich des Herz-Kreislauf-Systems und des aeroben Muskelstoffwechsels erfordert die höchstmögliche Belastungsintensität, die ohne nennenswerte Lactatspiegelerhöhung möglich ist.

Wie aus dem bisher Gesagten hervorgeht, liegt der Schwerpunkt der krankengymnastischen Rehabilitation nach Sportverletzungen auf der Wiedererlangung der Koordination, der Kraft und der Beweglichkeit, damit die Voraussetzungen für das sportartspezifische Training geschaffen werden. Die Rückgewinnung der kardiopulmonalen Ausdauer ist in der ersten Rehabilitationsphase nachrangig. Erst in den fortgeschrittenen Entwicklungsstufen der Belastbarkeit und Beanspruchbarkeit werden gezielte Ausdauertrainingsprogramme sinnvoll, damit der Einstieg in das sportartspezifische Training unterstützt und die allgemeine Belastungsverträglichkeit des Rehabilitanden verbessert wird. Diese Programme zur Schulung der allgemeinen Ausdauer können aber niemals die sportartspezifischen Reize ersetzen, die notwendig sind, um die spezielle Ausdauer aufzubauen.

In einer Trainingspause reduzieren sich die antrainierten Fähigkeiten zuerst, die mit dem Funktionszustand des Herz-Kreislauf-Systems und dem Muskelstoffwechsel zusammenhängen. Die sportartspezifische Ausdauer eines hochtrainierten Mittelstreckenläufers verringert sich nach einer Trainingsunterbrechung von 10 Tagen beispielsweise um 38% und nach 40 Tagen sogar um über 85%. Keine andere konditionelle Grundeigenschaft hat kurzfristig derart vergleichbare Einbußen zu verzeichnen. Die Leistungsabnahme im Bereich des Muskelstoffwechsels wird deutlich in der Tatsache, daß der Kreatinphosphatspiegel bereits nach einer Trainingsunterbrechung von 5–8 Tagen deutlich absinkt und der Glykogengehalt im Muskel nach 3–4 Wochen Trainingspause wieder den Ausgangswert vor Trainingsbeginn erreicht (26). Die gesunkenen Werte sind Ausdruck des fehlenden spezifischen Trainings. Die untersuchten Probanden waren gesunde Sportler, die lediglich ihr sportartspezifisches Training abbrachen. Schon der damit hervorgerufene relative Bewegungsmangel hatte die eklatanten Einbußen ihres antrainierten Leistungsstandards bewirkt. Von relativem Bewegungsmangel wird gesprochen, wenn Personen nicht mehr als 30% ihrer maximalen statischen Kraft und höchstens 50% ihrer maximalen Sauerstoffaufnahmekapazität beanspruchen. Bei Nichtsportlern werden diese Werte tatsächlich nur selten übertroffen.

Extremer Bewegungsmangel, wie er beispielsweise durch postoperative Bettruhe hervorgerufen wird, hat noch größere Einbußen der Ausdauerleistungsfähigkeit zur Folge. Trainierte Sportler verzeichnen schon nach 9tägiger absoluter Bettruhe einen Rückgang der maximalen Sauerstoffaufnahmekapazität um über 20% und eine Verringerung des Herzvolumens von etwa 10%. Nach 4–6 Wochen Bettruhe kann sich die maximale Sauerstoffaufnahme bis auf 50% des Ausgangswertes reduzieren. Häufig unbeachtet bleibt die Tatsache, daß lange Bettruhe zu einem echten Blutverlust führen kann. Nach 4 Wochen Bettruhe wurde ein Totalblutverlust von bis zu 700 ml errechnet.

Die verschlechterte Kreislaufökonomie führt zu einer Abnahme des Herzschlagvolumens um 20–30%. Der verletzte und ruhiggestellte Sportler kompensiert diese Defizite über eine Erhöhung seiner Ruhepulsfrequenz. Während 4wöchiger Bettruhe ist mit einer Steigerung der Ruhepulsfrequenz um 20% im Vergleich zum Ausgangswert zu rechnen.

Die Mängel im Ausdauerbereich lassen die Rehabilitanden in der Phase der Belastbarkeit und Beanspruchbarkeit sehr rasch ermüden. Die unverhältnismäßig schnell eintretende Ermüdung macht sich vor allem im koordinativen Bereich bemerkbar. Die Übungen werden unsauber ausgeführt. Die verschlechterte Koordination erschwert die Muskelentspannung zwischen den Übungen. In der Rehabilitation und bei Wiederbeginn des sportartspezifischen Trainings muß dieser mangelhaften Widerstandsfähigkeit gegen Ermüdung Rechnung getragen werden. Sportler, die am Ende der krankengymnastischen Rehabilitation stehen und häufig hochmotiviert in das sportartspezifische Aufbautraining einsteigen, sind durch die ermüdungsbedingten Koordinationseinbußen außerordentlich gefährdet. Hier sind besonders die Trainer aufgerufen, den Sportler aufmerksam zu beobachten, um bei einsetzender Ermüdung sofort mit entsprechenden Maßnahmen zu reagieren. Durch eine Reduzierung von Reizintensität, Reizdauer, Reizhäufigkeit oder eine Veränderung der Pausenlänge oder -gestaltung kann die Trainingsbelastung insgesamt verringert und der Athlet in die Lage versetzt werden, das Training mit der erforderlichen koordinativen Qualität fortzusetzen. In Einzelfällen, bei sehr starker Ermüdung und daraus resultierenden koordinativen Schwierigkeiten, muß das Training abgebrochen werden.

In einer Studie wurde der Einfluß von dynamischen und statischen Trainingsprogrammen, die während einer zweiwöchigen Bettruhe durchgeführt wurden, hinsichtlich der maximalen Sauerstoffaufnahmekapazität untersucht (23).

Die Probanden einer Vergleichsgruppe, die kein körperliches Training absolvierten, verzeichneten eine Abnahme der maximalen Sauerstoffaufnahmefähigkeit von 12,3%. Erstaunlicherweise wurden die relativ besten Ergebnisse in der Gruppe notiert, die ein statisches Muskeltraining durchführte (statische Anspannung der Beinmuskulatur mit 20% der Maximalkraft über jeweils 60 Sekunden bei einer Gesamttrainingsdauer von täglich 30 Minuten). Die maximale Sauerstoffaufnahme verringerte sich lediglich um 4,8%. Mit dynamischem Training wurden trotz längerer täglicher Trainingsdauer mit 9,2% Abnahme weitaus schlechtere Werte erreicht. Die Probanden dieser Gruppe trainierten liegend zweimal täglich 30 Minuten mit 68% ihrer individuellen aeroben Kapazität an der Tretkurbel.

An dieser Stelle muß nachdrücklich betont werden, daß die Ausdauerfähigkeit sich nicht einzig auf die maximale Sauerstoffaufnahmekapazität beschränkt. Gerade im Rahmen der Rehabilitation nach Verletzungen ist die Entwicklung der allgemeinen Ausdauer eng an die Koordination des neuromuskulären Systems gekoppelt. Allein die Verbesserung der neuromuskulären Koordination bringt einen Zuwachs der Ausdauer, ohne daß spezielle Ausdauertrainingsprogramme eingesetzt werden. Deshalb müssen in der krankengymnastischen Behandlung posttraumatischer Zustände so früh wie möglich dynamische Beanspruchungsformen zur Entwicklung der Ausdauer eingesetzt werden. Berücksichtigt man den Einfluß der Koordination auf die Ausdauer, so verliert das statische Ausdauertraining verständlicherweise an Wert. In vielen Fällen muß aber auf dieses statische Ausdauertraining zurückgegriffen werden, da die posttraumatischen Gegebenheiten dynamisches Training noch nicht zulassen.

Für die praktische Methodik des Ausdauertrainings bei bettlägerigen und immobilisierten Patienten raten wir zu einer Kombination von statischer und dynamischer Muskelarbeit. Eine 20minütige Behandlung kann beispielsweise 3–4 statische Übungen beinhalten, bei deren Durchführung mindestens ein Drittel der Gesamtmuskelmasse eingesetzt wird. Jede dieser Übungen wird 3- bis 4mal mit einer Kontraktionsdauer von 30–60 Sekunden und einer Reizintensität von 20–30% der Maximalanspannung durchgeführt. Daneben sollten 3–5 dynamische Übungen im Sinn des Koordinationstrainings und des Trainings der aeroben dynamischen Kraftausdauer absolviert werden. Atemübungen für möglichst alle Atemexkursionen komplettieren das Programm.

Effektives dynamisches Ausdauertraining läßt sich in der Regel erst in den Entwicklungsstufen der Belastbarkeit und der Beanspruchbarkeit in das Gesamtkonzept der Rehabilitation integrieren. Ausdauertraining auf dem Fahrradergometer ist unter Umständen auch schon unter den Bedingungen der Teilbelastbarkeit durchführbar.

Das in der Rehabilitation von Sportverletzten übliche Trainingsmittel zur Schulung der Ausdauer ist das Fahrradergometer. In der Systematik des Fahrradergometertrainings stehen die Trainingsmethoden im

Tabelle **6** Fahrradergometerbelastungen im Vergleich mit Lauf- und Radfahrbelastungen im Freien (ungefähre Umrechnungswerte), bezogen auf ein Körpergewicht von 58 kg (aus *Pimm, P.:* Radfahren – eine Unterstützung für das Lauftraining. Leichtathletik 43 [1984])

Ergometerleistung (Watt)	O_2-Verbrauch (l/min)	Lauftempo (min/km)*	Radfahrgeschwindigkeit im Freien (km/h)*	Kalorienverbrauch (kcal/min)
150	2,1	4 : 56	30,2	10,5
175	2,45	4 : 25	32,2	12,3
200	2,8	4 : 00	34,3	14,0
225	3,15	3 : 40	36,2	15,8
250	3,5	3 : 22	38,3	17,5

* Die im Original angegebenen Werte bezogen sich auf eine Meile (1609 m) und wurden auf Kilometer umgerechnet.

Vordergrund, die vorrangig die aerobe dynamische Ausdauer verbessern. Die aerobe dynamische Ausdauer ist die Basis für jedes sportliche Spezialtraining. Die Entwicklung der sportartspezifischen (anaeroben) Ausdauer gehört nicht in das Programm der Rehabilitation.

Im Zusammenhang mit dem Fahrradergometertraining muß beachtet werden, daß die Ermüdung der Arbeitsmuskulatur rascher eintritt als beispielsweise durch Lauftraining mit gleicher Belastungspulsfrequenz. Die Ursache liegt an der beim Radfahren eingesetzten kleineren Muskelmasse, die aber gleichzeitig an einen relativ höheren Krafteinsatz gekoppelt ist. Dadurch kommt es lokal zu einer stärkeren mechanischen Kompression der Blutgefäße und somit zu einer Reduzierung der Durchblutung (Tab. **6**).

Im Ausdauertraining existieren zwei unterschiedliche Trainingsprinzipien. Die *Dauermethode* zeichnet sich durch eine kontinuierliche, homogene Belastung aus, wogegen die *Intervallmethode* durch intermittierende Belastungen charakterisiert wird.

Dauermethode

Optimales aerobes Ausdauertraining verlangt die höchstmögliche Belastungsintensität, die ohne nennenswerte zusätzliche Lactatbildung möglich ist. Diese Belastungsintensität liegt im Grenzbereich des aeroben Stoffwechsels, in dem die Sauerstoffaufnahme gerade noch den Bedarf deckt. Das objektive Charakteristikum der aerob-anaeroben Schwelle ist eine Lactatkonzentration von 3–4 mmol/l.

Tabelle **7** Orientierungswerte für Trainingspulsfrequenzen, bezogen auf aerobes Ausdauertraining nach der kontinuierlichen Methode* (nach *Lagerström* u. *Völker*)

Ruhepulsfrequenz/ min	Alter < 30	30–39	40–49	50–59
unter 50	140	140	135	130
50– 59	140	140	135	130
60– 69	145	145	140	135
70– 79	145	145	140	135
80– 89	150	150	145	135
90–100	150	150	145	140

* Diese Empfehlungen finden Anwendung auf herz- und kreislaufgesunde nicht speziell ausdauertrainierte Sportverletzte. Bei Ausdauerathleten können die Richtwerte um 5–10% übertroffen werden.

Da in der Praxis des rehabilitativen Ausdauertrainings keine exakten Lactatspiegelkontrollen durchgeführt werden können, um die optimale Belastungsgrenze des Rehabilitanden festzustellen, müssen sich die in der Rehabilitation tätigen Therapeuten nach weniger spezifischen Kriterien richten.

Die Übersicht (Tab. **7**) zeigt die Richtwerte für die Belastungspulsfrequenz bei optimalem aeroben Training in verschiedenen Altersgruppen mit unterschiedlichen Ruhepulsausgangswerten. Mit zunehmend verbessertem ausdauerspezifischen Trainingszustand steigt die aerob-anaerobe Schwelle und die zu ihrer Erreichung notwendige Belastungspulsfrequenz. Umgekehrt gilt allerdings, daß verletzungsbedingte Ruhigstellung oder Trainingspausen die aerob-anaerobe Schwelle absenken. Deshalb sollte ein rehabilitatives Ausdauertraining erst nach Absprache mit dem Arzt im Anschluß an die erste Phase der krankengymnastischen Remobilisation in das Programm aufgenommen werden.

Wird nicht in dem beschriebenen aerob-anaeroben Grenzbereich trainiert, sind die Adaptationsprozesse weitaus geringer. Belastungen, die den Ruhelactatspiegel praktisch nicht verändern (Lactat bis 2 mmol/l), haben lediglich regenerativen Charakter. Bei herz- und kreislaufgesunden Rehabilitanden entspricht dieser Belastungsbereich Pulsfrequenzen von 100 bis maximal 140/min.

Bezogen auf die Belastungsdauer wird die Ausdauer in drei zeitbestimmte Typen unterschieden.

Die Kurzzeitausdauer wird im Bereich von 3–10 Minuten Belastungsdauer beansprucht. Hervorragend trainierte gesunde Athleten können während dieses Zeitraumes nahezu 100% ihrer maximalen Sauerstoffaufnahmekapazität einsetzen. Die hohe Belastungsintensität bringt es mit sich, daß die benötigte Energie zu einem bedeutenden Anteil auf anaerobem Weg bereitgestellt wird. Im rehabilitativen Sektor ist das Training der Kurzzeitausdauer nicht sinnvoll, da die aeroben Stoffwechselmechanismen nicht genügend trainiert werden.

Die Mittelzeitausdauer wird bei Belastungen zwischen 10 und 30 Minuten gefordert. Auch hier spielen die anaeroben Stoffwechselvorgänge noch eine entscheidende Rolle. Während gesunde Ausdauerathleten bis zu 90% ihrer maximalen Sauerstoffaufnahmekapazität über die gesamte Arbeitsdauer beanspruchen können, sind es bei nicht speziell ausdauertrainierten Sportlern Werte zwischen 50 und 70%. Wird eine höhere Intensität gewählt, so ist der erschöpfungsbedingte Abbruch des Trainings die zwangsläufige Folge. In der Rehabilitation ist das Training der Mittelzeitausdauer lediglich bei verletzten Ausdauersportlern indiziert, und auch hier erst in der Übergangsphase zum sportartspezifischen Training.

Die Langzeitausdauer prägt Belastungen, die länger als 30 Minuten andauern. Das Training der Langzeitausdauer ist aus rehabilitativer Sicht besonders interessant, da in diesem Bereich die aeroben Stoffwechselvorgänge eindeutig Priorität besitzen und damit die Kapazität des kardiopulmonalen Systems und der aerobe Metabolismus der Skelettmuskulatur effektiv trainiert werden.

Sofern die Belastungsdauer 30–45 Minuten überschreitet und die gewählte Intensität eine Sauerstoffaufnahme von 60–85% des Maximalwerts verlangt, kommt der Bereitstellung von freien, schnelllöslichen Fettsäuren im Blut eine entscheidende Rolle zu. Die Ökonomisierung des Fettstoffwechsels ist ein wesentlicher Vorteil der aeroben Langzeitdauermethode.

Die Zeitdauer des Trainings mit einer Belastungsintensität im aerob-anaeroben Schwellenbereich muß kontinuierlich verlängert werden. Wenn keine medizinischen Gründe dagegen sprechen, kann das begleitende Ausdauertraining auf dem Fahrradergometer aber schon in den Entwicklungsstufen der Belastbarkeit und der Beanspruchbarkeit auf eine Dauer von 45–60 Minuten täglich gesteigert werden. Sind mehrere unterschiedliche Therapien täglich verordnet, sind ausreichende Erholungspausen zwischen den einzelnen Behandlungseinheiten erforderlich.

Intervallmethode

Die Intervallmethode ist durch den rhythmischen Wechsel höherer und geringerer Belastungsintensitäten bei unvollständiger Erholung zwischen den einzelnen Belastungsspitzen gekennzeichnet. Die Gesamtbelastung des Intervalltrainings wird von den Normativen Reizintensität, Reizdauer, Reizdichte und Reizhäufigkeit, die in den verschiedensten Varianten kombiniert werden können, bestimmt.

Das Charakteristikum der Intervallmethode ist die unvollständige Erholungsphase nach den Belastungsreizen, die als „lohnende Pause“ bezeichnet wird. Durch die unvollständige Regeneration kommt es zu einer tieferen Ausschöpfung der Energiereserven, was eine bessere Adaptation der trainierten Systeme des Organismus provoziert.

Untersuchungen belegen, daß das erste Viertel der für die vollständige Erholung notwendigen Zeit den prozentual größten Erholungswert beinhaltet. In der ersten Erholungsphase nach Beendigung der Belastung ist die Durchblutung der beanspruchten Arbeitsmuskulatur immer noch auf einem hohen Niveau. Diese hohe Muskeldurchblutung beschleunigt den Abtransport des entstandenen Lactats, der zudem durch den aktiven Spüleffekt verstärkt wird, sofern während der lohnenden Pause eine körperliche Aktivität von geringer Intensität beibehalten wird (z. B. ruhiges Radfahren). Die lohnende Pause deckt sich zeitlich etwa mit diesem besonders erholungseffektiven ersten Viertel der Regenerationsphase. Eine erneute Belastung sollte erst dann erfolgen, wenn die Pausenpulsfrequenz auf einen Wert zwischen 110 und 130/min abgesunken ist. Auf dieser Basis besteht praktisch noch immer eine Arbeitsbereitschaft, denn die Herzmuskulatur und die periphere Hämodynamik haben sich noch nicht den Ruhebedingungen angepaßt. Die günstige physiologische Ausgangssituation hat sogar mitunter zur Folge, daß während der erneuten Belastungsphase in der Anfangsperiode ein geringeres Sauerstoffdefizit entsteht. Die Blutgefäße der Arbeitsmuskulatur sind noch von der vorhergehenden Belastung erweitert, der aerobe Stoffwechsel kann frühzeitiger beginnen und damit die Anreicherung anaerober Stoffwechselabbauprodukte reduziert werden.

Die physiologische Wirkung des Intervalltrainings ist vor allem von der Intensität und Dauer der Belastungsperioden abhängig. Kurze, hochintensive Belastungsintervalle trainieren im wesentlichen die anaeroben Stoffwechselmechanismen der Skelettmuskulatur. Je länger die Belastungsdauer und je geringer die Belastungsintensität ausfallen, desto deutlicher verschiebt sich der Wirkungsschwerpunkt auf die aeroben Stoffwechselvorgänge. Ein Vorteil des Intervalltrainings besteht darin, daß durch eine entsprechende Strukturierung der Trainingsanforderungen die Betonung mehr auf die schnellkräftigen Fast-twitch-Muskelfasern bzw. auf die eher ausdauernd arbeitenden Slow-twitch-Fasern gelegt werden kann. Besonders wenn die aerob-anaerobe Schwelle in den Belastungsintervallen überschritten wird, kommt es zu einer qualitativen Verbesserung der anaeroben Stoffwechselvorgänge der schnellen Muskelfasern.

Die Dauer der Belastungsintervalle wird in drei Stufen differenziert. Kurzzeitintervalle (Reizdauer bis 20 Sekunden) werden von Mittelzeitintervallen (20–120 Sekunden) und Langzeitintervallen (Reizdauer länger als 2 Minuten) unterschieden.

In der Trainingspraxis kann das Intervalltraining innerhalb einer Trainingseinheit gesplittet werden, d.h. nach einer vorher bestimmten Anzahl von Belastungsintervallen und den entsprechenden lohnenden Pausen folgt eine längere Regenerationsphase, die bis zur vollständigen Erholung ausgedehnt werden kann. Danach wird erneut eine Serie von Belastungsintervallen absolviert. Eine weitere Variante ist die Kombination verschieden langer Belastungsphasen oder unterschiedlicher Reizintensitäten innerhalb eines Intervalltrainings.

Die Systematisierung der Intervallmethoden, die für das rehabilitative Ausdauertraining sinnvoll sind, wird den bekannten Prinzipien der Trainingslehre angelehnt. Intervalltraining läßt sich in die extensive und die intensive Intervallmethode unterscheiden. Die extensive Methode wird durch einen hohen Belastungsumfang, viele Belastungswiederholungen (bis zu 30) und eine entsprechend geringe Belastungsintensität geprägt. Die Intensität der Belastungsreize bewegt sich zwischen 60 und 80% der maximalen Leistungsfähigkeit, wodurch eine hohe Reizdichte gewährleistet ist. Die extensive Intervallmethode ist vorwiegend auf die Verbesserung der aeroben Muskelstoffwechselvorgänge zugeschnitten.

Die intensive Intervallmethode wird durch eine höhere Intensität (80–90%), eine geringere Wiederholungszahl der Belastungsintervalle und eine allgemein geringere Reizdichte charakterisiert. Intensives Intervalltraining übt mehr die anaeroben Stoffwechselmechanismen und kann bereits einen sportartspezifischen Trainingseffekt haben.

Der Einsatz von Intervallmethoden zur Ausdauerentwicklung im Rahmen der Rehabilitation ist nicht problemlos. Durch die Tatsache, daß mehrere relativ kurze Belastungsperioden mit unvollständigen Erholungspausen gekoppelt werden, ist die Überforderung der unzureichend trainierten Rehabilitanden eine große Gefahr. Nach unseren Erfahrungen sollte das Intervalltraining nur Patienten angeboten werden, die eigenständig die vom Therapeuten vorgegebenen Trainingsrichtlinien einhalten können.

In Vergleichsstudien stellte sich heraus, daß selbst die Intervallmethode mit längeren Belastungsintervallen deutlich geringere Zuwachs-

Tabelle **8** Methoden zur Entwicklung der Ausdauer in der Rehabilitation (Methodik des rehabilitativen Ergometertrainings)

a *Dauermethoden* (kontinuierliche Belastung)

	Belastung in % der Maximalleistung	Belastungspulsbereich/min	Trainingsdauer (min)	Physiologische Wirkung
Regeneratives Dauertraining	30–60%	100–140	30–40	aktiver Spüleffekt nach hohen körperlichen Belastungen, Koordinationsschulung
Effektives Dauertraining	60–90%	140–170*	bis 60	Verbesserung des lokalen aeroben Muskelstoffwechsels (aerobe dynamische Kraftausdauer), des kardiopulmonalen Systems, der Koordination, der Belastungsverträglichkeit und Regenerationsfähigkeit

b *Intervallmethoden* (intermittierende Belastung)**

	Zahl der Belastungsintervalle	Reizintensität in % der Maximalleistung	Reizdauer des Intervalls	Reizdichte (Verhältnis Belastung zu „lohnender Pause")	Physiologische Wirkung
Extensives Intervalltraining	bis 30	60–80 (Puls < 160/min)	Mittelzeit (20–120 s) Langzeit (> 120 s)	→ 1 : 1 bis 1 : 2 → 1 : 2 bis 1 : 3	Verbesserung der aeroben dynamischen Kraftausdauer (bedingt auch anaerobe dynamische Kraftausdauer), des kardiopulmonalen Systems, der Koordination, der Belastungs- und Regenerationsfähigkeit
Intensives Intervalltraining	maximal 10–12	80–90 (Puls 160–180/min)	Kurzzeit (bis 20 s) Mittelzeit (20–120 s)	→ 1 : 2 bis 1 : 4 → 1 : 3 bis 1 : 5	Verbesserung der anaeroben und aeroben dynamischen Kraftausdauer, des kardiopulmonalen Systems, der Koordination, der Belastungs- und Regenerationsfähigkeit

* s. differenzierte Tabelle (Tab. **6**).

** Pausengestaltung beim Intervalltraining: Beibehaltung einer geringen Intensität (< 30% der Maximalleistung).

quoten der aeroben Ausdauer zu verzeichnen hat, als die Dauermethode (23). Dem Intervalltraining wird eine gute Wirkung in der Verbesserung des aeroben und vor allem des anaeroben Muskelstoffwechsels bescheinigt, aber die alleinige oder überwiegende Intervallarbeit kann die optimale Leistungsfähigkeit nicht entwickeln. Wir empfehlen deshalb, die Intervallmethode in der Rehabilitation lediglich als ergänzendes Training und sehr dosiert anzuwenden. Zur Entwicklung der allgemeinen (aeroben) Ausdauer ist in der Rehabilitation und in der Übergangsphase zum sportartspezifischen Training die kontinuierliche Dauermethode die beste Möglichkeit (Tab. **8**).

Aufwärmen vor Training und Wettkampf

Unter Aufwärmen werden aktive und passive Maßnahmen zur Herstellung einer optimalen psychophysischen Verfassung vor dem Training oder dem Wettkampf verstanden. Je spezifischer das Training der einzelnen Sportarten und Disziplinen wird, desto spezieller werden die Aufwärmprogramme.

Dem aktiven Aufwärmen wird eindeutig der Vorzug vor dem passiven Aufwärmen durch Sauna, heiße Bäder oder Massage gegeben. Die Massage (hier Wettkampfmassage) hat aufgrund der geringen Intensität der Massagegriffe einen kaum nennenswerten Hyperämieeffekt, sie dient eher als psychologisches Mittel im Rahmen des Warm-up. Die Aufwärmwirkung von chemischen Mitteln zum Einreiben wird bezweifelt. Sogenannte Startfluids steigern oft lediglich die Hautdurchblutung, was sogar zu einer Minderdurchblutung der tiefer lokalisierten Muskulatur führen kann.

Eine optimale psychophysische Wettkampf- oder Trainingseinstellung kann nur durch aktives Aufwärmen erreicht werden. Das Ziel dieses Warm-up ist es, zunächst das Herz-Kreislauf-System auf die kommende körperliche Beanspruchung vorzubereiten. Beginnt ein Sportler eine Belastung mit einem belastungsadäquaten Atem- und Herzminutenvolumen, wird die initiale Sauerstoffschuld reduziert, da der in der Startphase anaerob bereitzustellende Energiebetrag verringert wird. Diese Energieersparnis erhöht die Leistungskapazität im Verlauf und vor allem gegen Ende der Belastung.

Der Muskelstoffwechsel ist von der Körpertemperatur abhängig. Die Optimaltemperatur für Wettkampfbelastungen mit vorwiegend schnellkräftigem Charakter wird auf 38,5–39 °C taxiert. Für jedes Grad Temperaturerhöhung über die normale Körpertemperatur von 37 °C wird eine Stoffwechselsteigerung von 13% errechnet. Ein weiterer Komplex, der durch das Aufwärmen in Leistungsbereitschaft gesetzt werden soll, ist das neuromuskuläre Steuerungssystem. Die Erregungsleistung und die Muskelspindelaktivität wird gesteigert, die

Latenzzeit des Muskels verringert. Im Verlauf des Aufwärmens soll, begleitend zu den genannten physischen Prozessen, eine optimale psychische Einstellung zur bevorstehenden Belastung geschaffen werden. Je höher der Leistungsstandard eines Athleten ist, desto gewichtiger ist ein gezieltes Aufwärmen.

Generelle Richtlinien für Aufwärmprogramme kann es nicht geben, da das Warm-up sportartspezifisch ausgerichtet werden muß. Jedes Warm-up muß individuell auf den betreffenden Sportler zugeschnitten sein. Hohe Außentemperaturen verkürzen die Aufwärmzeit bzw. verlagern die Schwerpunkte des Aufwärmens auf Dehn- und Koordinationsübungen. Wettkämpfe am Vormittag erfordern intensiveres Aufwärmen und unter Umständen sogar ein sogenanntes Pre-warm-up in den frühen Morgenstunden. Ältere Sportler benötigen eine längere Aufwärmzeit als Kinder.

Optimales Aufwärmen kann sich innerhalb eines Zeitraums von 20–60 Minuten abspielen. Als günstiger Abstand zwischen dem Ende des Aufwärmprogramms und dem Beginn des Wettkampfes werden 5–10 Minuten genannt, die mit Übungen von geringer Intensität, leichten Lockerungen und einer kurzen Konzentrationsphase ohne körperliche Aktivität („stille Minute“) überbrückt werden. Das Timing des Aufwärmens und des Wettkampfbeginns ist wichtig, denn 20 Minuten nach Beendigung des Aufwärmens reduziert sich der Aufwärmeffekt zunehmend, um nach 45 Minuten nicht mehr nachweisbar zu sein.

Die Systematik des Aufwärmens ist in den meisten Sportarten ähnlich. Zu Beginn des Warm-up stehen Ganzkörperübungen im Vordergrund, damit die Leistungsbereitschaft des Herz-Kreislauf-Systems angeregt wird. Diese Ganzkörperübungen sind sportartspezifisch strukturiert. Ein Läufer läuft sich mit geringer Belastungsintensität warm, Volleyballspieler kombinieren spielerisches Zupassen des Balls mit Laufübungen und Stellungswechseln.

Der nächste Abschnitt des Aufwärmens wird von Mobilisationsübungen für den Halte- und Bewegungsapparat bestimmt. Hier sind vor allem die an der sportlichen Aktivität vorrangig beteiligten Strukturen zu behandeln. Für das Aufwärmen empfehlen sich die Erhaltungsdehnübungen. Statische Dehnübungen mit mittlerer Intensität und Haltedauer können mit dynamischen Dehnübungen in Verbindung mit sportartspezifischen Koordinationsübungen kombiniert werden.

Beim Dehnen während des Warm-up muß beachtet werden, daß die Muskulatur einen ausreichenden Spannungszustand beibehält, der für die bevorstehende Belastung nötig ist. Zu intensive Dehnung kann das „Umkippen“ der Muskulatur in eine hypotone Funktionslage bewirken, was für einen Wettkampf unerwünscht ist. Die Dehnübungen im Rahmen des Warm-up sollen die Muskulatur lediglich „andehnen“

und stimulieren und unterscheiden sich grundsätzlich von Trainingsdehnübungen.

Das Aufwärmprogramm wird mit sportarttypischen Aktionen abgeschlossen, die ohne weiteres mit wettkampfnaher Intensität durchgeführt werden können. Volleyballspieler testen ihre Einsatzbereitschaft z.B. mit einigen Schmetterbällen. Ein Läufer wird sich mit einem „künstlichen Rennen“ oder einigen Steigerungsläufen mit schnellem Abschluß in die optimale Rennbereitschaft bringen. Der physiologische und psychologische Effekt solcher intensiven Kurzbelastungen im Rahmen des Aufwärmens wurde in letzter Zeit mehrfach herausgestellt und beschrieben.

Neuere Erkenntnisse und Untersuchungen unterstreichen die eingangs aufgestellte These, daß Aufwärmprogramme sportartspezifisch sein müssen. So wird beispielsweise Ausdauersportlern, die Wettkämpfe mit einer kontinuierlichen Belastungsdauer von mehr als 30 Minuten absolvieren, mitunter geraten, statt eines Aufwärmens eine Abkühlung durchzuführen. Dadurch wird die Energie, die zum Aufwärmen nötig ist, gespart. Das Warm-up wird in die Anfangsphase des Wettkampfes gelegt. Dehnübungen, die die Muskeltemperatur stark erhöhen, sollten ebenfalls unterbleiben. Diese Überlegungen sind aber nur dann sinnvoll, wenn in der unmittelbaren Startphase keine hohe Bewegungsintensität gefordert ist und keine hochintensiven Belastungsspitzen während der Wettkampfdauer auf den Athleten zukommen (Zwischenspurts, häufige Tempowechsel usw.). Ein Ultralangstreckler oder ein Radrennfahrer, der eine mehrstündige Straßenetappe vor sich hat, kann sicherlich auf ein intensives Aufwärmen verzichten. Ein 10000-m-Läufer oder ein Weltklasse-Marathonläufer wird sich jedoch aufwärmen und stimulierende Dehnungen, Lockerungen und unter Umständen sogar einige Steigerungsläufe im Sinne der koordinativ-lockernden Shake-up strides absolvieren (Tab. **9**).

Aufwärmen vor der krankengymnastischen Übungsbehandlung

Die Intention dieses Buches ist es u.a., die krankengymnastische Übungsbehandlung mit Sport- und Unfallverletzten im Sinne eines effektiven Trainings zu systematisieren. Entsprechend diesem Anspruch ist das Aufwärmen und Vorbereiten auch in der Krankengymnastik notwendig, um die speziellen Behandlungsinhalte optimal umzusetzen.

Aus organisatorischen und verletzungsbedingten Gründen ist das Aufwärmen des Patienten mit Ganzkörperübungen selten möglich, obwohl es wünschenswert wäre. Eine scharfe Trennung des Aufwärmprogramms vom Behandlungshauptteil, ähnlich den Gepflogenheiten im Sport, ist in der Krankengymnastik nicht sinnvoll. Erstens ist die

Tabelle **9** Systematisierung des Warm-up*

I. Initiales Aufwärmen	– Anregung des Herz-Kreislauf-Systems – Erhöhung des Muskelstoffwechsels	– sportartspezifische Ganzkörperübungen von geringer Intensität (leichter Dauerlauf, Einturnen, Einschwimmen usw.)
II. Mobilisation/Dehnung	– Vorbereitung des Halte- und Bewegungsapparats, Verletzungsprophylaxe – Optimierung der neuromuskulären Steuerungsprozesse	– sportartspezifische Dehnungen von mittlerer Intensität (statische und dynamische Erhaltungsdehnübungen) in Kombination mit Koordinationsübungen
III. Vorbelastung	– Optimierung der Koordination aller an der Belastung beteiligten Systeme – Optimierung der psychovegetativen Leistungsbereitschaft	– sportartspezifische Bewegungen von hoher Intensität und kurzer Zeitdauer („künstliches Rennen", wettkampfmäßig geturnte Übungsteile usw.)
IV. Konzentration	– mentale Konzentration auf die bevorstehende Belastung	– Lockerungsübungen und Ganzkörperübungen von geringer Intensität, damit der Aufwärmeffekt erhalten bleibt – Konzentrationsübungen („stille Minute")

* Passive Maßnahmen wie z. B. die (Wettkampf-)Massage müssen in den Rahmen des Aufwärmens integriert werden, ohne daß die Kontinuität und die fließenden Übergänge gestört werden.
Empfehlung: Massage entweder vor dem initialen Aufwärmen (Dauer 10–15 min) oder als kurze Lockerungsmassage (2–5 min) nach der sportartspezifischen Vorbelastung.

Behandlungsintensität nicht mit den Anforderungen während der Sportausübung vergleichbar und zweitens wird meist lokal im Bereich eines Funktionssystems geübt.

Krankengymnastisches Warm-up läßt sich sehr gut mit den therapeutischen Übungszielen der Rehabilitation in Einklang bringen. Beispielsweise können als Auftakt einer krankengymnastischen Behandlung in dem Funktionssystem, das den verletzten Strukturen zugeordnet ist, koordinativ schulende Übungen von geringer Intensität durchgeführt werden. Eine Möglichkeit ist die Anwendung der PNF-Techniken Pumping up mit fließendem Übergang zum dynamisch-konzentrischen

Einweg oder die Arbeitstechnik der Bewegungsumkehr. Dieser einleitende Behandlungsabschnitt hat neben dem Aufwärmeffekt den Charakter eines Koordinationstrainings, zumal die Koordinationsschulung trainingsmethodisch am Beginn einer Behandlungseinheit stehen sollte. Spezifische Dehnübungen schaffen anschließend den Übergang zum Hauptteil der Behandlung, der in komplexen Übungskombinationen zur Entwicklung von Beweglichkeit und Kraft bestehen kann.

Auch in der Krankengymnastik muß dem aktiven Aufwärmen der Vorzug vor den passiven Maßnahmen (Heißluft, Infrarotbestrahlung, Wärmepackung) gegeben werden.

Regenerationsmaßnahmen nach sportlichen Belastungen

Jeder Bewegungsreiz bewirkt einen Abbau der Substanz. Dieser Abbau birgt den Reiz zum Neuaufbau. Dabei macht der Neuaufbau nicht bei dem Zustand halt, den das Gewebe vorher hatte, sondern entwickelt sich über diesen Zustand hinaus. Training führt zu einer reversiblen Funktionsminderung.

Effektives Training wird dadurch charakterisiert, daß in der Restitutionsphase ein Mehraufbau an Substanz geschieht. Dieser Mehraufbau oder Mehrausgleich wird auch Superkompensation genannt. Die energetischen Potentiale werden über das Ausgangsniveau angereichert, wobei die Bedingung für eine solche Superkompensation eine ungestörte Restitutionsphase ist. Die Erholungsperiode darf nicht durch hochintensive Belastungen unterbrochen werden (Abb. **84**).

Die Dauer der Wiederherstellung ist abhängig von der Gesamtbelastung des Trainings. Die Erholungszeit nach maximaler Muskelarbeit über die Zeitdauer von wenigen Sekunden beträgt zwischen 2 und 5 Minuten. Mehrstündige Muskelarbeit verlangt mitunter einen Restitutionszeitraum von bis zu 3 Tagen.

In Anlehnung an die Systematik von Wolkow unterscheiden wir vier Wiederherstellungsphasen nach Trainings- oder Wettkampfbelastungen.

Die *Synchronrestitution* bezeichnet die Wiederherstellungsvorgänge, die parallel zur Belastung verlaufen. Diese Mechanismen sind vor allem von der Fähigkeit des Athleten abhängig, seine Energiespeicher während der Belastung wieder aufzufüllen bzw. seine schwer zugänglichen Energiereserven (z. B. freie Fettsäuren) umzusetzen. Ein wesentlicher Faktor der Synchronrestitution ist die Enzymaktivität, die durch sportphysiotherapeutische Maßnahmen nicht beeinflußt werden kann.

Die *Primärrestitution* beginnt direkt nach Beendigung der Belastung. In diesem Zusammenhang ist das Abwärmen (Cool-down) zu betrach-

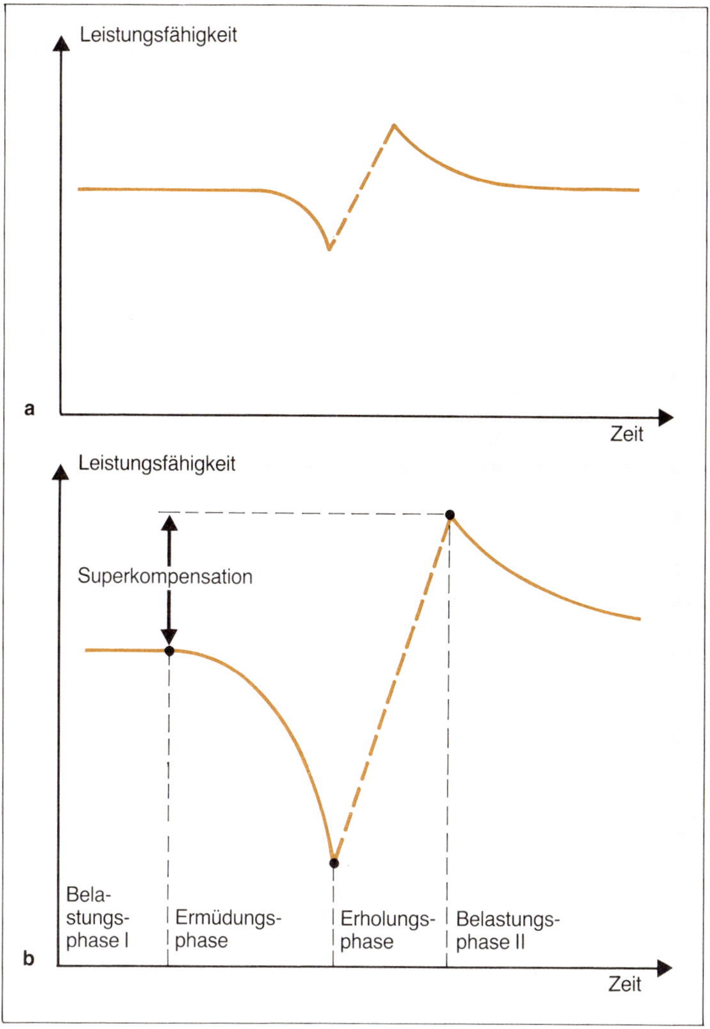

Abb. **84 a–b** Das Prinzip der Superkompensation.

ten, das die Normalisierung des Stoffwechsels beschleunigen und die hypertone Funktionslage der Muskulatur beseitigen soll. Der beste Erholungswert wird dem aktiven Cool-down zugesprochen. Über rhythmische, dynamische, kontinuierliche Ganzkörperübungen von geringer Intensität wird der aktive Spüleffekt hervorgerufen, der durch eine praktisch lactatfreie Muskelmehrdurchblutung zu einer Ausschwemmung der Stoffwechselabbauprodukte aus den belasteten Regionen führt. Die rhythmische Dynamik von geringer Intensität ist erforderlich, um den muskulären Pumpmechanismus zu optimieren. Am Beispiel des M. quadriceps femoris wurde die Zunahme der Durchblutung durch Fahrradergometerarbeit untersucht und festgestellt, daß die Muskeldurchblutung durch rhythmische Muskelaktivität fast linear mit der Sauerstoffaufnahme ansteigt. Im Bereich von 25–50% der maximalen Sauerstoffaufnahmekapazität, die aufgrund der damit verbundenen aeroben Stoffwechselvorgänge für die Cool-down-Ganzkörperübungen relevant ist, beträgt die Muskeldurchblutung etwa 30–55% der maximal möglichen Durchblutung.

Wenn sich die Stoffwechsellage durch die Wirkung des aktiven Spüleffekts weitgehend normalisiert hat, sind Dehnübungen indiziert, um die belastungsbedingt hypertone Muskulatur zu relaxieren. Dehnübungen sind die wirkungsvollste Prophylaxe, damit der postaktive Hypertonus sich nicht in Form einer hartnäckigen Ermüdungskontraktur manifestiert. Besonders in Sportarten mit schnellkräftigem Charakter müssen schwerpunktmäßig die Muskeln mit einem hohen Anteil an Fast-twitch-Fasern behandelt werden. Der Stoffwechsel dieser schnellen Zuckungsmuskeln wird von anaeroben Energiegewinnungsmechanismen bestimmt. Aufgrund ihrer überragenden Bedeutung während der Sportausübung sind die schnellkräftigen Muskeln besonders beansprucht und weisen häufig einen hohen Übersäuerungsgrad auf. Die Ruhedurchblutung von schnellkräftiger Muskulatur ist zudem geringer als die langsamer Skelettmuskeln.

Die Dehnübungen des Cool-down-Programms werden in Form von statischen Muskeldehnungen durchgeführt, wobei mit geringer bis mittlerer Intensität über längere Zeit (bis zu 30 Sekunden) gedehnt wird. Gut geschulte Athleten sollten außerdem CHRS-Übungen für die Hauptarbeitsmuskulatur beherrschen. Eine sinnvolle Kombination stellt die Verbindung von Dehnübungen mit Muskelentspannungsübungen dar.

Während des Trainings oder in Wettkämpfen gelten für eventuelle Pausen und Unterbrechungen die gleichen Grundsätze wie für die Primärrestitution nach Beendigung der Belastung. Die begrenzte Zeit zwingt jedoch meist zur Konzentration auf Lockerungsübungen und einige wenige Dehnungen, die, sofern sie exakt ausgeführt werden, aber sehr effektiv sind.

Auch in Ballspielsportarten beschleunigt ein Cool-down nach Beendigung des Spiels die Regeneration und trägt zur Prophylaxe von belastungsbedingten Erscheinungen (Muskelschmerzen, Ermüdungskontrakturen, allgemeine Erschöpfung usw.) und Verletzungen bei.

Die nächste Wiederherstellungsphase ist die *Sekundärrestitution.* Die Ermüdung läßt sich nicht auf die Veränderungen im Skelettmuskel reduzieren. Es handelt sich um einen komplexen Prozeß, bei dem neben den muskelphysiologischen Aspekten auch zentralnervöse und psychovegetative Funktionsabläufe zu berücksichtigen sind. Es wurde nachgewiesen, daß nach erschöpfenden statischen Muskelkontraktionen des M. biceps brachii der Kreatinphosphatspeicher bereits 10 Minuten nach Beendigung der Belastung wieder aufgefüllt war. Daneben war ein erstaunlich rascher Abfall der Lactatkonzentration zu verzeichnen. Die hochintensive Belastung hatte den lokalen Lactatspiegel von 1 mmol auf 20 mmol erhöht. Obgleich keine aktiven Methoden angewendet wurden, die die Primärrestitution beschleunigen, sank der Lactatgehalt im Muskel innerhalb der ersten 15 Minuten nach Belastungsende auf 5–6 mmol (51). Die Normalisierung der bioelektrischen und mechanischen Prozesse benötigte dagegen einen Zeitraum von 5–10 Stunden bis zur vollständigen Regeneration. Ähnlich lange Erholungszeiten werden im Zusammenhang mit der Glykogenresynthese nach erschöpfenden Ganzkörperübungen angegeben. Mehrstündige Ausdauerbelastungen wie beispielsweise Marathonlauf, Straßenradrennen oder Skilanglauf verlangen sogar bis zu 3 Tagen Erholung.

Aus diesen Fakten ergibt sich die Notwendigkeit, daß im Rahmen der Sekundärrestitution mehrere regenerative Maßnahmen zur Anwendung kommen. Eine entscheidende Bedeutung kommt der Nahrungszufuhr während der ersten Stunden nach einer Belastung zu. Zahlreiche Autoren befassen sich ausführlich mit der ernährungsphysiologischen Thematik, so daß auf weiterführende Literatur verwiesen werden kann.

Aus sportphysiotherapeutischer und trainingsmethodischer Sicht sind die aktiven und passiven Maßnahmen interessant, die zur Sekundärrestitution beitragen (Tab. **10**). Im Verlauf der ersten Trainingseinheiten nach einer harten, erschöpfenden Beanspruchung dürfen keine weiteren hochintensiven Belastungsreize die Restitutionsvorgänge behindern. Auf Übungen, die einen nennenswerten anaeroben Stoffwechselanteil verzeichnen, muß ebenso verzichtet werden wie auf koordinativ-konzentrativ stark belastendes Training. Trainingsinhalte mit regenerativem Charakter und spezielle Dehnungsprogramme tragen zur raschen Erholung bei. Eine besondere Bedeutung kommt in diesem Komplex nach wie vor der Entmüdungsmassage und den verschiedenen hydrotherapeutischen Anwendungen zu. Der Sauna wird eine deutliche psychovegetative Wirkung bescheinigt, bei der es durch eine

Tabelle **10** Regenerationsmaßnahmen nach Trainings- und Wettkampfbelastungen

	Ziel	Trainingsmethodik	Sportphysiotherapie
Primär-restitution (bis 2 Std. nach der Belastung	– Stoffwechselnormalisierung – Anregung des aktiven Spüleffekts – Beseitigung der hypertonen Funktionslage der Muskulatur	– funktionelles Cooldown (Ganzkörperübung von geringer Intensität, Dehnübungen)	– CHRS-Übungen (Muskel-)Entspannungsübungen – Entmüdungsmassage – Kryotherapie zum lokalen Wärmeentzug bei hochtemperierter Arbeitsmuskulatur – Push-up shower mit anschließendem Frottieren
Sekundär-restitution (bis 3 Tage nach der Belastung)	– Normalisierung der zentralnervösen und vegetativen Funktionsabläufe – Normalisierung der bioelektrischen Prozesse – Restitution der Energiespeicherkapazitäten	– Trainingsinhalte mit regenerativem Charakter – spezielle Dehnung der Arbeitsmuskulatur	– CHRS- und (Muskel-)Entspannungsübungen – Entmüdungsmassage, Sauna – Entmüdungsbad (Whirlpool) in Kombination mit regenerativer Wassergymnastik – Unterwassermassage – heißes Vollbad mit Badezusatz (Baldrian, Fichtennadel) – Kombinationsbestrahlung mit UV- und Infrarotlicht
Streß-restitution	– Normalisierung der zentralnervösen und vegetativen Funktionsabläufe – Wiederherstellung der kardiopulmonalen und neuromuskulären Leistungsfähigkeit – Schaffung einer positiven psychischen Einstellung	– Reduzierung und Umstrukturierung des Trainings	– Entspannungsübungen (autogenes Training, Muskelentspannung, CHRS-Übungen) – Massage, Sauna – warmes Vollbad mit Badezusatz (Baldrian, Fichtennadel) – Entmüdungsbad (Whirlpool) in Kombination mit regenerativer Wassergymnastik – hydroelektrisches Vollbad (Stanger-Bad) – Kombinationsbestrahlung mit UV- und Infrarotlicht

Dämpfung des Sympathikotonus zu einer parasympathikotonen Reaktionslage kommt.

Unter der Bezeichnung *Streßrestitution* wird die Regeneration bei chronischen Überanstrengungen verstanden. Dazu gehört auch die Behandlung des Übertrainingssyndroms. Die Streßrestitution läßt sich nicht auf einige Tage begrenzen, sondern benötigt oft mehrere Wochen. Nicht selten bringt erst eine Umstellung der Lebensweise einen entscheidenden Fortschritt.

Die Streßrestitution ist abhängig von der Feinabstimmung der trainingsmethodischen Regenerationsmaßnahmen, den aktiven und den passiven Anwendungen der Sportphysiotherapie und den Mitteln, die den psychovegetativen Bereich beeinflussen.

Chronische Überanstrengung läßt sich nicht in jedem Fall auf die trainings- oder wettkampfmäßige Überlastung zurückführen. Gerade beim Leistungssportler, der ständig auf dem schmalen Grad der persönlichen Leistungsfähigkeit wandert, können vielfältige Faktoren (berufliche oder private Belastungen, Ernährungsfehler usw.) ein Übertrainingssyndrom provozieren. Deshalb wird von einer Überforderung mit nachfolgender Störung des Trainingszustands gesprochen, wobei die Gründe der Überforderung variabel sind.

Im Blickpunkt der Überforderungssymptomatik steht die reduzierte Leistungsfähigkeit in Verbindung mit verschiedenen Zeichen subjektiver und objektiver Art. Innere Unruhe, leichte Erregbarkeit und Ermüdbarkeit, Schlaflosigkeit, Stimmungslabilität sowie objektiv nachweisbare Verschlechterung der kardiopulmonalen Leistungskapazität treten nicht plötzlich, sondern schleichend und bei unveränderter Lebensweise und gleichen Rahmenbedingungen auch progredient auf. Das basedowoide Überforderungssyndrom mit überwiegend sympathischen Erregungsprozessen (Nervosität, Ruhelosigkeit, Schlaflosigkeit usw.) wird von einer addisonoiden Erscheinungsweise unterschieden, die eher durch Hemmungsprozesse (Müdigkeit, Lustlosigkeit usw.) geprägt ist. Die addisonoide Symptomatik tritt häufig infolge von zu intensiven Ausdauerbelastungen auf.

Der Sportmedizin und der Arbeitsphysiologie ist es gelungen, bezüglich des kardiopulmonalen Systems und im neuromuskulären Bereich objektive Kriterien zur Diagnose der Überforderung zu finden. Im vegetativen Sektor ist eine eindeutige Differenzierung nicht möglich. Normalerweise besteht beim Sportler ein ständiger Wechsel zwischen der hochintensiven sympathikotonen Reaktionslage (Training und Wettkampf) und der mehr oder minder ausgeprägten parasympathikotonen Reaktionslage der Erholungs- und Ruhepausen, die auch als die Sportvagotonie bezeichnet wird. Die basedowoide Überforderung beruht auf einer Unfähigkeit, nach Belastungen auf eine parasympathikotone Reaktionslage umzuschalten. Durch die ständige Dominanz des Sympathikus kommt der Sportler in einen Streßzustand.

Die basedowoide Überforderung beschränkt sich nicht nur auf Sportler. Auch Rehabilitanden (z.B. Patienten in der Rehabilitation nach Querschnittlähmungen) sind streßgefährdet, sofern die Summe sämtlicher Belastungen eine bestimmte Grenze überschreitet.

In der Therapie des Übertrainingssyndroms ist die sofortige Reduzierung bzw. die Eliminierung der schädigenden Einflüsse nötig. In diesem pauschalen Ratschlag liegt jedoch eine Gefahr. Wird lediglich eine mehrtägige Trainingspause eingelegt und danach mit gleicher Trainingsstruktur weitergearbeitet, so ist eine neue Überforderung vorprogrammiert. Viel wichtiger als die Reduzierung der Trainingsbelastung ist die Neustrukturierung der Trainingsinhalte und eine Veränderung der Wertigkeiten innerhalb der Trainingsgesamtbelastung. Wenn beispielsweise bei einem Marathonläufer mit einer wöchentlichen Gesamtbelastung von 200 Trainingskilometern, die zudem größtenteils im aerob-anaeroben Grenzbereich gelaufen werden, ein addisonoides Überforderungssyndrom diagnostiziert wird, ist es selbstverständlich erforderlich, die Trainingslaufbelastung zu reduzieren. Das sportartspezifische Training sollte in diesem Beispiel für 7–14 Tage um etwa 50% verringert werden, wobei die hochintensiven Dauerläufe durch sogenannte Fun-runs ersetzt werden, also Regenerationsdauerläufe in geselliger Runde und reizvoller landschaftlicher Umgebung. Die freigewordene Trainingszeit muß nicht passiv verbracht werden. Es können Trainingsinhalte angeboten werden, die schwerpunktmäßig die Beweglichkeit und die Koordination verbessern. Auch ein dosiertes Schnelligkeitstraining ist möglich, ohne daß die Streßrestitution beeinträchtigt wird. Dieses Beispiel zeigt, wie durch eine Umstrukturierung der Trainingsgesamtbelastung die Streßfaktoren ausgeschaltet werden, sofern es sich um sportbedingte Überforderung handelt, die Streßrestitution gefördert wird und durch eine neue Trainingsqualität bisher vernachlässigte konditionelle Grundeigenschaften sogar verbessert werden.

Neben den trainingsmethodischen Varianten sind passive und aktive sportphysiotherapeutische Maßnahmen indiziert, wie aus Tab. 10 ersichtlich ist. Psychologische Probleme im Zusammenhang mit der Überforderung werden sinnvollerweise mit einem (Sport-)Psychologen oder einer erfahrenen Vertrauensperson erörtert.

Passive Therapieformen

Dieses Kapitel befaßt sich mit den Themenkomplexen Massage, Elektrotherapie und Thermotherapie. Bei der Auswahl der dargestellten therapeutischen Maßnahmen waren die Anforderungen der praktischen Arbeit an gesunden Sportlern sowie an Unfallverletzten der Orientierungsmaßstab. Ein Anspruch auf Vollständigkeit besteht nicht. Auf eine lückenlose Auflistung sämtlicher passiver Therapieformen wird verzichtet.

Wenn die passiven Behandlungsmaßnahmen aus Gründen der Übersicht von den aktiven Therapiemöglichkeiten getrennt wurden, dürfen sie keinesfalls isoliert betrachtet werden. Sinnvolle Kombinationen von aktiven und passiven Methoden und deren richtiger zeitlicher Einsatz machen eine sporttherapeutische Behandlung in der Komplexität erst effektiv.

Massage

Auch wenn in letzter Zeit die aktiven Möglichkeiten der Sportphysiotherapie zunehmend in den Vordergrund rücken, hat die manuelle Muskelmassage einen bedeutenden Stellenwert im Gesamtkomplex der sportphysiotherapeutischen Maßnahmen gehalten.

Die Massage erfolgt in der entspannten Ruhestellung. Der vorhandene Muskeltonus ist von entscheidender Bedeutung.

Der Ruhetonus ist die physiologische Grundspannung, die in Ruhe zwischen den Insertionspunkten des Muskels besteht. Diese Grundspannung ist nötig, um die Kontraktionsbereitschaft des Muskels zu gewährleisten. Die Höhe des Ruhetonus ist individuell sehr verschieden und von zahlreichen endogenen und exogenen Einflüssen abhängig. Die Palette der Ruhetonuserhöhungen reicht vom psychovegetativ erhöhten Ruhetonus über den reversibel erhöhten postaktiven Ruhetonus, der durch eine intensive oder lange Belastung hervorgerufen werden kann, bis zum chronischen Hypertonus – z. B. durch Fehlhaltungen – und zur manifestierten muskulären Kontraktur. Das Charakteristikum des Ruhetonus und jeder Form von Hypertonus ist das Fehlen einer elektrischen Aktionspotentialentladung.

Die Schwerpunkte der Massage in der Sportphysiotherapie liegen in der Beseitigung hypertoner Spannungszustände und in der Beschleunigung des Abtransports der Stoffwechselabbauprodukte aus der Muskulatur. Beides erfordert eine vermehrte Muskeldurchblutung.

In Ruhe werden lediglich zwischen 10 und 20% des Herzminutenvolumens zur Durchblutung der Skelettmuskulatur eingesetzt. Die Steigerung der Muskeldurchblutung bei gleichzeitig beibehaltener Passivität des behandelten Sportlers ist ein Hauptziel der Sportmassage. Ein

Hyperämieeffekt der Massage wurde mittels spezieller Wärmeleitsonden nachgewiesen. Diese Muskelmehrdurchblutung hält in einem 24°C warmen Raum bis zu einer Stunde nach der Behandlung an, wobei das Optimum der Hyperämie zwischen der 15. und 20. Minute liegt. Die Hyperämisierung wird in erster Linie durch den mechanischen Reiz der Massagegriffe und -techniken bewirkt.

Nuklearmedizinische Untersuchungen ergaben, daß das Kneten („Petrissage") den stärksten Durchblutungsreiz darstellt, vor kräftigen Streichungen („Effleurage") und apparativen Vibrationen (12). Nach etwa 3 Minuten Massage innerhalb eines bestimmten Gebietes ist der maximale Hyperämisierungsgrad erreicht. Längeres Massieren kann durch eine Überreizung der peripheren Gefäße sogar zu einer Abschwächung der Mehrdurchblutung führen.

Eine Folge der Massage ist die Histaminausschüttung im Unterhautgewebe, wodurch eine Gefäßdilatation und folglich ebenfalls eine Mehrdurchblutung provoziert wird. Eine besondere Wirkung erzielt in dieser Hinsicht die Technik „flächiges Abrollen" der Bindegewebsmassage.

Eine Ganzkörpermassage wird im Rahmen der Sportphysiotherapie selten angewendet. Massagen werden überwiegend an einzelnen Körperabschnitten eingesetzt. Auch bei lokalen bzw. regionalen Behandlungen wird das Zentralnervensystem beeinflußt. Vor allem die Trainings- und die Entmüdungsmassage bewirken eine Verschiebung der Reaktionslage in Richtung einer Vagotonie: Die Atmung ist verlangsamt und vertieft, die Herzfrequenz ist geringfügig verringert. Die Sportmassage läßt sich in die Trainings-, Entmüdungs- und Wettkampfmassage unterscheiden.

Trainingsmassage

Im Rahmen der Trainingsmassage werden chronischer Hypertonus und Myogelosen behandelt. In der Regel kommen während der Trainingsmassage im Vergleich zu den beiden anderen erwähnten Massagevarianten intensivere Massagegriffe zur Anwendung, die allerdings nie so hart ausgeführt werden, daß durch Schmerzen reflektorisch der Muskeltonus zunimmt. Der in einigen älteren Quellen erwähnte Behandlungskater nach einer (Trainings-)Massage sollte in jedem Fall vermieden werden.

Aus Gründen der vegetativen Umstellung im Sinn einer parasympathikotonen Reaktionslage ist es zweckmäßig, die Trainingsmassage auf einen Ruhetag zu legen, sofern nicht am nächsten Tag ein Wettkampf angesetzt ist. Die Trainingsmassage kann auch an einem „lockeren Tag" durchgeführt werden, nach einer in Intensität und Umfang gering belastenden Trainingseinheit.

Entmüdungsmassage

Die Entmüdungsmassage hat als wesentliches Ziel die Rückflußförderung des venösen Blutes und damit die Ausschwemmung der Stoffwechselabbauprodukte aus der beanspruchten Muskulatur.

Über die durch die Entmüdungsmassage hervorgerufene Hyperämie der Muskulatur wird der passive Spüleffekt eingeleitet. Dieser bewirkt, daß die durch eine körperliche Belastung beanspruchte Muskulatur „durchspült" und damit eine Normalisierung der Muskelfunktionslage erreicht wird. Im Gegensatz zum aktiven Spüleffekt, der z. B. beim lockeren Austraben nach einer Belastung ebenfalls zu einer vermehrten Durchblutung des Muskels führt, ist bei dem durch Massage provozierten passiven Spüleffekt die Garantie gegeben, daß keine neuen Stoffwechselabbauprodukte im Muskel entstehen.

Im Gegensatz zur Trainingsmassage ist die Entmüdungsmassage gerade nach hohen Belastungen indiziert, wobei aber die Intensität der Massagegriffe wesentlich geringer ausfällt. Angewendet werden weiche, geschmeidige Ausstreichungen in der Rückflußrichtung des Blutes sowie Schüttelungen. Auf intensive Knetungen und Friktionen wird verzichtet.

Es wird eine lokale (z. B. Rotlichtbestrahlung) oder generelle Wärmeapplikation (z. B. warmes Bad) empfohlen, die der Behandlung vorgeschaltet wird. Ein heißes Baldrianbad mit anschließender Entmüdungsmassage eignet sich ausgezeichnet zur vegetativen Umstellung nach hochintensiven Belastungen.

Wettkampfmassage

Die Wettkampfmassage diente ursprünglich der Lockerung und vor allem der Erwärmung der Muskulatur vor Wettkämpfen, wobei die erwähnte Phase der optimalen Muskelhyperämie zu beachten war. Ältere Aufzeichnungen aus der Zeit der ersten Olympischen Spiele nennen die Massage als die einzige Form der Vorbereitung und des Aufwärmens vor einem Wettkampf.

In der heutigen Zeit hat die Wettkampfmassage die primäre Funktion, beim Athleten eine positive Einstellung zur bevorstehenden körperlichen Leistung zu schaffen. Da lediglich leichte, lockernde Massagegriffe angewendet werden, ist der Hyperämieeffekt gering, zumal der Sportler in jedem Fall ein reguläres Aufwärmprogramm absolvieren muß.

Die sogenannte Wettkampf-Zwischenmassage hat allerdings eine bedeutende physiologische Wirkung. Werden nach intensiver körperlicher Belastung in der Spiel- oder Wettkampfpause große Gebiete des Körpers mit weichen lockernden, den Rückfluß fördernden Massagegriffen behandelt, so werden bei erneuter Beanspruchung nachweisbar bessere Leistungen erzielt als ohne eine entsprechende Massage. Besonders nach Zwischenmassagen in vorher nicht belasteten Körperregionen steigt die Leistungsfähigkeit. In Untersuchungen bezüglich der Wirkung der Zwischenmassage auf die Dauerleistungsfähigkeit stellte sich sogar heraus, daß die Herzfrequenz nach erneutem Belastungsbeginn deutlich geringer anstieg als bei einer Vergleichsgruppe, die in den Pausen nicht massiert wurde (23).

Elektrotherapie

Als Grundlage für die Differenzierung der verschiedenen elektrotherapeutischen Möglichkeiten werden die gängigen Unterteilungskriterien der Frequenzbereiche übernommen. Die nach unseren Erfahrungen wirkungsvollsten klassischen Methoden aus dem Sektor der Nieder-, Mittel- und Hochfrequenztherapie werden vorgestellt.

Gleichstromtherapie

Die Gleichstromtherapie, auch Galvanisation genannt, ist ein Verfahren, bei dem ein konstanter niederfrequenter Strom gleicher Stromrichtung und gleichbleibender Frequenz und Intensität angewendet wird. Dieser galvanische Strom bewirkt Veränderungen im Ionenmilieu, die bestimmte biologische Prozesse provozieren.

Für die Sportphysiotherapie ist die hyperämisierende und analgetische Wirkung des Gleichstroms von Bedeutung. Der Hyperämieeffekt wurde objektiv nachgewiesen, wobei nicht nur eine wesentliche Mehrdurchblutung der Haut (+ 500%), sondern ebenfalls ein deutlicher Zuwachs der Muskeldurchblutung registriert wurde. Im Vergleich zu den Ausgangswerten in Ruhe stieg die Muskeldurchblutung um bis zu 300%. Der Hyperämieeffekt des Gleichstroms ist mit der Wirkung einer intraarteriellen Acetylcholininjektion vergleichbar, allerdings ohne deren Nachteile (Schädigung der Gefäßintima) aufzuweisen.

Die analgetische Wirkung des galvanischen Stroms beruht auf der Beeinflussung der sensorischen Nerven. Dabei wird die Anode als Behandlungselektrode über dem hyperalgetischen Gebiet eingesetzt. Unter der Anode kommt es zu einer Herabsetzung der Erregbarkeit und damit zu einer Schmerzberuhigung und -linderung.

Die Indikationen der Gleichstromtherapie sind vor allem Prellungen, Verstauchungen sowie Muskel- und Sehnenzerrungen, wobei sowohl frische Verletzungen als auch alte Traumen und Verletzungsrückstände behandelt werden können. Daneben wurden positive Erfahrungen bei schmerzhaften muskulären Kontrakturen, Überlastungsbeschwerden an Sehnen und Ansatzpunkten und bei Neuralgien (Ischias) gesammelt (Tab. **11**).

Tabelle **11** Anwendungsmöglichkeiten der Gleichstromtherapie

Indikation	Applikationsform	Dosierung	Bemerkungen
Frische geschlossene posttraumatische Zustände, akute Überlastungsbeschwerden	Quer- oder Längsdurchflutung (Anode über der Schmerzregion)	0 bis + täglich 5–7 min max. 6–8 Behandlungen	u. U. Iontophorese indiziert
Alte geschlossene posttraumatische Zustände, chronische Überlastungsbeschwerden	Quer- oder Längsdurchflutung (Anode über der Schmerzregion)	+ bis ++ 3mal pro Woche von 6 auf max. 30 min steigern ca. 8–12 Behandlungen	u. U. Iontophorese indiziert
Schmerzhafter Muskelhartspann	Längsdurchflutung (Anode über der Schmerzregion)	+ bis ++ mindestens 3mal pro Woche von 6 auf max. 30 min steigern ca. 8–12 Behandlungen	u. U. hydrogalvanisches Vollbad (Stanger-Bad) indiziert (absteigende Polung)
Neuralgien (Ischiasbeschwerden)	Längsdurchflutung mit absteigender Polung (Anode auf Schmerzregion)	0 bis + täglich 5–7 min max. 6–8 Behandlungen	bei Ischalgien u. U. Querdurchflutung (2 Elektroden à 90 × 8 cm auf Beinvorder- und Beinrückseite, Anode auf die Rückseite)
Übertrainingsphänomen, Streß, Nervosität	Längsdurchflutung im hydrogalvanischen Vollbad bei absteigender Polung (Anode am Kopf)	+ 2mal pro Woche ca. 30 min ca. 6–8 Behandlungen	anschließend mindestens 45 min Nachruhe

Reizstärke des galvanischen Stroms – Stromstärke (nach *Gillert*): 0 sensibel unterschwellig, + sensibel schwellig, ++ deutlich sensibel schwellig.

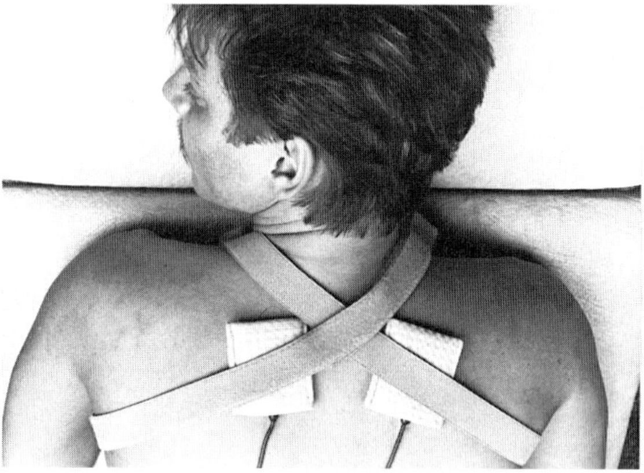

Abb. **85** Elektrodenposition einer paravertebralen Querdurchflutung bei engumschriebener Muskelläsion im Bereich der interskapulären Muskulatur.

Die für die Sportphysiotherapie interessanten Applikationsformen sind je nach Lokalisation der Verletzung die Längs- oder die Querdurchflutung (Abb. **85**).

Die Intensitätsregelung der erforderlichen Stromstärke erfolgt immer „einschleichend", d.h. langsam ansteigend, damit es nicht zu einer Schließungs- oder Öffnungszuckung kommt. Muskelkontraktionen sind bei der Gleichstromtherapie nicht erwünscht. Die Dosierung richtet sich in der Regel nach dem subjektiven Gefühl des Behandelten, da die Stromempfindlichkeit sehr unterschiedlich ist. Dabei werden drei verschiedene Dosisstufen, die fließend ineinander übergehen, unterschieden. „Sensibel unterschwellig" wird vom Patienten nicht registriert und vor allem bei frischen, stark schmerzhaften Zuständen bei Neuralgien angewendet.

Die Intensität wird bis zur Empfindungsschwelle hochgeregelt und dann so weit zurückgestellt, daß gerade keine Stromempfindung mehr spürbar ist. „Sensibel schwellig" läßt sich als feines Prickeln charakterisieren, wobei die Wahrnehmungsschwelle knapp überschritten ist. „Deutlich sensibel schwellig" ist die Dosis, die als angenehmes, deutliches Prickeln ohne Brenngefühl beschrieben wird.

Bei der Einstellung der Intensität muß auf das Problem der Stromdichte geachtet werden, die im Zusammenhang mit der Elektrodengröße steht. Die Dosierungsschablone, die von 0,5–2,0 mA pro 10 cm^2 Elektrodengröße ausgeht, wird empfohlen.

Hautdefekte, Entzündungen der Haut und frische Narben sind Kontraindikationen der Gleichstromtherapie. Das mitunter unter den Elektroden entstehende Hauterythem erfordert eine gute Hautpflege (Vaseline, Puder, Hautcreme usw.), damit bei mehrmaliger Gleichstrombehandlung keine unangenehmen Hautreizungen hervorgerufen werden.

In besonderen Fällen können zwei Sonderformen der Galvanisation indiziert sein. So stellt z.B. das Übertrainingsphänomen eine Indikation für das hydrogalvanische Vollbad (Stanger-Bad) dar. Neben der thermischen und physikalischen Wirkung des Vollbads und des eventuellen Badezusatzes, läßt sich im Stanger-Bad durch eine entsprechende Elektrodenschaltung eine absteigende Stromrichtung und damit eine allgemeine Sedierung und eine Dämpfung des Erregungszustands erreichen. Dazu muß die Kopfelektrode als Anode gepolt sein. Im Experiment führte diese galvanische Erregungsdämpfung beim Menschen zu einer Reduzierung der Reflextätigkeit, Frösche fielen sogar in die Galvanonarkose.

Die zweite Sonderform der Gleichstromtherapie ist die Iontophorese, deren medizinischer Effekt in der durch den Gleichstrom hervorgerufenen Ionenwanderung liegt, wobei die Ionen vom Pol gleicher Ladung zum Pol entgegengesetzter Ladung wandern. Der klassische Leduc-Versuch (Iontophorese mit kationischem Strychnin bei Kaninchen) hat die Möglichkeit bewiesen, ionisierte Substanzen über einen Gleichstromkreislauf in einen lebenden Körper zu bringen.

Der Vorteil der Iontophorese ist die gezielte Behandlung lokaler Zonen. Die Nachteile sind die mangelhafte Dosierbarkeit, da exakte Vergleiche zwischen der Iontophoresewirkung und der regulären Galvanisation nicht vorliegen. Außerdem ist die Tiefenwirkung der Iontophorese nicht stark, so daß vorwiegend oberflächliche Erkrankungsprozesse eine Indikation der Iontophorese sind. Eine frische Bänderzerrung am Knie- oder Sprunggelenk läßt sich z.B. mit einer kationischen Procainlösung (1%ig) mit 0,0025% Adrenalinzusatz erfolgreich behandeln. Bei hartnäckigen oberflächlichen Verletzungsrückständen kann auch eine Iontophorese mit kationischem Bienengift oder eine kationische Histamin-Iontophorese (Salbe 2%ig, Lösung 0,1%ig) Erfolg zeigen. Mit Histamin darf allerdings nur in relativ kleinen Schmerzzonen mit einer Behandlungsdauer von maximal 5–7 Minuten gearbeitet werden. Nach Histamin-Iontophoresen mit einer Behandlungsfläche von mehr als 50 cm^2 sind überschießende Reaktionen bis zum Kollaps festgestellt worden. Die Histaminverträglichkeit muß in jedem Fall in der ersten Behandlung getestet werden.

Impulsstromtherapie

Bei der Impulsstromtherapie wirken niederfrequente Stromimpulse auf die erregbaren Nerven und Muskeln. Dieser Wirkungsmechanismus basiert auf den stoßartigen Veränderungen der Stromimpulse, auf die der Organismus gezwungen ist zu reagieren. Aus dem Blickwinkel der Sportphysiotherapie interessieren in den folgenden Abschnitten vor allem die Reizwirkung auf die nichtdenervierte Skelettmuskulatur sowie die analgetische und hyperämisierende Wirkung der Impulsstromtherapie.

Die beiden wesentlichen Varianten der niederfrequenten Impulsstromtherapie sind der Schwellstrom und der diadynamische Reizstrom.

Die *Schwellstromtherapie* hat ihren Platz in der Behandlung von Sportverletzungen und Unfällen, wenn es durch schmerzbedingte Schonung oder posttraumatische Ruhigstellung zu Inaktivitätsatrophien gekommen ist.

Bei Reizung des intakten peripheren motorischen Nervenstammes oder seiner Endaufzweigungen reagieren Skelettmuskeln bereits ab Impulsfrequenzen von 30 Hz und einer Impulsdauer von 0,02 ms mit einer Kontraktion. Therapeutisch wird vorwiegend mit Frequenzen zwischen 40 und 80 Hz gearbeitet, die auch als tetanisierende Impulsfolgen bezeichnet werden. Die therapeutische Impulsdauer liegt meist zwischen 0,5 und 5 ms. Um die natürlichen physiologischen Verhältnisse der Willkürmotorik nachzuahmen, wird die Schwellstromtherapie periodisch und in geschwellter Form angewendet. Das bedeutet, daß aufgrund der Schwellung der Impulsfolgen nicht mit konstanten Stromstärken behandelt wird und daß zwischen den einzelnen Schwellungen Pausen bestehen. Die Zahl der Schwellungen kann je nach Bedarf auf 6–30 pro Minute reguliert werden. Die Stromintensität ist so zu wählen, daß eine kräftige Kontraktion pro Schwellung erzielt wird.

Durch hochintensive Elektrostimulation ist es besonders in der Frühbehandlung möglich, stärkere Muskelkontraktionen zu erreichen als durch die willkürliche Innervation. Dadurch kommt der richtig dosierten Schwellstromtherapie im rehabilitativen Krafttraining eine wichtige Rolle zu (Abb. **86**).

Um die Wirkung von geschwellten Rechteckstromimpulsfolgen objektiv zu dokumentieren, wurden an der Universität Vermont/USA Untersuchungen an Patienten nach Menisektomien durchgeführt. Eine Gruppe von Patienten (Durchschnittsalter 28 Jahre) wurde mit geschwelltem Impulsstrom über einen Zeitraum von 2 Wochen postoperativ behandelt. Eine gleichaltrige Vergleichsgruppe absolvierte statische Anspannungsübungen. Vier Wochen nach der Operation wurde bei den elektrostimulierten Patienten ein Kraftverlust des M.

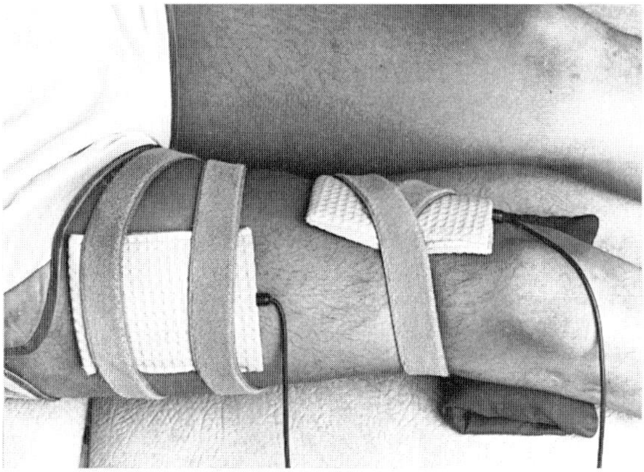

Abb. **86** Elektrodenposition einer Längsdurchflutung zur Elektrostimulation des M. quadriceps (insbesondere M. vastus medialis). Die Kathode ist über dem M. vastus medialis lokalisiert.

quadriceps von durchschnittlich 16,8% im Vergleich zum nichtbetroffenen Bein registriert. Die Patienten, die lediglich die statischen Kontraktionen trainierten, wiesen Defizite bis zu 50,6% auf. Noch bessere Ergebnisse wurden bei der Elektroreizung der Knieflexoren und der Wadenmuskulatur erreicht. Die elektrisch stimulierten Patienten verzeichneten eine Kraftabnahme von jeweils 9%, die Probanden der Vergleichsgruppe hingegen von 50% (Knieflexoren) und 52,7% (Wadenmuskulatur). Aufgrund der relativ geringen Kraftverluste waren die mit Elektrotherapie behandelten Patienten in der Lage, bereits nach durchschnittlich 8 Tagen (Streuung 5–10 Tage) zur Vollbelastung überzugehen; die zweite Testgruppe benötigte im Durchschnitt 14 Tage. Auch die Erguß- und Schwellneigung war in der ersten Gruppe deutlich geringer. Nach der 4. postoperativen Woche wiesen sieben Patienten ein absolut reizfreies Kniegelenk auf. Bei allen Patienten der Vergleichsgruppe wurden noch leichte bis mittlere Schwellungen im Bereich des Kniegelenks diagnostiziert.

Diese Ergebnisse sollten Mut machen, eine konsequente postoperative Elektrostimulation zu verordnen. In Verbindung mit Krankengymnastik kann damit der negative Einfluß der schmerzbedingten Schonung bzw. der Immobilisationsatrophien reduziert und die anschließende Rehabilitation verkürzt werden.

Die *diadynamische Reizstromtherapie,* auch Diadynamik genannt, hat in erster Linie eine schmerzlindernde und durchblutungsfördernde Wirkung. Das Charakteristikum dieser elektrotherapeutischen Methode ist die Synthese zweier Stromarten. Als Basisstrom wird ein sensibel unterschwelliger galvanischer Gleichstrom (maximal 2 mA) mit einem Impulsstrom mit Frequenzen zwischen 50 und 100 Hz und 10 ms Impulsdauer kombiniert.

Das Prinzip der Diadynamik, also die Verwendung zweier unterschiedlicher Stromformen (Gleich- und Impulsstrom), wird durch den dynamischen Faktor ergänzt, der bei den Stromformen CP, LP und RS in einem Wechsel der Frequenzen besteht. Diese Frequenzmodulation wird durch eine Kombination des 50-Hz-MF-Stroms und des 100-Hz-DF-Stroms erreicht. Zusammen mit der Empfehlung des Umpolens der Stromrichtung nach der Hälfte der Behandlungszeit bietet diese Dynamik die Gewähr, daß ein Gewöhnungseffekt ausbleibt bzw. deutlich verringert auftritt.

Die analgetische Wirkung der Diadynamik wird durch den sogenannten Verdeckungseffekt erzielt. Diesem Verdeckungseffekt liegen komplizierte neurophysiologische Vorgänge zugrunde, die sich durch die Gate-control-Theorie erklären lassen. Das Prinzip dieser Theorie ist, daß eine gleichzeitige Reizung von Sinnesmodalitäten in einem bestimmten Gebiet die Reizschwelle anderer Sinnesmodalitäten in dem gleichen Areal herabsetzt. Das bedeutet, über eine Stimulanz der Vibrations- und Druckrezeptoren und die entsprechenden Afferenzen (A-Betafasern) werden die nozizeptiven Afferenzen der A-Deltafasern, die für die Weiterleitung von Schmerzempfindungen zuständig sind, gehemmt. Die Ursache der Hemmung wird auch in der geringeren Leitungsgeschwindigkeit der A-Deltafasern (0,5–20 m/s) im Vergleich zu den A-Betafasern (40–90 m/s) gesehen.

Im Zusammenhang mit der Gate-control-Theorie sei auf die sogenannte Simultankontrastwirkung hingewiesen. Dieses Phänomen beruht vermutlich auf der gleichzeitigen Reizung ein und derselben Sinnesmodalität einer umschriebenen Zone durch einen intensiven Zweitreiz, wodurch ebenfalls eine Schmerzlinderung eintritt. Die Wirkung dieses Zweitreizes wird auch als Counter-irradiation-Effekt bezeichnet. Im Rahmen der elektrotherapeutischen Simultankontrastbehandlung müssen die Stromintensitäten nicht nur sensibel schwellig, sondern bis nahe der Toleranzgrenze dosiert werden, damit über den starken (Zweit-)Reiz der Nozizeptoren eine Schmerzableitung erreicht wird. Inwieweit diese therapeutische Variante in der Praxis realisierbar ist, hängt vom Einzelfall ab.

Der Hyperämieeffekt wird nicht nur an der Hautrötung unter den Elektroden deutlich. Experimentelle Untersuchungen haben die Mehrdurchblutung auch in tieferen Gewebeschichten nachgewiesen. Neben der direkten Beeinflussung der Gefäßnerven ist die Vasodilatation durch Histaminausschüttung im Unterhautfettgewebe bedingt, die durch den vibrierenden Impulsstrom hervorgerufen wird.

Außer der analgetischen und hyperämisierenden Wirkung wird dem diadynamischen Reizstrom auch eine muskeldetonisierende Komponente zugesprochen. Besonders im Frequenzbereich von 75–200 Hz (DF = 100 Hz) wird eine Relaxierung hypertoner und verspannter Muskulatur erzielt.

Die Richtlinien der praktischen Anwendung sehen einen sensibel unterschwelligen galvanischen Gleichstrom vor, der einem deutlich sensibel schwelligen Impulsstrom untergelegt wird. Die Impulsstromintensität kann während der Behandlung „nachdrängend“ gesteigert werden. Die Verträglichkeitsgrenze darf aber nicht überschritten werden. Aus einem kräftig spürbaren Prickeln oder Vibrieren soll kein Brennen oder Stechen werden. Vor dem Umpolen müssen in jedem Fall beide Intensitätsregler (Gleich- und Impulsstrom) auf Null gestellt werden, um danach wieder einschleichend hochgeregelt zu werden. Bei modernen Elektrotherapiegeräten läuft die Intensitätsregelung bei der Diadynamik über einen einzigen Schalter.

Bei der Anwendung von CP oder LP können in der 50-Hz-MF-Phase mitunter Muskelkontraktionen auftreten, die therapeutisch nicht unerwünscht sind, aber in der 100-Hz-DF-Phase wieder abklingen müssen.

Diadynamische Ströme werden als Quer- oder Längsdurchflutung appliziert, wobei, wenn ein Umpolen der Stromrichtung geplant ist, der Sitz der Kathode unerheblich ist. Bei Schmerzpunktapplikationen muß die Kathode über dem Schmerzpunkt lokalisiert sein, auf ein Umpolen wird dann verzichtet.

Die Behandlungsdauer und die Anzahl der Behandlungen sind aufgrund des reduzierten Gewöhnungseffekts gering. Die Behandlungsdauer kann auf 5–10 Minuten beschränkt werden, eine Behandlungsserie umfaßt selten mehr als sechs Sitzungen. Im Einzelfall, wenn z.B. mehrere Schmerzzonen therapiert werden, kann die Gesamtdauer allerdings auf 12–15 Minuten ausgedehnt werden.

Bei frischen Verletzungen ist der größte Erfolg durch täglich zweimaliges Applizieren der Diadynamik während der ersten 2–3 Tage erreichbar. Häufig tritt schon nach der ersten Behandlung der „Ersteffekt“ ein, der über mehrere Stunden Schmerzfreiheit oder -linderung bringt. Nach der vierten Anwendung kann eine Pause von mehreren Tagen eingelegt werden, um danach durch einen zweiten Therapieblock eine weitere Verbesserung zu erzielen.

Sollte nach der 6. bis 8. Behandlung noch keine deutliche Besserung der Schmerzsymptomatik erreicht sein, kann der Therapieversuch abgebrochen werden, da in der Regel die ersten drei Behandlungen über den Erfolg oder Mißerfolg der diadynamischen Reizstromtherapie entscheiden (Tab. **12**).

Tabelle **12** Anwendungsmöglichkeiten der diadynamischen Reizstromtherapie

Indikation	Applikationsform	Dosierung
Frische geschlossene posttraumatische Zustände, akute Überlastungsbeschwerden	Quer- oder Längsdurchflutung – DF/CP-Kombinationsbehandlung DF 2mal 3–5 min (Umpolen), danach CP 5–10 min (Kathode über der Schmerzregion)	1. bis 3. Tag möglichst 2mal täglich max. 6 Behandlungen
Alte geschlossene posttraumatische Zustände, chronische Überlastungsbeschwerden	Quer- oder Längsdurchflutung – CP/LP-Kombinationsbehandlung CP 2mal 3–5 min (Umpolen), danach LP 5–10 min (Kathode über der Schmerzregion, evtl. auch mit Umpolen)	ca. 8 Behandlungen (möglichst 1mal täglich) oder 2mal 4 Behandlungen mit einer Pause von4–6 Tagen
Schmerzhafter Muskelhartspann	Quer- oder Längsdurchflutung – DF/CP-Kombinationsbehandlung DF 2mal 3–5 min (Umpolen), danach CP 2mal 5–10 min (Umpolen) – Schmerzpunktbehandlung CP 5–10 min (Kathode über der Schmerzregion)	s. oben
Neuralgien (Ischiasbeschwerden)	Längsdurchflutung (Anode lateral des Tuber ischiadicum, Kathode proximal der Kniekehle) LP 2mal 5–10 min (Umpolen)	in akuten Fällen: 1. und 2. Tag möglichst 2mal täglich max. 6 Behandlungen in chronischen Fällen: ca. 8 Behandlungen (möglichst 1mal täglich) oder 2mal 4 Behandlungen mit einer Pause von 4–6 Tagen

Reizstärke:
- galvanischer Gleichstrom: sensibel unterschwellig (maximal 2 mA),
- diadynamischer Impulsstrom: sensibel deutlich schwellig (evtl. „nachdrängend“ bis zur Toleranzgrenze).
  Achtung: bei Neuralgiebehandlung nur mit „sensibel schwelliger“ Intensität arbeiten.

Therapeutische Möglichkeiten im Mittel- und Hochfrequenzbereich

Die therapeutischen Möglichkeiten im Mittel- und Hochfrequenzbereich umfassen im wesentlichen die Interferenzstromtherapie und die Ultraschalltherapie. In diesem Abschnitt werden zudem die Behandlungsvarianten aufgezeigt, die die thermotherapeutische Hochfrequenz für die Sportphysiotherapie zu bieten hat.

Bei der *Interferenzstromtherapie* kommen zwei mittelfrequente Wechselströme mit Frequenzen um 4000 Hz zur Anwendung. Über die diagonale tetrapolare Elektrodenanordnung werden die beiden Ströme so angeordnet, daß sie sich im Bereich der Schmerzlokalisation überlagern bzw. kreuzen. Da die beiden Ströme eine geringgradige Frequenzdifferenz aufweisen (z.B. 4000 zu 3900 Hz), kommt es im Kreuzungsbereich zu Schwingungen, den sogenannten Schwebungen. Die Impulsfrequenz dieser Schwebungen ist gleich der Differenz beider mittelfrequenter Ströme. Schwebungen zwischen 1 und 100 Hz gewährleisten ein breites Wirkungsspektrum und eine Reduzierung der Gewöhnung an die Reizwirkung.

Die Behandlungsdauer kann je nach Art der Verletzung zwischen 5 und 15 Minuten betragen. Bei akuten Prozessen reichen oft schon 5–10 Minuten, bei chronischen Verletzungsrückständen oder Überlastungsschäden können bis zu 20 Sitzungen pro Behandlungsserie indiziert sein.

Eine Sonderform der Interferenzstromtherapie ist die Elektrokinesitherapie. Im Gegensatz zur stabilen Interferenz mit vier fest installierten Elektroden werden hier zwei fixierte Elektroden und zwei labile Handschuhelektroden verwendet. Die Anordnung der Elektroden muß so erfolgen, daß das Prinzip der Interferenz erhalten bleibt und trotz des mobilen Einsatzes der Handschuhelektroden durch den Therapeuten eine Kreuzung der Ströme im Behandlungsgebiet gewährleistet ist. Die Methode der Elektrokinesitherapie bewährt sich besonders bei ausgedehntem muskulären Hypertonus nach hohen körperlichen Belastungen.

In der praktischen Anwendung wird die Interferenztherapie meist mit einer Vakuumsaugmassage kombiniert. Der zusätzliche mechanische Reiz des intermittierenden Sogs der Saugelektroden beeinflußt das Lymphsystem und fördert im Zusammenhang mit den rhythmischen elektrisch provozierten Muskelkontraktionen den Rücktransport der Stoffwechselendprodukte aus der Muskulatur (Tab. **13**).

Die *Ultraschallbehandlung* ist eine hochfrequente Elektromechanotherapie mit Frequenzen um 800 kHz, bei der Elektrizität in mechanische Schwingungen umgesetzt wird.

Tabelle **13** Anwendungsmöglichkeiten der Interferenzstromtherapie

Indikation	Applikationsform	Dosierung
Frische geschlossene posttraumatische Zustände, akute Überlastungsbeschwerden	tetrapolar 100 Hz konstant oder 90–100 Hz rhythmisch während der ersten 2–4 Behandlungen, dann 50–100 Hz oder 0–100 Hz rhythmisch	sensibel schwellig tägliche Behandlung (Dauer bis auf 15 min steigern) max. 6–8 Behandlungen
Alte geschlossene posttraumatische Zustände, chronische Überlastungsbeschwerden	tetrapolar 0–100 Hz oder 50–100 Hz rhythmisch	sensibel schwellig bis sensibel deutlich schwellig tägliche Behandlungen oder mindestens 3mal/Woche (bis 15 min) max. 20 Behandlungen
Schmerzhafter Muskelhartspann	tetrapolar oder Elektrokinesitherapie 0–100 Hz oder 50–100 Hz rhythmisch	sensibel schwellig bis sensibel deutlich schwellig tägliche Behandlungen oder mindestens 3mal/Woche (bis 15 min) max. 20 Behandlungen bei der statischen tetrapolaren Applikation ist die Kombination mit einer Vakuumsaugmassage indiziert bei der Elektrokinesitherapie ist die Stromstärke durch Druckveränderung der Handschuhelektroden variabel

Das Prinzip des Ultraschalls basiert auf der Umkehr des piezoelektrischen Effekts. Zur Erzeugung des piezoelektrischen Effekts benötigt man ein sogenanntes piezoelektrisches Material (z. B. Bariumtitanat oder Quarzkristalle), das sich in Abhängigkeit von den Sinusschwingungen eines elektrischen Wechselstroms verdichtet und ausdehnt und damit elektromechanische Schwingungen erzeugt. Piezoelektrische Substanzen werden auch als elektromechanische Transducer (Energiewandler) bezeichnet. Die mechanische Wirkung des Ultraschalls entsteht durch die in Schwingung geratenen Masseteilchen des beschallten Mediums (Vibrationseffekt).

Die thermische Wirkung des Ultraschalls beruht auf der Absorption und der Reflexion der Ultraschallenergie.

Durch den Energieverlust, der besonders an Grenzschichten von Medien mit unterschiedlichen Widerständen für die Schallgeschwindigkeit auftritt, entsteht Erwärmung.

Die Energiereflexion am Knochen beläuft sich auf ca. 75% der einwirkenden Energiemenge. Bei zu hoher Dosierung oder ruhendem Schallkopf kommt es dadurch nicht selten zu unangenehmer Reizung (z. B. Periostschmerz), die therapeutisch unerwünscht ist.

Die Eindringtiefe der Ultraschallenergie beträgt etwa 7 cm bei einer Frequenz von 800 kHz, wobei die Halbwerttiefe bei Fettgewebe ca. 3 cm und in der Muskulatur ca. 2 cm beträgt. Deshalb müssen bei der Dosierung immer die vorliegenden anatomischen und konstitutionellen Gegebenheiten berücksichtigt werden.

Ein wesentlicher Faktor der Energieübertragung (Ankopplung) vom Schallkopf zur Behandlungsoberfläche ist ein Überbrückungsmedium mit einem geringen Schallwiderstand, einer Ankopplungssubstanz. Während sich das Schallwiderstandsverhältnis von Quarzkristallen und Öl wie 1 : 10 verhält, beträgt es bei Quarzkristallen und Luft 1 : 3000.

Befindet sich zwischen Schallkopf und Behandlungsoberfläche Luft, so ist die Ultraschallenergie praktisch nicht übertragbar, 99,9% der Energie wird reflektiert. Als Ankopplungssubstanzen werden Öle oder Fette verwendet, es können aber auch Antiphlogistika auf Gelbasis benutzt werden. Das Verkanten des Schallkopfes führt aber in jedem Fall zu Energieverlusten.

Die thermischen Wirkungen der mechanischen Schwingungen spiegeln sich in einer durch den Schallkopf gezielt lokal provozierten Hyperämie, vermehrter Lymphproduktion und Stoffwechselsteigerung wider. In vergleichenden Studien bezüglich der Verbesserung der Durchblutung stellte sich heraus, daß die mit Ultraschall erzielten Hyperämiewerte deutlich über denen anderer physikalischer Maßnahmen (z. B. Rotlicht, Kurzwellentherapie) lagen. Der Vibrationseffekt der Ultraschalltherapie führt zu einer Steigerung des Stoffwechselaustausches an den Zellmembranen (Permeabilitätssteigerung).

Zu hohe Dosierungen können jedoch Zellmembranzerreißungen hervorrufen. Die muskeldetonisierende Wirkung des Ultraschalls basiert vermutlich auf den Vibrationsreizen, die auf die Propriozeptoren der Muskeln und Sehnen wirken.

In der Praxis wird die Ultraschalltherapie in der Regel direkt am Krankheitsort und in dessen Umgebung appliziert. Nur bei wenigen Krankheitsbildern (z. B. bei Ischiasbeschwerden oder sehr schmerzhaften Verletzungen) empfiehlt sich eine neurale Beschallung im

Tabelle **14** Radikuläre Ultraschallbehandlung bei hochakuten Schmerzgeschehen

Schulter(gelenk)	→ C5–C6
M. biceps brachii	→ C6
M. pectoralis major	→ C5–Th1
M. triceps brachii	→ C7–C8
Ellenbogen(gelenk)	→ C6–C8
Hand(gelenk)	→ C8–Th1
Hüfte(gelenk)	→ L5–S1
M. triceps surae	→ S1–S2
Fuß(gelenk)	→ L5–S1

Die Beschallung erfolgt paravertebral über der Spinalwurzelregion der betroffenen Seite
Intensität: HWS/BWS 0,1–0,2 W/cm^2, LWS 0,2–0,3 W/cm^2
Dauer: ca. 3 min

Verlauf der Nerven oder eine indirekte Beschallung über der Spinalwurzelgegend der das Krankheitsgebiet versorgenden Nerven auf der gleichen Seite (Tab. **14**).

Als Applikationsform wird im allgemeinen die dynamische Methode der Beschallung benutzt. Durch den vom Therapeuten bewegten Schallkopf kommt es zur Verwischung der Intensitätsmaxima und -minima und somit zu einer Homogenisierung des Wirkungsfeldes.

An genau lokalisierbaren Schmerzpunkten, z.B. eine engumschriebene Myogelose oder schmerzhafte Sehnenansatzstelle, kann auch die semistatische Beschallung angebracht sein, bei der im Rahmen der regulären dynamischen Beschallung mit dem Schallkopf für einige Sekunden auf dem Schmerzpunkt verweilt wird (Tab. **15**).

Die Kombinationsbehandlung von Ultraschall und diadynamischer Reizstromtherapie ist eine Alternative bei hartnäckigem Muskelhartspann und chronischen Verletzungsrückständen. In der Regel wird ein diadynamischer LP- oder CP-Impulsreizstrom mit einer entsprechenden Ultraschallapplikation und -dosierung kombiniert. In Untersuchungen wurden bessere Erfolgsquoten bei dieser Kombinationsbehandlung nachgewiesen als bei alleiniger Anwendung einer der beiden Methoden.

Manche Spezialgeräte haben die diadynamischen Impulsströme in den Ultraschallkopf integriert, so daß die Behandlung erheblich vereinfacht wurde.

Tabelle **15** Anwendungsmöglichkeiten der Ultraschalltherapie

Indikation	Dosierung	Bemerkungen
Frische posttraumatische Zustände, akute Überlastungsbeschwerden	oberflächliche Lokalisation: 0,2–0,4 W (dynamisch) tiefe Lokalisation: 0,4–0,8 W (dynamisch)	Behandlungsdauer von 5 auf ca. 10 min steigern 5 bis max. 8 Behandlungen bei sehr schmerzhaften Verletzungen kann eine indirekte radikuläre Beschallung indiziert sein
Alte posttraumatische Zustände, chronische Überlastungsbeschwerden	oberflächliche Lokalisation: 0,3–0,7 W (dynamisch oder semistatisch) tiefe Lokalisation: 0,7–1,2 W (dynamisch oder semistatisch)	Behandlungsdauer bis 15 min bis zu 12 Behandlungen (3–4mal/Woche) bei exakt lokalisierbaren Schmerzpunkten bietet sich die semistatische Beschallung an; die Intensität wird etwas verringert und jeder Schmerzpunkt 1–2 min semistatisch behandelt
Schmerzhafter Muskelhartspann	0,3–0,8 W (dynamisch oder semistatisch)	Behandlungsdauer bis 15 min bis zu 12 Behandlungen (3–4mal/Woche) bei eng umschriebenen Muskelhärten kann eine semistatische Beschallung indiziert sein
Neuralgien (Ischiasbeschwerden)	0,1–0,3 W (dynamisch)	Behandlungsdauer von 3 auf max. 10 min steigern 5–10 Behandlungen (3–4mal/Woche) zur Anwendung kommt die neurale Beschallung im Verlauf des Nervs

Reizstärke: Die Schallstärke wird in Watt/cm^2 angegeben. Die Gesamtstärke des auf dem behandelten Gebiet einwirkenden Schalls richtet sich nach der Größe des Schallkopfes.

Die *Dezimeterwellentherapie* wird aufgrund der fast ausschließlich thermischen Wirkung als thermotherapeutisches Mittel der Hochfrequenz bezeichnet. Mit einer Frequenz von 434 MHz ordnet sich die Dezimeterwelle in das Gebiet der Höchstfrequenz ein. Das entsprechende elektromagnetische Feld wird als Welle charakterisiert, die in der Luft ca. 69 cm und in der Muskulatur ca. 8,5 cm beträgt. Die

Dezimeterwelle nimmt eine Grenzstellung zur Lichttherapie ein und weist weitgehende Analogien bezüglich der physikalischen Gesetzmäßigkeiten auf.

Die Wärmewirkung ist die Folge der Bestrahlung mit elektromechanischen Wellen. Entsprechend der Debeyeschen Dipoltheorie, nach der biologische Grundsubstanzen, insbesondere Proteine, sogenannte polare Molekel aufweisen, die unter elektromagnetischer Bestrahlung rhythmische hochfrequente Schwingungen ausführen, entsteht durch die Reibung Wärme.

Die thermische Wirkung der Dezimeterwelle liegt außerdem in der Absorption der Bestrahlungsenergie, wobei die Dielektrizitätskonstante und der spezifische elektrische Gewebewiderstand die Eindringtiefe der Wellen bestimmen.

Bezüglich der Wärmeverteilung (Relation von Fett- und Muskelerwärmung) und der Tiefenwirkung liegt die Dezimeterwelle an der Spitze der Hochfrequenzthermotherapie. Da das Fettgewebe relativ wenig Energie der Dezimeterwellenbestrahlung absorbiert, kommt es durch die thermische Entlastung des Fettgewebes zu einer guten Hyperämiewirkung im Bereich der Muskulatur.

Als Applikatoren (Strahler) kommen zwei unterschiedliche Systeme zur Anwendung.

Die Rundfeld- und Langfeldstrahler führen dem Medium die Energie lediglich von einer Seite zu. Diese Methode eignet sich vor allem, um eng umschriebene Schmerzzonen zu behandeln. Bei Rundfeld- oder Langfeldstrahlern beträgt die Wärmerelation zwischen Fett- und Muskelgewebe (bei 2 cm Fettschicht) 1:4.

Die zweite Variante der Dezimeterwellentherapie ist der Muldenapplikator oder Hohlfeldstrahler. Durch die wesentlich größeren Abmessungen können ausgedehntere Gebiete bestrahlt werden (Rumpf, beide Kniegelenke usw.). Außerdem ist eine Bestrahlung von drei Seiten möglich, so daß es zu einer von keiner anderen Hochfrequenzthermotherapie erzielten gleichmäßigen Wärmeverteilung und Tiefenwirkung kommt. Das Temperaturverhältnis zwischen Fett- und Muskelgewebe beläuft sich in der Strahlermitte auf 1:1, seitlich davon ist es bei einer 2 cm dicken Fettschicht etwas günstiger und beträgt 1:2.

Bei der praktischen Anwendung muß beachtet werden, daß bei Rund- und Langfeldstrahlern ein Elektroden-Haut-Abstand von 5–10 cm eingehalten werden muß. Der Muldenapplikator kann dagegen direkt an die Behandlungsoberfläche angelegt werden, ein Elektroden-Haut-Abstand würde die maximale Leistungsabgabe des Applikators verhindern.

Die Liste der Indikationen für die Dezimeterwellentherapie in der Sportphysiotherapie ist im Vergleich zu den bisher dargestellten Mitteln der Elektrotherapie weniger umfangreich. Besonders bei hartnäkkigem Muskelhypertonus, bei Myogelosen und chronischen Verletzungsrückständen ist die Dezimeterwelle aber eine Therapiealternative. Bei den erwähnten Indikationen sind eine mittlere bis lange Behandlungsdauer (8–20 min) und mitunter längere Behandlungsserien (möglichst 3mal wöchentlich) angezeigt. Die Intensität wird in Watt ausgedrückt, wobei analog der Dosisstufen nach Edel normalerweise die Höchststufe (Stufe 4) zur Anwendung kommt, die den Sportler eine angenehme, kräftige Wärme spüren läßt.

Kontraindikationen sind alle akuten Gelenk- oder Muskelprozesse, akute Neuralgien und frische posttraumatische Zustände. Eine Bestrahlung des Rumpfes sollte während der Schwangerschaft und der Menses unterbleiben. Außerdem sind sich im Körper befindliche Metalle absolute Kontraindikationen. Bei bestehenden Ödemen können thermische Fehlreaktionen ausgelöst werden. Feuchte Verbände sind vor einer Dezimeterwellenbestrahlung abzulegen.

In den Bereich der Dezimeterwellentherapie fällt auch die sogenannte Mikrowelle. Bei der Mikrowelle handelt es sich um eine Wellenlänge (in der Luft) von 12,5 cm bei einer Frequenz von 2450 MHz. Das Temperaturverhältnis Fett-/Muskelgewebe beträgt etwa 1:1, wobei es aber im Muskel zu einem sehr steilen Temperaturabfall kommt, so daß keine nennenswerte Tiefenwirkung entsteht (Halbwertschicht bei 1 cm). Die Mikrowelle ist lediglich bei oberflächlichen Prozessen indiziert oder in Fällen, in denen keine Tiefenwirkung erwünscht ist.

Lichttherapie

Die Lichttherapie wird als optische Strahlung und als Teil des elektromagnetischen Spektrums bezeichnet. Für die Sportphysiotherapie ist aus diesem Bereich vor allem die Infrarotbestrahlung interessant.

Die physiologische Wirkung des Lichts hängt von der Energie der Lichtquanten ab, die von der Wellenlänge des Lichts bestimmt werden. Im Vergleich zu anderen lichttherapeutischen Anwendungen sind die Lichtquanten der Infrarotstrahlung relativ energiearm, so daß lediglich eine oberflächliche Wirkung erzielt wird. Obwohl die Halbwerttiefe der elektromagnetischen Wellen nie mehr als etwa 1 mm beträgt, werden über die Haut Folge- und Allgemeinreaktionen erreicht. Das Wärmeerythem der Haut kann bis zu zwei Stunden bestehen bleiben.

Der Vorteil der Infrarottherapie liegt in der Möglichkeit, auch offene Wunden und schwer zugängliche Körperpartien zu behandeln. Neben der Durchblutungsförderung in Form der Vasodilatation der Hautgefäße stehen die Sedierung der sensorischen Nervenendigungen, die Muskelrelaxation und die Resorptionsförderung im Vordergrund der Infrarotbehandlung.

Im Rahmen der Sportphysiotherapie und als begleitende Rehabilitationsmaßnahme kommt die Infrarottherapie in erster Linie bei posttraumatischen Zuständen in Frage. Hierbei muß beachtet werden, daß Wärmeanwendung erst in der postakuten Phase, d.h. frühestens 2–3 Tage nach der Verletzung einsetzen darf. Bei chronischen Schmerzen und hartnäckigen Verletzungsrückständen werden gute Erfolge erzielt. Infrarotbestrahlungen lassen sich gut als Initialbehandlung einer Massage oder einer krankengymnastischen Behandlung, z.B. Muskeldehnungen, vorschalten. Die Kontraindikationen bestehen in allen Krankheitsprozessen, die durch Wärme negativ beeinflußt werden (lokale Infektionen, frische Hämatome) und bei Wärmeempfindungsstörungen.

In der praktischen Anwendung der Infrarotstrahlung muß der Einstellungswinkel von 90 Grad des Strahlers im Verhältnis zur Behandlungsoberfläche beachtet werden. Alle brennbaren Gegenstände sind aus dem Einflußgebiet des Strahlers zu entfernen.

Die Dosierung richtet sich nach dem individuellen Wärmeempfinden des Sportlers und nach dem Behandlungsziel. Die Dosierungsstufen können als kaum spürbare Wärme (Stufe 1), milde Wärme (Stufe 2), angenehme, gut spürbare Wärme (Stufe 3) und starke, aber nicht unangenehme Wärme (Stufe 4) differenziert werden. Die Simultankontrastbehandlung zur Schmerzableitung erfordert Intensitäten oberhalb der Stufe 4, wobei aber nur ein Kurzzeitreiz gesetzt wird.

Nach der Behandlung auftretende fleckige Pigmentierungen im Bestrahlungsbereich sind unerwünscht und Ausdruck von zu intensiver Wärmeentwicklung.

Der Therapie mit Ultraviolettstrahlen (UV-Strahlen) kommt im Bereich der Sportphysiotherapie nur ein geringer Stellenwert zu. Ohne auf sämtliche physiologische Wirkungen näher einzugehen (Erythembildung, Pigmentierung, Vitamin-D-Bildung, Aktivierung des Enzymsystems), weisen wir auf die besondere Wirkungsweise bezüglich des Zentralnervensystems hin. Eine Kombinationsbehandlung von UV- und Infrarotlicht im Verhältnis 1:25 bis 1:300 führt zu einer vegetativen Umstellung im Sinne einer parasympathikotonen Reaktionslage und damit zu einer Sedierung und Beruhigung.

In diesem Sinne läßt sich die UV-Infrarot-Kombination (Ganzkörperbestrahlung) gut in den Rahmen der Regenerationsmaßnahmen der Sportphysiotherapie einordnen.

Thermotherapie

Die Hauptwirkung der Thermotherapie liegt in der Temperatur der verabreichten Medien. Zur Thermotherapie zählen alle Anwendungen, deren Temperaturwerte über 0 Kelvin liegen (8). 0 Kelvin entsprechen −273 °C.

Aus der Sicht der Sportphysiotherapie ist die *Kryotherapie* die herausragende thermotherapeutische Methode.

Daneben werden wirkungsvolle Varianten der *Hydrotherapie* aufgezeigt. In den Rahmen der Thermotherapie fällt auch die *Sauna,* da es sich hier um eine Kombination mehrerer thermotherapeutischer Methoden handelt.

Betrachtet man die physiologische Wirkung der *Wärme,* so spielt für die Sportphysiotherapie besonders die Vasodilatation mit der nachfolgenden Hyperämie eine entscheidende Rolle. Die Muskelrelaxation und -detonisierung durch Wärmeapplikation sind nachgewiesen. Wärme bewirkt eine vegetative Umstellung des Sportlers und begünstigt damit die allgemeine Regeneration nach körperlicher und nervlicher Belastung. In der Behandlung postakuter Verletzungen kann eine lokale Wärmeanwendung, unter Umständen auch eine generelle Hyperthermie, therapeutisch sinnvoll sein, um Schmerzen zu lindern, eine Mehrdurchblutung zu erreichen oder die Resorption von Verletzungsrückständen zu beschleunigen.

Die Kontraindikationen der Wärmeanwendung sind akute lokale und in vielen Fällen auch generalisierte Infektionen. Nach frischen Sporttraumen ist innerhalb der ersten 2–3 Tagen von Wärmeanwendungen abzuraten. In diesen Fällen ist Kälteapplikation in Verbindung mit Elektrotherapie sinnvoller. Bei Temperaturempfindungsstörungen ist bei der Verabreichung thermotherapeutischer Mittel Vorsicht geboten.

Kryotherapie

Physiologie bei Kälteanwendung

Kryotherapie ist ein lokaler Wärmeentzug zu therapeutischen Zwekken. Der Umfang des lokalisierten Wärmeverlustes ist abhängig von der Größe des behandelten Areals, von der Dauer der Behandlung und von der Temperatur des eingesetzten wärmeentziehenden Mediums.

In der Sportphysiotherapie hat die Kryotherapie einen hohen Stellenwert, sowohl als prophylaktische Maßnahme als auch zur Behandlung von Sportverletzungen. Kryotherapie wird entweder isoliert als alleinige Therapie, z. B. in der Sofortversorgung von frischen Verletzten, oder in Kombination mit speziellen Massagetechniken und krankengymnastischer Übungsbehandlung eingesetzt.

Bei Applikation eines Kältereizes kommt es reflektorisch zu einer Vasokonstriktion der lokalen, oberflächlichen Blutgefäße. Diese Gefäßverengung ist aber selbst bei fortdauerndem Kältereiz nicht von Bestand. Um die Wirkung der ungewohnten Kälte zu reduzieren und Gewebeschädigungen durch Unterkühlung zu vermeiden, existiert ein Schutzmechanismus, der als „hunting response" bezeichnet wird. Sinkt die Hauttemperatur auf Werte unter 15°C, kommt es zu einer Gefäßerweiterung, die kurzfristig eine Hauttemperaturerhöhung um bis zu 5°C bringt. Die Hunting response verläuft phasisch. Die Kältedilatation tritt in Intervallen von 15–30 Minuten auf. Der Zeitpunkt des Beginns der Hunting response und der Rhythmus des phasischen Verlaufs ist von der Temperatur des wärmeentziehenden Mittels abhängig. Die Hunting response tritt im Durchschnitt etwa 2–6 Minuten nach Beginn der Behandlung ein. Die Ursache liegt in der Freisetzung bestimmter chemischer Substanzen, die reflektorisch eine Vasodilatation provozieren. Die Ausschwemmung dieser Substanzen durch die einsetzende Mehrdurchblutung im gekühlten Gebiet ruft dann eine erneute Vasokonstriktion der Gefäße hervor, womit der phasische Verlauf der Hunting response erklärt ist.

Eine weitaus bekanntere physiologische Reaktion auf Kältereize ist die reaktive Hyperämie. Sie ist ein Regulationsmechanismus des Körpers, der versucht, den lokalen Wärmeverlust auszugleichen und die Temperatur der abgekühlten Region wieder zu normalisieren. Das Ausmaß der reaktiven Hyperämie ist abhängig vom Temperaturverlust des behandelten Gebiets im Verhältnis zur Umgebung. Die reaktive Hyperämie hat nach etwa 20 Minuten ihr Maximum erreicht, um dann während einer Zeitspanne von bis zu weiteren 40 Minuten langsam abzuklingen. Die Vasodilatation und die damit in Zusammenhang stehende Mehrdurchblutung ist bei einer reaktiven Hyperämie länger anhaltend als die Gefäßerweiterung nach Warmreizen.

Während der Kryotherapie ist der Gewebestoffwechsel lokal herabgesetzt. Die chemische Reaktionsfähigkeit nimmt bei Temperatursenkung von 10°C um die Hälfte ab. In venösem Blut aus abgekühlten Regionen wurde eine Sauerstoffsättigung von mehr als 80% festgestellt, wogegen venöses Blut aus normaltemperierten Gebieten nur Werte um 70% aufwies. Auch die Hunting response bringt keine nachhaltige Stoffwechselsteigerung, da die Gefäßerweiterung nur sehr kurzfristig als reiner Schutzmechanismus auftritt. Eine echte Stoffwechselsteigerung wird während der Phase der reaktiven Hyperämie im Anschluß an Kälteapplikationen nachgewiesen, allerdings vorzugsweise in oberflächlichen Gewebeschichten.

In der Behandlung von Schmerzzuständen kommt der Kryotherapie eine besondere Bedeutung zu. Allgemeine Erfahrungswerte belegen, daß Kälte den Schmerz lindert. Die theoretischen Grundlagen dieser Wirkung sind noch nicht eindeutig geklärt. Vermutlich beeinflussen intensive Kältereize die chemischen Vorgänge der Reizübertragung und -weiterleitung im Bereich der freien Nervenendigungen der oberflächlichen Schmerzrezeptoren. Auch die Gate-control-Theorie bietet über den Verdeckungseffekt eine Erklärungsmöglichkeit. Untersuchungen bezüglich der Möglichkeiten der Nervenblockade durch Kälteapplikation ergaben, daß bei einer lokalen Abkühlung auf 7–9°C eine Leitungsblockade der Schmerzfasern möglich ist. Eine Oberflächenanalgesie der Haut kann bereits bei Hauttemperaturen um 13°C erreicht werden, die durch die Applikation von −15°C kalten Medien rasch möglich sind.

Bei der Herabsetzung der Körperkerntemperatur (Hypothermie) wird eine Zunahme der gammamotorischen Aktivität registriert. Lokale Kälteanwendungen führen dagegen zu einer Tonussenkung im Behandlungsgebiet. Diese gammamotorische Dämpfung tritt aber erst nach Abklingen der Cold response ein. Bei einer normalen Muskeltemperatur von etwa 37°C besteht keine Aktivität der sensorischen Spindelfasern. Bei langsamer Abkühlung beginnt bei ca. 33°C eine afferente Entladung, die als Cold response eine Tonuserhöhung mit sich bringt. Die Cold response erreicht ihren Höhepunkt bei rund 31°C, um sich bei weiter zunehmender Abkühlung des Muskels ständig zu verringern. Die Cold response ist wichtig bei der Festlegung der relaxierenden oder stimulierenden Wirkung von Kryotherapie.

Trotz der Cold response kommt es unter der Kälteapplikation zu einer kontinuierlichen Reduzierung der motorischen Nervenleitgeschwindigkeit. Bei einer Temperatursenkung von 1°C im Bereich von 36–23°C wurde eine Verringerung der motorischen Nervenleitgeschwindigkeit von 2 m/s registriert.

Methodik der Kryotherapie

In der Praxis der Kryotherapie existieren fünf wesentliche Applikationsverfahren.

Bei der *Frottiermethode* wird ein dem Behandlungsareal entsprechendes Frottiertuch in Eiswasser getränkt und das ausgewrungene Tuch auf das Behandlungsgebiet gelegt. Diese Form der Kryotherapie eignet sich besonders zur statischen kryotherapeutischen Behandlung ganzer Muskelgruppen (z.B. der ischiokruralen Muskulatur) oder großer Gelenke.

Kältepackungen sind Beutel aus Frottierstoff oder Kunststoff, die Eiswürfel, zerstoßene Eisbrocken oder Eischips enthalten. Als Kältepackungen werden auch die meist mit hydriertem Silikat gefüllten synthetischen Coldpacks bezeichnet. Coldpacks lassen sich auf Temperaturen bis −20 °C abkühlen. Bei der Benutzung dieser Kälteträger ist Vorsicht geboten, da die Gefahr der Gewebeschädigung deutlich höher ist als bei natürlichem Eis. Die Anwendungsmöglichkeiten von Kältepackungen ähneln denen der Frottiermethode, wobei der Kältereiz aber erheblich intensiver ausfällt.

Die *Eistauchbäder* sind eine Kombination von Kryo- und Hydrotherapie. In der Regel haben Teil-Eistauchbäder eine Temperatur von 12–5 °C. Mit Eis-Teilbädern können Verletzungen im Bereich von Hand–Unterarm und Fuß–Unterschenkel effektiv behandelt werden.

Kältesprays werden meist als Lokalanästhetika in der Sofortbehandlung von Sportverletzungen eingesetzt. Auch hier muß vor Gewebeschädigung bei nicht sachgemäßer Anwendung gewarnt werden. Der Sprühvorgang muß sich auf die tatsächliche Schmerzregion beschränken, da in der Umgebung leicht schmerzhafte Erfrierungszustände provoziert werden können.

Mit der *Eismassage* wird mit Eiswürfeln, Eisbällen oder sogenannten Eislollys (Eis am Stiel) das Behandlungsgebiet dynamisch oder semistatisch gekühlt. Die Kombination von Eismassage mit Dehnübungen, speziellen Massagetechniken („deep frictions“) oder krankengymnastischen Innervations- und Kräftigungsübungen hat sich in der Praxis hervorragend bewährt.

Während chemische Kältesprays als die massivsten kryotherapeutischen Mittel gelten, ist die Temperaturreduzierung durch die Eismassage vergleichsweise geringer. Die Temperaturverminderung der Haut z. B. durch Äthylchloridspray beträgt 28–30 °C. Nach der Applikation von Kältesprays sind Hauttemperaturen unter dem Gefrierpunkt registriert worden. Die Eismassage bewirkt dagegen lediglich eine Temperatursenkung der Hautoberfläche von maximal 18 °C, wobei durch den dynamischen bzw. semistatischen Charakter der Applikation die Hauttemperatur nicht unter 12 °C absinkt.

Das Ausmaß der Begleit- und Folgeerscheinungen von Sporttraumen (Schwellung, Hämatom, Schmerz usw.) hängt entscheidend vom Zeitpunkt und dem Umfang der Sofortmaßnahme ab. Je früher kryotherapeutische Methoden eingesetzt werden, desto geringer sind die zu erwartenden Komplikationen. Bei großen Verletzungen wie komplexen Band- und Kapselläsionen, Frakturen und dergleichen gibt die Kryotherapie vor Ort und während des Transports der anschließenden klinischen Versorgung eine wesentlich günstigere Ausgangssituation. Bei Bagatelltraumen und kleineren Verletzungen, die keiner besonderen ärztlichen Versorgung bedürfen, ist die sofortige Kälteanwendung die Therapie mit der höchsten Erfolgsquote unter Berücksichtigung des Zeitaufwands. Eine der vermutlich umfangreichsten Studien im Zusammenhang mit Kryotherapie wurde am amerikanischen Brooke Army Medical Center erstellt. Über 7000 Patienten mit akuten und chronischen Schmerzsyndromen des Muskel- und Skelettsystems wurden mit Kryotherapie behandelt. Das Verfahren, das sich als besonders erfolgreich herausstellte, war die Eismassage (cryokinetics). Die dynamische und semistatische Eisbehandlung von 5–7 Minuten endete bei Erreichen der Analgesie der Hautoberfläche. Anschließend wurden leichte Bewegungsübungen im schmerzfreien Bereich durchgeführt. In 95% aller Fälle wurden symptomatische Verbesserungen erzielt, nur bei 5% der Patienten hatten die Kälteanwendungen keinen Erfolg.

Die hervorragende Wirkung der Eismassage bestätigt eine weitere Untersuchung, bei der von 1000 Patienten mit Bagatelltraumen und leichteren Verletzungen in 906 Fällen bereits nach der ersten kryotherapeutischen Behandlung subjektive Schmerzfreiheit erreichten. Auch hier wurden 3–10 Minuten lang Cryokinetics angewendet oder ein kaltes Tauchbad von 10–20 Minuten verabreicht.

Ein wichtiger Faktor ist die Methodik der Eisbehandlung nach frischen Verletzungen. Empirisch ist bekannt, daß Kryotherapie innerhalb der ersten 48–72 Stunden nach einem Trauma die beste Wirkung aufweist. Je nach Befinden, das sich an der Temperaturempfindlichkeit und der Schmerzentwicklung des Patienten orientiert, ist eine 4- bis 10malige Kälteapplikation täglich jeweils bis zu 30 Minuten innerhalb der ersten 3–4 Tage nicht ungewöhnlich. Werden intensivere kryotherapeutische Methoden (Coldpacks, sehr kalte Eispackungen usw.) eingesetzt, müssen ausreichende Reizpausen eingelegt werden. Nach unserer Erfahrung sind milde wärmeentziehende Medien und eine längere Behandlungsdauer effektiver als die phasenweise harte Abkühlung mit extrem kalten Mitteln. Es muß in jedem Fall geklärt werden, ob eine reaktive Hyperämie erwünscht ist oder ob diese physiologische Reaktion gehemmt werden soll. Eine Dauerkühlung mit einem milden wärmeentziehenden Mittel (z.B. Alkoholkompressen, speziellen Kühlsalben, Kühlbandagen) ist vor allem während der Nachtruhe angezeigt.

Kryotherapie in der Behandlung von Verletzungsrückständen, älteren posttraumatischen Zuständen und chronischen Schmerzsyndromen soll in erster Linie eine Stoffwechselsteigerung, eine lokale Mehrdurchblutung und eine Resorptionsförderung bewirken. In der Regel wird die Kryotherapie in diesen Fällen mit anderen Behandlungsmethoden kombiniert. Die Eistherapie schafft über die reaktive Hyperämie günstige Arbeitsbedingungen und trägt somit zur gesteigerten Effizienz von speziellen Massagetechniken, Dehnungen und krankengymnastischen Kräftigungs- und Koordinationsübungen bei. Innerhalb einer Gesamtbehandlungsdauer von 30 Minuten wird 3- bis 4mal ein kurzer, intensiver Kältereiz gesetzt, der eine deutliche reaktive Hyperämie zur Folge hat.

Das kurze Abreiben oder Abtupfen einzelner Muskelabschnitte mit Eis (Sekundentechnik) hat sich als Stimulationsreiz bei Innervationsstörungen und Inaktivitätsatrophien bewährt.

Über die Rolle der Kryotherapie in der Schmerzbehandlung im postakuten Stadium herrscht noch Uneinigkeit. Ein klarer Trend ist lediglich in der Hinsicht zu erkennen, daß nach einer Analgesierung durch Eis durchgeführte Behandlungen wie endgradige Dehnungen oder Versuche, passiv die Gelenkbeweglichkeit zu verbessern, in den seltensten Fällen von Erfolg gekrönt sind. Das Gegenteil ist häufiger der Fall. Eine Verschlechterung des Zustands wird provoziert, da vor allem die neuromuskuläre Koordination unter Aktionen der beschriebenen Art leidet. Hypertone und hartnäckig kontrakte Muskulatur darf nicht während der durch die Eiskühlung hervorgerufenen (Teil-) Analgesie harten, passiven Dehnungen ausgesetzt werden. Eine sinnvolle Behandlungsabfolge bei muskulären Verkürzungen wäre dagegen z.B. die Initialkühlung mit einer statischen Eispackung für 5–15 Minuten, damit eine relative Relaxation erreicht wird. Nach einer Reizpause von 5–10 Minuten können dann unter Ausnutzung der intensiven reaktiven Hyperämie weiche Dehnungen im Sinne der CHRS-Technik durchgeführt werden.

Die Überwärmung der Arbeitsmuskulatur ist eine weitere Indikation der Kryotherapie im Rahmen der Sportphysiotherapie. Während körperlicher Beanspruchung im Grenzbereich der Belastbarkeit, bei extrem hohen Außentemperaturen oder bei Dauerleistungen kommt es neben der allgemeinen Hyperthermie zu einer zusätzlichen lokalen Überwärmung der an der Tätigkeit vorwiegend beteiligten Muskelketten. Durch die lokale Applikation eines milden wärmeentziehenden Mediums auf die entsprechenden Muskelabschnitte läßt sich der Stoffwechsel und die Regeneration nachweisbar beeinflussen. Die Abkühlung während einer Wettkampfpause erhöht die Leistungsfähigkeit bei erneuter Beanspruchung. Kryotherapeutische Maßnahmen nach Beendigung des Trainings oder des Wettkampfes beschleunigen die Normalisierung des Stoffwechsels und die Regeneration.

Im Rahmen eines Versuchs absolvierten zwei Gruppen von Sportlern 5-Minuten-Intervalle gleicher Arbeit (Dauerleistung). In der 10minütigen Pause zwischen den Belastungsabschnitten wurden die Beine (Arbeitsmuskulatur) der ersten Gruppe in 15°C kaltes Wasser getaucht. Bei der Vergleichsgruppe wurde auf diese Kühlung verzichtet. Das Resultat war, daß einige der nicht mit Kälte behandelten Probanden bereits in der dritten Belastungsperiode den Test aufgrund allgemeiner und lokaler Erschöpfung abbrachen. Die Sportler der

Kryotherapiegruppe beendeten nach fünf Belastungsintervallen den Test in gutem Zustand. Neben der offensichtlichen Verbesserung der lokalen Leistungsfähigkeit der Arbeitsmuskulatur ist bei der Auswertung dieser Untersuchung ein zweiter Faktor erwähnenswert. Bei den Mitgliedern der ersten Gruppe sank die Pulsfrequenz während der „kühlenden Pause" spätestens nach 5 Minuten wieder auf den Ausgangswert vor dem Beginn der Belastung. Die Vergleichsergebnisse der nicht kryotherapeutisch behandelten Sportler wiesen während der Pausen selbst als Minimalwert noch eine Pulsfrequenz von +10 im Verhältnis zum Ausgangswert auf.

Bei der praktischen Anwendung von Kryotherapie oder kalter hydrotherapeutischer Verfahren zur Regenerationsbeschleunigung müssen einige Richtlinien beachtet werden. Nach Beendigung oder Unterbrechung eines Wettkampfes ist Kryotherapie erst nach ausreichendem aktiven Abkühlen anzuwenden.

Entspanntes Austraben, lockernde, rückflußfördernde Übungen von geringer Intensität rufen den aktiven Spüleffekt hervor, der entscheidenden Anteil am Abtransport der Stoffwechselabbauprodukte hat. In den USA wird das „Abwärmen" nach sportlichen Belastungen als Cool-down bezeichnet. Auch die Applikation zu intensiver Kältereize hat keinen Sinn. Harte Abkühlungspraktiken rufen Störungen in der Koordination und eine Beeinträchtigung der Beweglichkeit hervor. Ein kaltes Tauchbad, ein Teilguß, eine kalte Dusche oder feuchtkalte Kompressen mit milder Dosierung (12–20 °C) bieten die besten Resultate. Die Dauer der Abkühlung hängt vom individuellen Empfinden des Sportlers ab. Zehn Minuten sind in den meisten Fällen die obere Grenze (Tab. **16**).

Hydrotherapie

Die Hydrotherapie ist eine Unterform der Thermotherapie, wobei der thermische Hauptreiz mit mechanischen, chemischen und elektrischen Reizen verknüpft sein kann. Die Systematisierung der hydrotherapeutischen Medien, die physiologischen Hauptwirkungen sowie die Anwendungsbereiche und -varianten sind aus Tab. **17** und **18** ersichtlich.

Die physiologischen Wirkungsweisen und die Temperatur der hydrotherapeutischen Anwendungen wurden absichtlich nicht den einzelnen Einteilungsstufen direkt zugeordnet. Das individuell verschiedene Empfindungsvermögen der Behandelten, das zusätzlich durch zahlreiche subjektive und objektive innere und äußere Einflüsse manipuliert werden kann, läßt keine scharfen Abgrenzungen zu.

Tabelle **16** Die Anwendungsmöglichkeiten der Kryotherapie

Indikation	Zielsetzung	Applikationsform, Dauer und Dosierung	
Frische posttraumatische Zustände, akute Überlastungsbeschwerden	Hemmung der Hämatombildung und der Schwellung Schmerzlinderung	Eismassage Kältepackungen Frottiermethode	mehrfach wiederholte Applikation (8–10mal/Tag, bis zu 30 min), milde Kälte- bzw. Kühlpackungen als Dauertherapie ratsam
		Kältespray	nur zur Sofortbehandlung geeignet (Sprühdauer 2–3mal 5 s)
		Eistauchbad	15–30 min bei 10 °C
Alte posttraumatische Zustände, chronische Überlastungsbeschwerden	Stoffwechselförderung Hyperämisierung Resorptionsförderung	Eismassage	in Verbindung mit speziellen Massagetechniken, Dehnungen und Kräftigungsübungen (gesamte Behandlungsdauer mindestens 30 min)
		Kältepackungen Frottiermethode Eistauchbad	mehrmalige Applikation für 2–5 min innerhalb einer Behandlungseinheit, auch in Kombination mit o. g. Behandlungsinhalten
Innervationsstörungen Inaktivitätsatrophien	Stimulation der Muskelaktivität	Eismassage	„Sekundentechnik" (kurzes Abreiben oder Abtupfen über den betroffenen Muskelabschnitten) in Kombination mit aktiven Übungen
Muskelhypertonus Myogelosen	Relaxation Hyperämisierung	Eismassage	2–10 min in Verbindung mit Dehn- und Entspannungsübungen
		Frottiermethode Kältepackungen	s. oben, evtl. kann die Applikation einer Dauerkältepackung indiziert sein (ca. 30 min „milde" Kälte)
Schmerzpunktbehandlung	lokale Analgesie	punktuelle Anwendung sehr kalter Packungen	je nach Lokalisation 30 s bis 5 min
		Kältespray	2–3mal 5 s Sprühdauer
Muskelüberwärmung bei hohen Temperaturen oder körperlicher Beanspruchung	lokale Entwärmung der Arbeitsmuskulatur	Frottiermethode Kältepackungen	2–5 min lokal auf die Arbeitsmuskulatur (mild temperierte Dosierung, z. B. in Eiswasser getauchte Kompressen)
		Eistauchbad	2–5 min (10–15 °C)

Tabelle **17** Hydrothermoskala (nach *Cordes*)

Stufe	Temperatur in °C	Temperatur-empfindung	Physiologische Wirkung
	0		
– 5		unerträglich kalt	muskeldetonisierend, motorische Nervenleitgeschwindigkeit verringert, Kreislaufzentralisation, analgetisch
	6		
– 4		unangenehm kalt	
	12		
– 3		sehr kalt	Vasokonstriktion der oberflächlichen Gefäße (nach Beendigung der Anwendung reaktive Hyperämie)
	18		
– 2		kalt	vegetative Umschaltung im ergotropen Sinn, oberflächliche Temperatursenkung
	24		
– 1		kühl	milde Kreislauftonisierung
	30		
– 0		laukühl	indifferent
	34		
+ 0		lauwarm	die physiologischen Wirkungen richten sich nach dem individuellen Empfindungsvermögen des Behandelten
	38		
+ 1		warm	
	40		
+ 2		sehr warm	vasodilatorische Wirkung, analgetisch, resorptionsfördernd, beruhigend muskeldetonisierend
	42		
+ 3		heiß	
	44		
+ 4		sehr heiß	
	46		

Tabelle **18** Anwendungsmöglichkeiten der Hydrotherapie*

Indikation	Applikation, Dauer und Dosierung
Frische, geschlossene posttraumatische Zustände, akute Überlastungsbeschwerden	lokale Anwendung (−5/−4 = 5–12°C) für 3–10 min oder länger, gut als Sofortmaßnahme geeignet
Verbrennungen	lokale Anwendung (−4/−3 = 10–18°C) mehrere Minuten, wenn nicht unangenehm auch länger
Alte posttraumatische Zustände, chronische Überlastungsbeschwerden	lokale Anwendung (−5/−4 = 5–12°C) für 3–10 min lokale Anwendung (+3/+4 = 42–46°C) für wenige Sekunden heißes Vollbad (+2/+3 = 40–44°C) für 15 min (mit Nachruhe), evtl. Arnika- oder Rosmarinbadezusatz Unterwassermassage (+0/+1 = 34–40°C) für 20 min mit Nachruhe
Schmerzhafter Muskelhartspann	lokale Anwendung (+3/+4 = 42–46°C) für wenige Sekunden heißes Vollbad (+2/+3 = 40–44°C) für 15–20 min (mit Nachruhe), evtl. Arnika- oder Rosmarinbadezusatz Unterwassermassage (+0/+1 = 34–40°C) für 20–30 min (mit Nachruhe) Entmüdungsbad/Whirlpool (+0/+1 = 34 –40°C) 20–30 min Wassergymnastik (−0 = ca. 30°) 20 min lockernde Übungen
Erschöpfungszustände, Übertrainingsphänomen, „Überlastungsprophylaxe"	Vollbad (+1/+2 = 38–42°C) für 30 min (mit Nachruhe), evtl. Baldrian- oder Fichtennadelbadezusatz hydroelektrisches Vollbad (+0/+1 = 34–40°C) für 20–30 min (mit Nachruhe), auf absteigende Polung achten! Entmüdungsbad/Whirlpool (+0/+1 = 34–40°C) für 20–30 min
Ermüdungssymptomatik in Wettkampfpausen	„push-up shower"/kühlkalte Dusche (−2/−1 = 18–30°C) für 2–3 min (anschließend Frottieren)
Muskelüberwärmung bei hohen Temperaturen oder körperlicher Beanspruchung	lokale Anwendung (−3/−2 = 12–24°C) für 2–8 min

* Die hier aufgeführten hydrotherapeutischen Anwendungen werden sinnvollerweise mit aktiven Behandlungsmethoden (krankengymnastische Dehn- und Kräftigungsübungen), speziellen Massagetechniken oder Entspannungsübungen kombiniert. Unter einer „lokalen Anwendung" ist die gezielte Abreibung, ein (Teil-)Guß oder die Applikation von feuchtnassen Kompressen zu verstehen.

Nach Verletzungen, die während der Trainings- oder Wettkampftätigkeit auftreten, besteht vor Ort nicht immer die Möglichkeit einer sofortigen Eisbehandlung. Zur Sofortbehandlung empfiehlt sich bei geschlossenen Traumen (Prellungen, Verstauchungen, Muskelverletzungen usw.) die lokale Anwendung von kaltem Wasser. Je kälter die Applikation ist, desto günstiger wird die Wirkung ausfallen. Bei Verbrennungen kann ähnlich verfahren werden, wobei der Kältereiz nicht zu intensiv sein sollte.

Hydrotherapeutische Maßnahmen sind auch in der Nachbehandlung von (posttraumatischen) Verletzungsrückständen indiziert. Zur Durchblutungsförderung, Muskeldetonisierung und Resorptionsförderung kann eine lokale Kaltwasseranwendung mit Eis zum Eistauchbad kombiniert werden (Temperatur zwischen 5 und 10 °C). Als Alternative zur Kälteanwendung kann ein kurzzeitiger intensiver Wärmereiz beispielsweise in Form eines heißen Gusses oder einer feuchtheißen Kompresse zum Einsatz kommen.

Als Ganzkörperhydrotherapie kommt im Bereich der Behandlung von posttraumatischen Zuständen das heiße Vollbad in Frage, dem möglichst ein Arnika- oder Rosmarinbadezusatz beigefügt ist. Bei der Unterwasser-Druckstrahlmassage (UWM), die eine Kombination von thermischen und mechanischen Reizen darstellt, wird die Effizienz der UWM durch die Düsengröße, die Temperatur des Behandlungsstrahls und den Strahldruck bestimmt. Außerdem ist der Strahlwinkel und der Düsenabstand zum Körper von Bedeutung. In der Sportphysiotherapie findet die UWM bevorzugt Anwendung als Begleittherapie in der Behandlung von posttraumatischen Zuständen, chronischen Überlastungsbeschwerden, von Muskelhypertonus und Hartspann nach hohen Belastungen. Bei ausgedehntem, schmerzhaftem Hypertonus muß eine weitere Düsenöffnung benutzt werden als bei der punktuellen Behandlung von chronischen Muskelansatzbeschwerden oder von Myogelosen. Die Temperatur des Behandlungsstrahls sollte höher sein als die Temperatur der Wannenfüllung, damit ein zusätzlicher thermischer Relaxationsreiz gesetzt wird. Der Druck des Strahls richtet sich primär nach der Sensibilität des Sportlers. Bei der ersten Behandlung sollte nicht mehr als 1 kg/cm^2 appliziert werden. Während der weiteren Behandlungen kann bis auf 2,5 kg/cm^2 gesteigert werden. Der auf dem Körper des Patienten eintreffende effektive Strahldruck läßt sich zusätzlich durch den Strahlwinkel – je größer der Einstellwinkel, desto größer der Druck – und die Distanz zwischen Düse und Körper regulieren. Bei der UWM sollten nicht zu hohe Strahldrücke verwendet werden, da die Kontrollmöglichkeiten und das Einfühlungsvermögen des Therapeuten im Vergleich zur manuellen Massage weitaus geringer ist.

Der Whirlpool erfreut sich unter Sportlern einer zunehmenden Beliebtheit. Einem warmen Wannenbad wird durch porenartige Düsen warme Luft beigemischt, so daß durch die aufsteigenden Luftbläschen ein milder Massagereiz erzielt wird. Die mechanische Wirkung des Whirlpools ist deutlich geringer und weniger spezifisch als die einer UWM. Der Whirlpool eignet sich hervorragend zur Entmüdung nach hohen Belastungen, zur allgemeinen Regeneration und Prophylaxe von Überlastungsbeschwerden.

Die regenerative Wassergymnastik in laukühlem Wasser ist eine Kombination von thermischen und mechanischen Reizen. Entsprechend der Zielsetzung (Entmüdung, Muskelrelaxation) setzt sich die Wassergymnastik aus lockernden Schwüngen und Schüttelungen sowie rhythmischen Bewegungen der Extremitäten und des Rumpfes zusammen, wobei der massierenden Wirkung des Wassers eine besondere Rolle zufällt.

Bei Erschöpfungszuständen bzw. beim Übertrainingsphänomen ist das hydroelektrische Vollbad (Stanger-Bad) indiziert, wobei auf die absteigende Polung geachtet werden muß. Auch ein warmes Vollbad mit Baldrian- oder Fichtennadelbadezusatz mit einer anschließenden beruhigenden Massage zeigt gute Resultate.

Zum Abschluß sei auf die hydrotherapeutischen Möglichkeiten im Bereich der direkten Wettkampfbetreuung hingewiesen. Die bei längeren Wettkämpfen (z.B. Zehnkampf) oder Turnieren auftretenden Konzentrations- und Ermüdungssymptome können erfolgreich mit einem sogenannten Push-up shower beeinflußt werden. Ein Push-up shower ist eine kalte bis kühle Dusche (1–2 Minuten bei 18–28 °C) gegen Ende der Pause, kurz vor der Fortsetzung des Wettkampfes bzw. des erneuten Aufwärmens und läßt sich gut mit einer Wettkampfmassage oder kräftigem Frottieren verbinden.

Randgebiete der Thermotherapie

Unter den Randgebieten der Thermotherapie werden hier die Methoden verstanden, die im Rahmen der Sportphysiotherapie nur selten zur Anwendung kommen bzw. keine direkten sportphysiotherapeutischen Bezüge aufweisen.

In erster Linie sind die warmen und heißen Packungen zu erwähnen, die zur lokalen Hyperämisierung, zur Stoffwechselsteigerung und Muskelrelaxation eingesetzt werden. Als Indikation kommen muskulärer Hartspann, chronische Überlastungsbeschwerden und alte Verletzungsrückstände in Frage. Auch als Initialbehandlung vor einer krankengymnastischen Behandlung sind heiße Packungen sinnvoll. Da wir die allgemeinen Behandlungsrichtlinien und -techniken der Fango- und Parafangobehandlung als bekannt voraussetzen, wird an dieser

Stelle auf die detaillierte Darstellung dieser thermotherapeutischen Varianten verzichtet.

Eine weitere Möglichkeit besteht in der Verabreichung von feuchtheißen Kompressen. Eine Behandlung dieser Art ist normalerweise in jedem Haushalt durchzuführen, so daß eine effektive Eigenbehandlung möglich ist. Die heiße Rolle sollte in diesem Zusammenhang genannt werden. Steht ein geschickter Partner zur Verfügung, kann mit der heißen Rolle vor allem ein Schmerzgeschehen im Bereich des Rumpfes gut behandelt werden.

Sauna

Wenn es um das Saunabad geht, wird in der Regel vor allem der Aspekt der Herz-Kreislauf-Beanspruchung betrachtet. An dieser Stelle soll mehr die Funktion der Sauna als einem Mittel zur Entmüdung und Regeneration nach sportlichen Belastungen im Vordergrund stehen.

Unter Trainern und Aktiven ist der Nutzen der Sauna keineswegs unumstritten, besonders Ausdauersportler haben ihre persönlichen Ansichten zur Sauna. Während der bundesdeutsche 5000-m-Europameister von 1982, Dr. Thomas Wessinghage, die Sauna für Langstreckler als unzweckmäßig bezeichnet, besuchte der zweifache Marathon-Olympiasieger aus Äthiopien Abebe Bikila regelmäßig Dampfbäder. Bikila scheute sich sogar nicht, das Dampfbad nach zwei anstrengenden Trainingseinheiten, die er am gleichen Tag absolvierte, zu besuchen.

Vorausgesetzt, die Sauna wird nach gängigen Richtlinien beheizt (bei 80°C 10–15% Luftfeuchtigkeit, bei 90°C 5–10% Luftfeuchtigkeit), bewirkt die hohe Temperatur im Saunaraum eine Verkleinerung des Temperaturgefälles zwischen der Haut und der Umgebung. Dadurch wird die Möglichkeit der Wärmeabgabe des Körpers durch Konvektion und Abstrahlung eingeschränkt. Die Folge der ansteigenden Hauttemperatur ist die Verringerung der Differenz zwischen der Haut- und der Körperkerntemperatur, woraus eine Hyperthermie des Körperkerns mit Werten bis 40°C resultiert.

Leider muß die gängige Meinung, daß Sauna eine wesentliche Muskelmehrdurchblutung bewirkt, relativiert werden. Saunaanwendung steigert hauptsächlich die Hautdurchblutung, wogegen die Muskeldurchblutung nahezu unverändert bleibt. Nach einem 10minütigen Saunagang (100°C, 2% Luftfeuchtigkeit) wurde ein durchschnittlicher Anstieg der Hauttemperatur von 32,8 auf 39,7°C festgestellt. Die Muskeltemperatur erhöhte sich im gleichen Zeitraum dagegen lediglich von 35,7 auf 36,2°C. Der positive Einfluß der Sauna auf die

Skelettmuskulatur spiegelt sich jedoch in einer Reduzierung der Spannung von hypertonen Muskeln wider, was eine verbesserte Gelenkbeweglichkeit mit sich bringt. Das Phänomen der verbesserten Flexibilität bei gleichzeitig nahezu konstanter Muskeldurchblutung läßt sich durch die Folge- und Allgemeinreaktionen aufgrund der stark erhöhten Hauttemperatur erklären.

Wird die Sauna als trainingsbegleitende Maßnahme eingesetzt, muß ein mitunter erheblicher Flüssigkeits- und Elektrolytverlust mit einkalkuliert werden. Durchschnittlich beträgt die Schweißproduktion während eines 15minütigen Saunaganges ca. 0,4–0,5 l, bei Maximalwerten bis zu mehr als 2 l. Pro Liter Schweiß werden im Körper nicht nur die Wärmemenge von 2428 kJ (580 kcal), sondern auch bis zu 5 g Kochsalz (NaCl) entzogen. Ein Liter Schweiß enthält zwischen 400 und 600 mg Natrium, 300–400 mg Kalium sowie etwa 25 mg Magnesium und 20 mg Calcium.

Auch wenn bei Sportlern die Ausscheidung von NaCl trainingsbedingt von normalerweise 0,3–0,5% bis auf 0,03% reduziert sein kann (häufig bei sehr gut trainierten Ausdauersportlern), so stellt der Elektrolytverlust des Schwitzens ein Problem dar. Die Substitution der verlorengegangenen Elektrolyte durch entsprechende Elektrolytgetränke oder Mineralwasser ist ratsam.

Die Hitze im Saunaraum und die anschließende Kälteapplikation beeinflussen den Organismus im Sinn einer sympathikotonen Reaktionslage. Die zur Abkühlung angewendeten Kältereize stellen auch beim trainierten Sportler eine hohe Kreislaufbeanspruchung dar. Die Herzfrequenz und der Blutdruck erhöhen sich blitzartig aufgrund des schlagartig veränderten Gefäßwiderstands. Der gesteigerte Auswurf von Adrenalin, Noradrenalin und Thyroxin führt zu einer allgemeinen Stoffwechselsteigerung. Nach einer Luftabkühlung von 2–3 Minuten vor der Kälteapplikation wird eine deutlich geringere Kreislaufbeanspruchung festgestellt.

In der Erholungsphase nach einem Saunagang mit nachfolgender Abkühlung wird die sympathikotone von einer parasympathikotonen Reaktionslage abgelöst, die durch eine entspannte natürliche Müdigkeit charakterisiert ist. Diese parasympathische Entspannungsmüdigkeit ist nicht mit der Erschöpfungsmüdigkeit nach körperlicher Arbeit zu vergleichen.

Gerade dieser Wechsel von sympathikotonen und parasympathikotonen Reaktionen macht den eigentlichen Wert der Sauna im Rahmen der Sportphysiotherapie aus. Sehr positiv wirkt sich die Sauna in Regenerationsphasen bzw. an Ruhetagen nach harten Trainings- oder Wettkampfbelastungen aus. Auch zur Beseitigung des Übertrainingsphänomens und als Begleittherapie in der Rehabilitation nach Verletzungen ist die Sauna zu empfehlen.

An Tagen mit hoher Trainingsbelastung sowie vor Wettkämpfen sollte vom Saunabesuch abgesehen werden (Tab. **19**).

Tabelle **19** Praktische Saunahinweise für (Leistungs-)Sportler

1. Sauna nur ausgeruht und ohne Zeitdruck besuchen
2. Während des Saunagangs möglichst liegen, damit es nicht zu einem Absacken größerer Blutmengen in die erweiterten Gefäße der unteren Extremitäten kommt (nur die letzten 2 Minuten auf unterer Stufe sitzen)
3. Nach Verlassen des Saunaraumes erst 2–3 Minuten nachschwitzen durch Luftabkühlung
4. Substitution der ausgeschiedenen Flüssigkeit und Elektrolyte durch Mineralwasser oder Elektrolytgetränke
5. Ausreichende Pausen zwischen den Saunagängen
6. Maximal drei Saunagänge
7. Während den Pausen können aktive Lockerungs- und Entspannungsübungen durchgeführt werden (ggf. im Entmüdungsbad bzw. Whirlpool); evtl. leichtes Programm mit Erhaltungs- bzw. Regenerationsdehnübungen oder spezielle Dehnungen besonders hypertoner Muskulatur durch einen Partner (Therapeuten)
8. An Tagen mit hoher Trainingsbelastung sowie am Tag unmittelbar vor einem Wettkampf sollte vom Saunabesuch abgesehen werden

Sportverletzungen und Sportschäden – krankengymnastische Behandlung

Eine *Sportverletzung* wird durch einen einmaligen äußeren Streß hervorgerufen, der die Belastbarkeit von gesunden oder durch Mikrotraumatisierung bereits vorgeschädigten Strukturen derart überschreitet, daß eine nachweisbare, funktionseinschränkende Läsion provoziert wird.

Der *Sportschaden* ist ein schleichend progredienter Überlastungsschaden, der die Folge einer Summation von Mikrotraumen bzw. einer sich oftmals wiederholenden Überforderung der individuellen Belastbarkeit ist.

Ein Hauptkriterium einer Sportverletzung bzw. eines Sportschadens ist die Belastungsverträglichkeit des Sportlers, wobei exogene und endogene Faktoren zu berücksichtigen sind. Exogene Faktoren sind die Struktur und der Ablauf des Trainings bzw. der Wettkämpfe, das Trainingsterrain bzw. die Wettkampfstätte, klimatische Einflüsse, die benutzten Sportgeräte sowie die unberechenbare Größe des Gegners bei Wettkämpfen. Endogene Faktoren sind die individuelle Belastungsverarbeitung, die Ermüdungsgrenze, die Regenerationsfähigkeit sowie die Struktur und Stabilität des Halte- und Bewegungsapparats. Die Komplexität dieser Zusammenhänge macht deutlich, wie schwierig eine eindeutige Klärung der Ursache einer Sportverletzung bzw. eines Sportschadens sein kann.

Durch die direkte mechanische Beanspruchung ist in erster Linie der Halte- und Bewegungsapparat gefährdet. Sportverletzungen und Sportschäden der inneren Organe und des Nervensystems sind selten. 75% aller verletzungsbedingten Trainingspausen sind durch Schädigungen im Bereich des Halte- und Bewegungsapparats bedingt.

Bei der Auswertung von Statistiken über Sportverletzungen muß der lokale Charakter der Sportausübung und die damit zusammenhängende Dominanz einzelner Sportarten berücksichtigt werden. In Mitteleuropa nimmt der Fußballsport mit einem Anteil von 50–60% der Sportverletzten die Spitzenposition ein. In den Alpenländern dominieren Skiunfälle. 1975 wurden über 50% der in einer österreichischen Statistik erfaßten Verletzungen dem Skisport zugeordnet. In den USA werden die Sportverletzungen durch den spezifischen Charakter der vorwiegend ausgeübten Sportarten American Football und Baseball bestimmt, in den nordischen Ländern und in bestimmten Gebieten der UdSSR läßt sich saisonbedingt ein Anteil von über 50% der Sportverletzten ausmachen, die sich ihre Läsion beim Eishockey oder Eislaufen zugezogen haben.

Allgemeingültige Aussagen bezüglich der Häufigkeit und der Lokalisation von Sportverletzungen sind unmöglich. Wir beschränken uns deshalb auf statistische Übersichten, die sich mit den Sportverletzungen im mitteleuropäischen Raum befassen.

In Großbritannien wurde 1973 herausgefunden, daß 59% der im Rahmen einer statistischen Untersuchung registrierten Sportverletzungen im Bereich der unteren Extremitäten lokalisiert waren, wobei das Kniegelenk allein in 23,5% aller Fälle betroffen war. 18% der Sportverletzungen wurden an den oberen Extremitäten und etwa 16% an der Wirbelsäule festgestellt.

Eine vergleichbare Statistik dokumentiert die Situation in Österreich während des Zeitraums von 1966 bis 1977. 57% aller Verletzungen betrafen die unteren Extremitäten, und 32,5% waren an den oberen Extremitäten zu verzeichnen, wobei hier der Anteil von 14% Finger- und Handverletzungen auf die Spezifität von Skiunfällen hinweist

(Skidaumen). Außerdem wurden 5% Kopfverletzungen und lediglich 2% Wirbelsäulentraumen registriert.

In einer Analyse von Sportverletzungen in der DDR wurden 1980 in knapp 50% aller Fälle Distorsionen, Kontusionen und Muskelverletzungen festgestellt. In 29% aller Unfälle lagen knöcherne Verletzungen und in etwa 16% Hautverletzungen vor.

Etwa 75% aller Sportverletzungen werden als „harmlos" eingestuft und in die Kategorie der Bagatelltraumen eingeordnet. Die Alltags- und Sportbeanspruchbarkeit ist nicht oder nur zeitweilig unwesentlich beeinträchtigt. Nur ein Prozentsatz von 3 bis maximal 10% der Läsionen ist schwerwiegend und erfordert längerfristige ärztliche Behandlung.

Im Vereins- und Schulsport der Bundesrepublik kommen auf je 50000 Sportler jährlich 1000 Unfälle, zehn Invaliditätsfälle und ein Todesfall. 1,5–2% aller Sporttreibenden erleiden statistisch gesehen pro Jahr einen Unfall. In diesen Zahlen kommen allerdings lediglich die offiziellen behandlungsbedürftigen Sportverletzungen zum Ausdruck. Die Unfälle außerhalb der Sportvereine und des Schulsports sowie die nichtregistrierten Bagatellverletzungen und die Sportschäden sind nicht oder nur unvollständig berücksichtigt worden. Die Dunkelziffer der Verletzungen und Überlastungsschäden liegt wesentlich höher als die genannten Zahlen.

Rund 30% aller Traumen werden auf mangelhafte Technik und ungenügendes Training zurückgeführt. Etwa 44% der Verletzungen resultieren aus einem Sturz oder einem Zusammenprall mit einem Gegner. In diesem Zusammenhang ist der Faktor der Ermüdung bedeutsam, der gegen Ende einer Belastungsperiode die Koordination und das korrekte Ausführen der sportartspezifischen Bewegungsabläufe behindert. Immerhin gut 10% der untersuchten Sporttraumen sind das Ergebnis von Regelverstößen oder unfairem Spiel, 8% lassen sich durch schlechte Bodenverhältnisse erklären.

Sämtliche Statistiken von Sportverletzungen unterliegen dem steten Wandel. Veränderungen und Verbesserungen der Sportgeräte und -materialien können die Statistiken in verschiedener Weise beeinflussen. Aktuelle und saisonale Erscheinungen (Aerobic, Stretching, Break dance usw.) sind in der Lage, die Struktur der Verletzungsstatistiken zu manipulieren. Die hier erwähnten Werte beziehen sich auf Untersuchungen der letzten 10–15 Jahre und sind als Richtlinien der derzeitigen Situation zu betrachten. Neuere Trends und bisher nicht gekannte sportmedizinische Aspekte, wie beispielsweise die Problematik der neuartigen Skating-Technik im Skilanglauf, können aus aktuellen Publikationen ersehen werden.

Verletzungen und Überlastungssyndrome des aktiven Bewegungsapparats

Frische Verletzungen der kontraktilen Muskelbestandteile

Statistisch betrachtet verletzt sich jeder vierte Sportler einmal pro Jahr im Bereich der Skelettmuskulatur. Verletzungen der kontraktilen Muskelbestandteile werden unterteilt in die Überdehnung (Zerrung), die Teilruptur und die komplette Muskelruptur (Tab. **20**).

Hauptursachen sind plötzliche Belastungsspitzen (Antritte, Abfangen eines Sturzes, blitzartige Richtungswechsel, Abbremsen einer schnel-

Tabelle **20** Häufige Verletzungen im Bereich des aktiven Bewegungsapparats*

Lokalisation	Verletzungsfolge
M. rectus femoris M. tensor fascia latae M. sartorius	Zerrung, (Teil-)Ruptur, Sehnenruptur, Abriß der Tuberositas tibiae bzw. der Spina iliaca anterior superior bzw. inferior
Ischiokrurale Muskulatur	Zerrung, (Teil-)Ruptur, Sehnenruptur, Abriß des Tuber ischiadicum
Adduktorengruppe	Zerrung, (Teil-)Ruptur, Sehnenruptur
Wadenmuskulatur	Zerrung, (Teil-)Ruptur, Ruptur der Achillessehne, Abriß des Tuber calcanei
M. supraspinatus	Zerrung, (Teil-)Ruptur, Sehnenruptur, Abriß des Tuberculum majus
M. biceps brachii	Zerrung, (Teil-)Ruptur, Sehnenruptur (meist Caput longum)
M. triceps brachii	Zerrung, (Teil-)Ruptur, Sehnenruptur, Abriß des Olekranons
M. pectoralis major	Zerrung, (Teil-)Ruptur, Sehnenruptur
Rumpfmuskulatur	Zerrung bestimmter Anteile der Rumpfmuskulatur

* Die häufigste „Verletzungsursache“ sind plötzliche Belastungsspitzen (Antritte, Abfangen eines Sturzes, blitzartige Richtungswechsel, Abbremsen einer schnellen Bewegung oder maximale Muskelarbeit gegen einen unüberwindbaren Widerstand), die impulsartige Muskelkontraktionen provozieren. Diese hochintensiven Muskelanspannungen können als maximale Willkürkontraktionen oder als reflektorische Abwehr- bzw. Reaktionskontraktion in Erscheinung treten. Die Verletzung kann im Bereich des aktiven Muskels entstehen oder im Verlauf des entsprechenden Antagonisten als Folge der ruckartigen Überdehnung auftreten.

len Bewegung usw.), häufig in Kombination mit ungenügender Vorbereitung (mangelhaftes Aufwärmen, schlechter Trainingszustand) oder ungünstigen Witterungsbedingungen.

Zwei Aspekte werden dabei oft unterschätzt. Zum einen bewirkt die zunehmende Ermüdung im Verlauf einer sportlichen Belastung ein höheres Verletzungsrisiko, zum anderen wird dem physiologischen Muskelgleichgewicht zu wenig Beachtung geschenkt. Muskelläsionen im Bereich der ischiokruralen Muskulatur sind beispielsweise zu einem erheblichen Teil auf die Dysbalance der hypertonen und meist verkürzten Hüftflexoren und LWS-Extensoren (M. iliopsoas, M. rectus femoris, M. erector trunci) und der relativ schwach entwickelten Hüftextensoren, Knieflexoren und LWS-Flexoren (M. glutaeus maximus, ischiokrurale Muskulatur, Abdominalmuskulatur) zurückzuführen. Die ermüdungsbedingte Verlängerung der Erschlaffungszeit der Hauptagonisten verstärkt das bereits bestehende muskuläre Ungleichgewicht zusätzlich.

Zweigelenkige Muskulatur ist deutlich verletzungsanfälliger als Muskeln, die lediglich auf ein Gelenk wirken. Am Beispiel der ischiokruralen Muskulatur läßt sich dies erklären. In der Beschleunigungsphase bei Antritten (Abdruckphase) wird die rückwärtige Überschenkelmuskulatur als aktiver Hüftextensor eingesetzt. Gleichzeitig kommt es jedoch durch die synchron ausgeführte maximale Knieextension zu einer Dehnung der ischiokruralen Muskeln. Diese Doppelbelastung kann nur bei ausreichender Elastizität der ischiokruralen Muskulatur verarbeitet werden.

Bei Überdehnungen kontraktiler Muskelbestandteile werden neben den bekannten physiotherapeutischen Möglichkeiten zur Hämatomprophylaxe bzw. -resorption, Schmerzlinderung und Muskelrelaxation nach Abklingen des akuten Stadiums Kombinationsbehandlungen mit statischen Muskelübungen, Muskelentspannungstechniken und im weiteren Verlauf auch mit dynamischen Übungen eingesetzt. Dehnübungen sollten innerhalb der ersten 8 Tage nach einer frischen Zerrung im Bereich der Läsion unterbleiben. Spezielle Massagetechniken (Querfriktionen, Behandlung mit dem Massagestäbchen) können zwischen dem 3. und 8. Tag einsetzen.

Für die Behandlung von Muskelrissen ist der Umfang der Ruptur entscheidend. Um eine volle Sportbeanspruchbarkeit wiederherzustellen, ist bei Rupturen von mehr als einem Viertel des Muskelbauches ein operatives Vorgehen indiziert. Die Besonderheiten der operativen Versorgung bestimmen die Auswahl und den zeitlichen Einsatz der krankengymnastischen Behandlungsmethoden und der physiotherapeutischen Begleittherapie. Konservativ behandelte Muskel(teil)-risse werden unterschiedlich lange ruhiggestellt (Zinkleimverband,

ernstgenommen und genauso gewissenhaft diagnostiziert und behandelt werden wie traumatische Sportverletzungen mit Unfallcharakter.

Typische Überlastungssyndrome des aktiven Bewegungsapparats sind die Insertionstendopathien und die Tendopathien. Daneben sind auch Muskelhärten bzw. Myogelosen auf die chronische Überforderung bestimmter muskulärer Strukturen zurückzuführen. Der sogenannte Muskelkater ist dagegen das Resultat einer einmaligen hochintensiven Überlastung.

Insertionstendopathien liegen degenerative Prozesse im Bereich der Sehnenansatzstellen zugrunde. Da die Zugbelastung im Insertionsgebiet die höchsten Werte aufzeigt, ist diese Stelle bei sich ständig wiederholender Überschreitung der normalen Belastbarkeit besonders gefährdet. Überforderungen führen auch zu negativen Veränderungen im Sehnenverlauf (Tendopathie) oder im Gleitlager der Sehnen.

Die medizinisch-ärztliche Therapie schlägt neben der zeitweiligen Entlastung und eventuellen Immobilisierung der betroffenen Strukturen verschiedene medikamentöse Maßnahmen vor. Chronische Zustände, die von wesentlichen Funktionseinschränkungen im Alltag und im Sport begleitet werden, stellen unter Umständen eine Indikation für operative Eingriffe dar.

Die krankengymnastischen und sportphysiotherapeutischen Maßnahmen streben nach Abklingen des akuten Stadiums eine Verbesserung der lokalen Durchblutung, eine Schmerzlinderung und einen insgesamt besseren Funktionszustand der Sehnen und der kontraktilen Elemente der Muskulatur an. Dazu sind passive physiotherapeutische Maßnahmen der Elektrotherapie und der Thermotherapie heranzuziehen, die in jedem Fall mit aktiven Behandlungsmethoden kombiniert werden müssen. Dehntechniken in Verbindung mit spezieller Muskelbehandlung (Technik der tiefen Quermassage) und Kryotherapie zeigen dabei gute Erfolge. Bei Wiederherstellung der Sportbeanspruchbarkeit sind eine Umstrukturierung des sportartspezifischen Trainings, prophylaktische Dehnungsübungen, gewissenhaftes Aufwärmen und Abwärmen (Cool-down) sowie ergänzende Regenerationsmaßnahmen nötig, um das Behandlungsergebnis zu stabilisieren (Tab. **21**).

Pathogenese und Therapie von Muskelhärten

Langandauernde, ermüdende Muskelarbeit oder chronische muskuläre Überanstrengung führt zu intramuskulären Zirkulations- und Stoffwechselstörungen, die Muskelhärten bzw. Myogelosen hervorrufen. Die Myogelose wird als ein pathologischer Zustand beschrieben, der keiner tetanischen Dauerkontraktion entspricht, da keine dem Rhythmus der Muskelkontraktion entsprechenden Aktionspotentiale ableitbar sind.

Tabelle **21** Häufige Überlastungsschäden im Bereich des aktiven Bewegungsapparats

Lokalisation	Überlastungsfolge, Problemkreis
M. erector trunci	Muskelhärten im gesamten Verlauf
M. rectus abdominis	Insertionstendopathie (→ Crista pubica → Symphysenschmerz)
M. supraspinatus	(Insertions-)Tendopathie (→ Tuberculum majus)
M. deltoideus	Muskelhärten, Insertionstendopathie (→ Tuberositas deltoidea)
M. biceps brachii	Tendopathie (Caput longum → Sulcus intertubercularis) Insertionstendopathie (Caput breve → Processus coracoideus)
M. triceps brachii	Insertionstendopathie (→ Olekranon) (Insertions-)Tendopathie (Caput longum → Tuberculum infraglenoidale scapulae)
M. trapezius	Muskelhärten vor allem im Pars descendens
M. levator scapulae	Muskelhärten, Insertionstendopathie (→ Angulus inferior scapulae)
Mm. rhomboidei	Muskelhärten (→ medialer Skapularand)
Finger- und Handextensoren	Muskelhärten, (Insertions-)Tendopathie (→ Epicondylus lateralis humeri)
Finger- und Handflexoren	Muskelhärten, (Insertions-)Tendopathie (→ Epicondylus medialis humeri)
Hüftadduktoren	Muskelhärten, (Insertions-)Tendopathie (→ Ramus inferior ossis pubis → Leistenschmerz)
Glutäalmuskulatur	Muskelhärten, (Insertions-)Tendopathie (→ Trochanter major bzw. dorsaler Rand des Os ilium)
Pes-anserinus-Gruppe	(Insertions-)Tendopathie (→ 1–2 cm medial der Tuberositas tibiae)
M. tensor fasciae latae	Muskelhärten, „Tendopathie" (→ Condylus lateralis tibiae, Tractus-iliotibialis-Syndrom)
M. quadriceps	Tendopathie (Patellarandsyndrom), Insertionstendopathie (→ Tuberositas tibiae)
M. triceps surae	Muskelhärten, Tendopathie (Achillodynie, Paratenonitis), Insertionstendopathie (→ Tuber calcanei)

Aus der chronischen Überforderung der Skelettmuskulatur resultieren zunächst Störungen im Erschlaffungsvorgang der kontraktilen Muskelelemente zwischen den einzelnen Kontraktionen. Das reguläre Auseinanderkoppeln der Actin-Myosin-Komplexe während der Erschlaffung wird verzögert, da die dazu notwendige Energie durch die Ausschöpfung der Energiespeicher nicht mehr in ausreichendem Maß bereitgestellt werden kann. Diese für intensive Belastungen typischen Vorgänge sind reversibel, besonders wenn die Muskelarbeit dynamischen Charakter hatte und die intramuskuläre Hämodynamik nicht völlig blockiert war. Im Sport trägt das funktionelle Cool-down dazu bei, daß diese Folgen von hochintensiven Belastungen beseitigt werden.

Anhaltende, arbeits- oder fehlhaltungsbedingte Kontraktionszustände statischer Art führen aber zu einer kapillären bzw. myofibrillären Hypoxämie. Die Muskeldurchblutung wird ab einer statischen Kontraktionsintensität von mehr als 20% der Maximalkraft zunehmend verringert. Ab Intensitäten jenseits der 50%-Marke kommt es zu einem völligen Durchblutungsstopp. Die myofibrilläre Hypoxämie kann kurzzeitig durch anaerobe Stoffwechselmechanismen kompensiert werden, doch der rasch ansteigende Lactatspiegel und der absinkende pH-Wert blockieren nach relativ kurzer Zeit den Energiestoffwechsel.

An dieser Stelle beginnt die Entstehung der Myogelose bzw. der pathologischen Muskelhärte. Bei Fortsetzung der Fehlbeanspruchung oder der chronischen intensiven Arbeitsbelastung ergibt sich aus der mangelhaften Leistungsfähigkeit des lokalen Muskelstoffwechsels eine Ödematisierung der Mitochondrien und der Endothelzellen der hypoxämischen Kapillaren. Das Anschwellen der Endothelien hat eine Lockerung des Zellverbands zur Folge. Dadurch kann Blutplasmaprotein austreten und ein interstitielles, exsudatives Ödem hervorgerufen werden. Ein solches eiweißreiches Ödem löst fibroplastische Aktivitäten aus. Die daraus entstehenden intramuskulären fibrotischen Narben sind zunächst volumen-, wasser- und gefäßreich und befinden sich noch in einem Solzustand. Über die Proteinausfällung verändert sich dieser in Richtung eines Gelzustands, d.h., aus den kleinen Primärteilchen des fließfähigen Sols entstehen über größere Sekundärteilchen schließlich flockenartige Strukturen. In der letzten Phase kommt es zu einer Verfilzung des Fibringewebes und damit zur Ausbildung einer selten reversiblen Myogelose.

Selbst in den wenigen Fällen, in denen eine Rückführung des Gelzustands in den Solzustand gelingt, stellt die bleibende reduzierte lokale Vaskularisierung ein ständiges Rezidivrisiko dar.

In der Therapie der Muskelhärten nahm in der Vergangenheit die klassische manuelle Muskelmassage den ersten Platz ein. Publikationen der letzten Jahre weisen darauf hin, daß weiche Massagetechniken weitaus effektiver sind als die früher propagierten harten Methoden, die bisweilen sogar das „Zerdrücken" der Myogelosen empfohlen hatten. Weiche, dehnende Griffe, manuelle Vibrationen und Friktionen von geringer bis mittlerer Intensität in der Umgebung und erst später direkt an den Myogelosen werden bevorzugt. Zu hoher Massagedruck kann dagegen über die Reizung der Schmerzrezeptoren und der intrafusalen Muskelspindeln eine Steigerung des Muskeltonus bewirken.

In der heutigen Praxis werden zunehmend komplexe Behandlungsformen favorisiert, die massageartige Handgriffe mit Muskeldehnungen und Übungen zur aktiven Muskelrelaxation sowie lokal hyperämisierende Behandlungsmethoden kombinieren. Vor allem den kryotherapeutischen Anwendungen kommt hier eine entscheidende Bedeutung zu.

Statische Muskelspannungen von hoher Intensität und längerer Zeitdauer sollten im Bereich chronisch überforderter Muskulatur unterbleiben, da sonst die lokale Hämodynamik weiter verschlechtert wird. Nur in der Initialphase der Muskelrelaxationsübungen und der Muskeldehnungen nach der CHRS-Methode dürfen schwach dosierte statische Anspannungen über kurze Zeitspannen erfolgen. Die Kontraktionsintensität beträgt in diesen Fällen etwa 30% bis höchstens 50% der Maximalkraft, die Spannungsdauer kann auf 3–5 Sekunden reduziert werden. Zur Verbesserung der lokalen Muskelstoffwechselökonomie ist nach den Relaxations- und Dehnungsübungen ein Muskeltraining indiziert, dessen Stoffwechsel auf aerober Basis arbeitet. Diese Muskelübungen haben neben der Normalisierung der neuromuskulären Koordination auch das Ziel, das physiologische Kräfteverhältnis zwischen den Agonisten und den Antagonisten wiederherzustellen.

Phänomen des Muskelkaters

Unter Muskelkater versteht man den Muskelschmerz und die Muskelrigidität, die nach intensiven, ungewohnten Belastungen auftreten. Zahlreiche Publikationen beschäftigen sich mit dem Phänomen des Muskelkaters. Im wesentlichen werden die Theorien der Stoffwechselschädigung (z.B. die Milchsäuretheorie) von den Vorstellungen der mechanischen Überlastung als Hauptursache des Muskelkaters unterschieden.

In neuerer Zeit gewinnt die Herleitung von der mechanischen Schädigung im Bereich der Muskelzellen und des Muskelbindegewebes an

Bedeutung. Elektronenmikroskopische Untersuchungen belegen intramuskuläre Teilrupturen der Verbindungsstrukturen der Myosin- und Actinelemente. Nach intensiven, ungewohnten Belastungen wurden in bis zu 30% aller beanspruchten Muskelfasern Teilrupturen der sogenannten Z-Scheiben festgestellt. Komplette Muskelfaserrisse, ähnlich dem Befund nach starken Muskelzerrungen, sind im Regelfall nicht das Resultat von Muskelkater provozierenden Belastungen.

In allen Untersuchungen wird die besondere Rolle der exzentrischen Muskelarbeitsweise herausgestellt, die als typischer Muskelkaterprovokateur gilt. Interessante Detailuntersuchungen belegen die temporäre, reversible Maximalkraftreduktion, deren stärkste Ausprägung zwischen dem 1. und 3. Tag nach der dem Muskelkater hervorrufenden Belastung liegt. Die Kraftreduzierung in dem genannten Zeitraum liegt zwischen 10% und 20% unter den Normwerten vor Auftreten des Muskelkaters. Die subjektiven Muskelschmerzen klingen meist innerhalb von 3–5 Tagen ab, wogegen die Maximalkraftwerte der betroffenen Muskulatur noch nach 7 Tagen Negativdifferenzen zu den Ausgangswerten zeigen können.

Die zeitliche Verzögerung, mit der die Prozesse im Bereich der Z-Scheiben der Muskelfasern auf die Schmerzrezeptoren im Muskelbindegewebe transferiert werden, erklärt das Auftreten der subjektiv spürbaren Muskelkaterbeschwerden zumeist erst einen Tag nach der Belastung. Die mikroskopisch festgestellten Verletzungen im Bereich der Z-Scheiben heilen innerhalb von 6–8 Tagen vollständig aus.

Das bislang irritierende Phänomen, daß nach Abklingen der Muskelkatersymptomatik Belastungen ähnlicher Intensität und Struktur weitaus weniger Muskelkater hervorrufen bzw. sogar beschwerdefrei toleriert werden, läßt sich mit der raschen Verbesserung der Koordination der beanspruchten muskulären Strukturen erklären. Bei Gewöhnung an die Belastung wird die Rekrutierung der Muskelfasern so gesteuert, daß extrem hohe Belastungen einzelner Muskelfasern vermieden werden.

In der Trainingspraxis wird bei Muskelkater die Fortsetzung des Trainings mit geringer Intensität empfohlen. Von hochintensiven Belastungen oder neuen, ungewohnten Beanspruchungen wird abgeraten. Intensive Dehnübungen im Sinn der Trainingsdehnübungen sollten im Verlauf der 1–3 Tage dauernden Akutphase ebenfalls unterbleiben, danach aber mit sukzessiv erhöhter Intensität weitergeführt werden. Die sportphysiotherapeutischen Maßnahmen beschränken sich im Akutstadium auf milde Methoden zur Hyperämisierung und Relaxation der betroffenen Muskulatur. Der Einsatz von warmen Bädern mit Arnika- oder Rosmarinbadezusatz, gering dosierte Unterwasser-Druckstrahlmassage, Whirlpool in Kombination mit leichten

Bewegungsübungen und Infrarotbestrahlungen hat sich als erfolgreich erwiesen. Außerdem wird auch die therapeutische Lymphdrainage als wirkungsvolle Methode in der Muskelkaterbehandlung dargestellt. Die in einigen Quellen gegebenen Empfehlungen wie wärmeentziehende Medien, Ruhigstellung der betroffenen Muskulatur, absolute Trainingspause während der Akutphase, Entmüdungsmassage oder vorsichtige statische Dehnungen von 1–3 Minuten Dauer können im Einzelfall als alternative Therapievarianten angeboten werden.

In diesem Zusammenhang sollten die Muskelkrämpfe erwähnt werden. Bei intaktem neuromuskulären System werden Muskelkrämpfe vermutlich durch Elektrolytverluste nach langandauernden oder hochintensiven körperlichen Belastungen oder durch große Hitze gehäuft registriert. Die mit der Transpiration verbundene Kochsalzausscheidung spielt hier eine entscheidende Rolle. Den in der Soforttherapie erfolgreichen statischen Dehnungen der betroffenen Muskulatur liegt das Prinzip der Reflexhemmung zugrunde. Treten Muskelkrämpfe unerklärlicherweise oder häufig auf, sollte der Sportler einen erfahrenen (Sport-)Mediziner aufsuchen.

Verletzungen und Überlastungssyndrome des passiven Stütz- und Halteapparats

Verletzungen der Gelenke

Laut Statistiken aus der Schweiz und der DDR beträgt der Anteil der Läsionen im Gelenkbereich etwa 40%, gemessen an der Gesamtzahl der Sportverletzungen. Meist handelt es sich um Kombinationsverletzungen, wobei die fibröse bzw. die synoviale Gelenkkapsel, der Bandapparat, der Gelenkknorpel, intraartikuläre Faserknorpel (Menisci, Disci) und die gelenkbildenden Knochen beteiligt sein können. Außerdem können die gelenkorientierten muskulären Strukturen verletzt sein.

Neben Bagatellverletzungen, die die Sportfähigkeit lediglich kurzfristig geringfügig beeinflussen, treten Kontusionen (Prellung, Stauchung, Quetschung) und Distorsionen der unterschiedlichsten Schweregrade auf. Eine leichte Distorsion bedeutet die Zerrung der Kapsel- und Bandanteile, eine mittlere oder schwere Distorsion geht mit Teil- bzw. Komplettrupturen des Kapsel- und Bandapparats einher. Die Luxation und die Luxationsfraktur haben regelmäßig schwerwiegende Kapsel- und Bandläsionen zur Folge.

Übereinstimmend wird das Sprunggelenk als das distorsionsgefährdetste Gelenk beschrieben, vor dem Knie- und den Fingergelenken.

Die Entscheidung, ob konservativ oder operativ behandelt wird, ist bei Verletzungen im Bereich des passiven Halteapparats ohne knöcherne Läsionen nicht immer einfach. Die Erfahrung zeigt, daß die narbige Ausheilung bei konservativem Vorgehen zwar oft für die Alltagsbeanspruchbarkeit ausreicht, eine uneingeschränkte Sportfähigkeit aber nicht mehr erreicht wird. Unter der Prämisse, daß die vollständige Sportbeanspruchbarkeit wiederhergestellt werden soll, wird daher nicht nur bei kompletten Rupturen zur operativen Versorgung geraten, sondern auch bei Teilrupturen. Der Charakter und der zeitliche Ablauf der nachfolgenden krankengymnastischen Behandlung und Rehabilitation ergibt sich dann aus den speziellen postoperativen Gegebenheiten.

In der konservativen Therapie steht nach Abklingen der akuten Symptomatik das Auftrainieren der muskulären Synergisten der verletzten passiven Halte- und Stützstrukturen im Vordergrund. Auf diesem Gebiet hat sich die krankengymnastische PNF-Methode in Verbindung mit rehabilitativem Krafttraining hervorragend bewährt. Durch spezielle Trainingsprogramme war es Leistungssportlern möglich, sogar komplette Bandrupturen im Kniegelenkbereich zeitweilig muskulär zu kompensieren und die begonnene Saison bis zum Ende durchzuhalten (Tab. **22**). Trotz des vordergründigen Erfolges sollte der langfristig denkende Sportmediziner solchen Extrembeispielen äußerst kritisch gegenüberstehen. Doch zeigt diese Tatsache, zu welchen kompensatorischen Leistungen die Skelettmuskulatur eines gut trainierten Sportlers fähig ist.

Tabelle **22** Synergismus der statischen und dynamischen Strukturen des Kniegelenks

Innenband	↔	M. semimembranosus, M. quadriceps, M. vastus medialis
Außenband	↔	M. biceps femoris, M. tensor fasciae latae (Tractus iliotibialis), M. quadriceps (M. vastus lateralis)
Vorderes X-Band	↔	ischiokrurale Muskulatur, M. gastrocnemius, M. popliteus, Knierotatoren (u. a. M. vastus medialis)
Hinteres X-Band	↔	M. quadriceps, M. gastrocnemius, Knierotatoren
Innenmeniskus	↔	Pes-anserinus-superficialis-Gruppe
Dorsomediale Kapsel	↔	Pes-anserinus-superficialis-Gruppe, M. semimembranosus, M. gastrocnemius
Dorsolaterale Kapsel	↔	M. biceps femoris, M. tensor fasciae latae, M. popliteus

Eine klare Indikation des krankengymnastisch-rehabilitativen Kompensationstrainings sind reizfreie Gelenkinstabilitäten, die nur gelegentlich oder bei ungewohnten bzw. intensiven Belastungen Beschwerden bereiten. Auch wenn ein späterer operativer Eingriff dadurch nicht ausgeschlossen werden kann, wird der Zeitpunkt der Sekundärversorgung der überdehnten und oftmals (teil)rupturierten Kapsel- und Bandstrukturen zumindest hinausgezögert und zudem eine gute muskuläre Ausgangssituation für eine Operation geschaffen (Tab. **23**).

Tabelle **23** Häufige Verletzungen im Bereich der Gelenke*

Lokalisation	Verletzungsfolge
(Hals-)Wirbelsäule	Distorsion („Schleudertrauma"), Luxationsfraktur
Schlüsselbeingelenke	Distorsion, Luxation (Akromioklavikulargelenk-Sprengung)
Schultergelenk	Kontusion, Distorsion, Luxation
Ellenbogengelenk	Kontusion, Distorsion, Luxation, osteochondrale Fraktur
Handgelenk	Kontusion, Distorsion
Fingergelenke	Kontusion, Distorsion, Luxation
Hüftgelenk	Kontusion, Luxationsfraktur
Kniegelenk	Kontusion, Distorsion, osteochondrale Fraktur
Sprunggelenk	Kontusion, Distorsion, Luxationsfraktur, osteochondrale Fraktur

* Als Ursache einer Gelenktraumatisierung sind in erster Linie direkte dreidimensionale Traumen, das forcierte Überschreiten des physiologischen Bewegungsumfangs oder gewaltsam ausgelöste unphysiologische Bewegungen im Gelenk zu nennen.

Chondropathie bei Sportlern

Die Chondropathie ist eine Gefügestörung des Knorpels, die zu einer Beeinträchtigung der Gelenkfunktion führt.

Bei operativ untersuchten Kniegelenken von Menschen im Leistungsalter wurde in mehr als 60% eine Chondropathie festgestellt. In vielen Fällen war die bereits vor einer Verletzung existierende Chondropathie „stumm“ und wurde durch ein Unfalltrauma oder eine Überlastung aktiviert und schmerzhaft. Neben den individuellen endogenen

Faktoren werden äußere Einflüsse, wie eine posttraumatisch gestörte Gelenkmechanik, eine traumatische Knorpelläsion und das Mißverhältnis zwischen Belastbarkeit und Belastung, für die Chondropathie verantwortlich gemacht. Beim Aufrichten aus der Hocke wird beispielsweise auf das Femoropatellargelenk ein Druck von um 1000 kg ausgeübt, der bei einigen sportlichen Aktionen sogar noch höher liegt (z. B. reaktives Sprungkrafttraining).

Die Folgen von schmerzhaften Chondropathien sind Beschwerden bei statischen oder dynamischen Belastungen, die zu bewußter oder unbewußter Schonung führen. Dadurch entstehen koordinative Unsicherheiten und Muskelatrophien, die wiederum eventuell bestehende Gelenkinstabilitäten verschlechtern.

Der konservativen Therapie wird von medizinisch-ärztlicher Seite der Vorzug gegenüber der operativen Therapie gegeben. Durch verschiedene Therapieprogramme (intraartikuläre Injektionstherapie, krankengymnastische Behandlung und Elektrotherapie) wurden in der ehemaligen DDR bei 450 Patienten mit Chondropathien in bis zu 70% aller Fälle gute bis sehr gute Ergebnisse erzielt.

Krankengymnastische Behandlungsmethoden haben einen hohen Stellenwert in der Therapie der Chondropathie. Die Auswahl, der Umfang und die Intensität der eingesetzten Mittel richten sich in erster Linie nach der individuellen Schmerzgrenze. Bei schmerzhaften Chondropathien wird das dosierte Verabreichen von Analgetika empfohlen, um so den Circulus vitiosus Schmerz → Entlastung → Atrophie zu durchbrechen.

Zu Beginn der krankengymnastischen Rehabilitation muß die Grenzbelastung für das Gelenk ermittelt werden, damit ein effektives Muskelaufbautraining entwickelt werden kann. Eine wichtige Richtlinie während der Behandlung ist die Druck- und Belastungsreduzierung des betroffenen Gelenks, solange noch Schmerzhaftigkeit und eine muskuläre Unsicherheit existiert.

Eigene Erfahrungen und Untersuchungen zeigen, daß sich in der ersten Phase der krankengymnastischen Rehabilitation das belastungsarme Training an Zugapparaten oder isokinetischen Kraftmaschinen in Kombination mit Elektrogymnastik bewährt. Mit speziellen Rehabilitationsprogrammen – bei uns stand das Training des M. vastus medialis als wichtigstem muskulären Antagonisten der Lateralisierungstendenz der Patella im Blickpunkt – gelang es allen Patienten, ihre Ausgangswerte objektiv nachweisbar zu verbessern. Ein wesentlicher Grund dieser Ergebnisse war die trainingsmethodische Systematik und der Einsatz von koordinationsschulenden PNF-Mustern im Rahmen des Krafttrainings (Abb. **87a** u. **b**). Die regelmäßigen Maximaltests gewährleisteten die Feindosierung der individuellen Trainingsprogramme. Die funktionellen PNF-Übungen, die 150- bis 250mal pro Muster in einer Behandlungseinheit absolviert wurden, produzierten spezifische dynamisch-motorische Stereotypen, die eine stabile Bewegungskontrolle und -sicherheit zur Folge hatten.

Passive Begleitmaßnahmen wie Kryotherapie und elektrotherapeutische Anwendungen wurden in Kombination mit den erwähnten aktiven Rehabilitationsprogrammen durchgeführt, wobei vor allem der lokalen Eismassage und der Elektrogymnastik mit Impulsreizströmen ein besonderer Stellenwert zukam.

Fehlbelastungsfolgen der Wirbelsäule

Der Anteil der Sportverletzungen mit Unfallcharakter im Bereich der Wirbelsäule schwankt in der Auswertung verschiedener statistischen Quellen zwischen 0,7 und 8%. Werden die Fehlbelastungsfolgen hinzugerechnet, so kann der Anteil bis auf 16% steigen (13).

Die mechanische Belastbarkeit der Wirbelsäule ist unterschiedlich. Die Lendenwirbelkörper tolerieren Belastungen bis zu 730 kg. Die Bandscheiben der LWS-Region sind in der Lage, einen axialen Druck bis zu 1500 kg zu verarbeiten. Die Toleranzwerte im Bereich der Halswirbelsäule liegen bis zu 75% unter der Kompressionsverträglichkeit der Lendenwirbelsäule. Die funktionelle Belastbarkeit bei Bewegungen ist weitaus niedriger. In der sagittalen Ebene kommt es bei Hyperflexionsbelastungen ab 500 kg zur Ruptur der dorsalen Längsbänder und zu Mikroläsionen der Bandscheiben. Hyperextensionsbeanspruchungen von 100 kg provozieren sogar Diskushernien zwischen L5 und S 1. Für die Torsionsfestigkeit liegen für die Wirbelkörper der Lendenwirbelsäule Werte um 250 kg und für die Bandscheibenbelastungen um 450 kg vor. Das Resultat einer statischen Haltearbeit einer Last von 100 kg in leichter Ventralflexion der Wirbelsäule ist eine Druckbelastung der Lendenwirbelkörper von mehr als 800 kg, was die immense Beanspruchung der Wirbelsäule in ungünstigen Arbeitsstellungen plastisch dokumentiert. Normabweichungen von der „optimalen" Wirbelsäule bringen zusätzliche Mehrbelastungen. Beispielsweise erhöht sich die statische Belastung der Bandscheiben der Brustwirbelsäule bereits ohne Zusatzgewichte um bis zu 50%, sofern eine ausgeprägte BWS-Kyphose vorliegt.

Als Ursache für sportbedingte Fehl- und Überbelastungen der Wirbelsäule werden vor allem forcierte Hyperlordosen (Kunstturnen, Wasserspringen, Trampolin, Artistik), extreme Torsionen (Speerwurf), unphysiologische kyphotische Sitzhaltungen (Rudern, Radfahren), rezidivierende Mikrotraumen (langjähriges Krafttraining mit falscher Technik) und rezidivierende Stauchungsbelastungen (Landung beim Kunstturnen, Skispringen) angeführt.

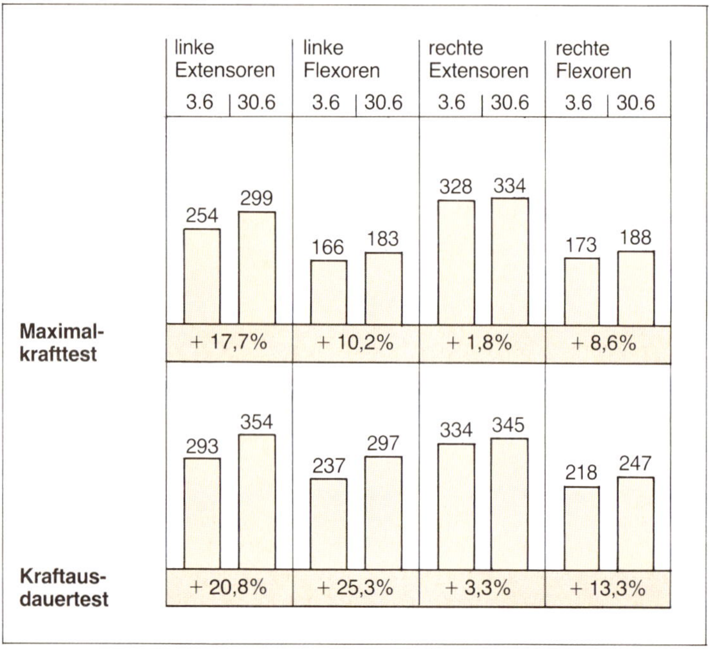

Abb. **87 a–b** Rehabilitatives Krafttraining in der Praxis. Der exemplarische Verlauf der krankengymnastischen Rehabilitation eines Sportverletzten dokumentiert die Effizienz von systematischem Krafttraining in der Krankengymnastik. Proband: D. F., 25 Jahre, Judokämpfer, 199 cm – 98 kg. Ruptur des linken vorderen Kreuzbandes am 5.4.1986. Nach Arthroskopie (16. 4.) 14 Tage abnehmbarer Kunststoffgips. Beginn des rehabilitativen Krafttrainings am 6.5. (5 Behandlungseinheiten pro Woche). Kontrolluntersuchungen und Cybex-Tests am 3.6 und 30.6. Zusätzlich Elektrobehandlung.

a Maximalkrafttest: 5 Repetitionen bei vorgegebener Bewegungsgeschwindigkeit von 60/s (Einheit: Newtonmeter/*Spitzenwert*). Kraftausdauertest: 15 Repetitionen bei 180/s (Einheit: Average power pro Kontraktion in Watt).

b Auszug aus dem Trainingsprotokoll, das Auskunft gibt über den Verlauf der krankengymnastischen Kraftschulung im Behandlungsalltag. Der Proband wurde täglich behandelt. Zunächst wurde für die linken Knieextensoren ausschließlich am druck- und belastungsarmen Rollenzugapparat im „Vastus-medialis"-Bewegungsmuster geübt. Ab 9.6. wurden die linken Knieextensoren vorwiegend mit „Step-up"-Übungen trainiert. Die Knieflexoren wurden ausschließlich am Rollenzugapparat geübt (achsengerechtes Bewegen um eine frontale Achse in der sagittalen Ebene). Die Pausendauer war verschieden und richtete sich nach der individuellen Tagesform. Je nach Belastungscharakter der Serie war die Pause „unvollständig" bis „vollständig".

Training der Knieextensoren

6.5.	1 Serie:	30×3 kg = 90 kg
	1 Serie:	25×4 kg = 100 kg
	1 Serie:	20×5 kg = 100 kg
	3 Serien:	15×6 kg = 270 kg
	1 Serie:	20×5 kg = 100 kg
	1 Serie:	25×4 kg = 100 kg
	165 Repetitionen = 760 kg	
12.5.	1mal	40× 5 kg = 200 kg
	1mal	30× 7 kg = 210 kg
	1mal	25× 9 kg = 225 kg
	6mal	10×11 kg = 660 kg
	1mal	25× 9 kg = 225 kg
	1mal	30× 7 kg = 210 kg
	210 Repetitionen = 1730 kg	
26.5.	1mal	40× 8 kg = 320 kg
	3mal	25×12 kg = 900 kg
	1mal	40× 8 kg = 320 kg
	5mal	10×20 kg = 1000 kg
	1mal	40× 8 kg = 320 kg
	245 Repetitionen = 2860 kg	
10.6.	10×15 Step-up (20 cm Hub)	
	150 Rep. × 98 kg = 14700 kg (Patient wiegt 98 kg)	
20.6.	8×15 Step-up (30 cm Hub + 8 kg Hantel) 8×10 Step-up (30 cm Hub + 10 kg Hantel)	
	200 Rep. × 98 kg = 19600 kg (Patient wiegt 98 kg)	

Training der Knieflexoren

6.5.	1 Serie:	30×3 kg = 90 kg
	1 Serie:	25×4 kg = 100 kg
	3 Serien:	20×5 kg = 300 kg
	2 Serien:	50×3 kg = 300 kg
	215 Repetitionen = 790 kg	
15.5.	2mal	20× 5 kg = 200 kg
	6mal	6×14 kg = 504 kg
	1mal	20× 4 kg = 80 kg
	4mal	15× 7 kg = 420 kg
	1mal	20× 3 kg = 60 kg
	176 Repetitionen = 1264 kg	
5.6.	1mal	30× 6 kg = 180 kg
	5mal	8×14 kg = 560 kg
	1mal	40× 4 kg = 160 kg
	5mal	8× 8 kg = 320 kg*
	1mal	40× 4 kg = 160 kg
	1mal	27×10 kg = 270 kg**
	1mal	20× 4 kg = 80 kg
	237 Repetitionen = 1730 kg	
11.6.	3mal	15×10 kg = 450 kg
	4mal	5×18 kg = 360 kg
	1mal	20× 6 kg = 120 kg
	4mal	5×18 kg = 360 kg
	1mal	20× 6 kg = 120 kg
	4mal	5×18 kg = 360 kg
	1mal	20× 6 kg = 120 kg
	165 Repetitionen = 1890 kg	

* Sprunggelenke plantar flexiert

** Test (Repetitionen bis zur Erschöpfung)

Abb. **87 b**

Der Grundtenor zahlreicher Mediziner geht jedoch dahin, in sportlichen Fehlbelastungen und Überbeanspruchungen nicht den Hauptgrund der orthopädisch diagnostizierten Wirbelsäulenschäden zu sehen. Die individuellen Dispositionen in Form von angeborenen oder idiopathischen Haltungsfehlern und Normabweichungen, Wirbelsäulenveränderungen im Sinn der juvenilen Osteochondrose (Morbus Scheuermann), Spondylolyse und Wirbelgleiten sind offensichtlich entscheidender. Lediglich bei Sportlern, die in wirbelsäulenstrapaziösen Sportarten über mehrere Jahre intensives Training mit Leistungssportcharakter absolviert hatten, wurden nachweisbar deutlich mehr Verschleißerscheinungen registriert als bei Nichtsportlern. Als wirbelsäulengefährdende Sportarten haben sich Kunstturnen, Wasserspringen, Trampolinspringen, Gewichtheben, Speerwerfen und Rudern herauskristallisiert.

Schäden im Bereich des passiven Stütz- und Halteapparats, gleichgültig ob durch Disposition oder sportliche Fehl- oder Überbelastung bedingt, stellen schwerwiegende Störungen im Funktionssystem Wirbelsäule dar. Sie sind in nahezu sämtlichen Fällen die Voraussetzung für Gefügelockerungen, intersegmentale Instabilitäten oder Wirbelblockierungen. Die Komplexität der menschlichen Funktionssysteme impliziert zudem weiterlaufende Einflüsse auf benachbarte Bereiche.

Die Schwierigkeit der krankengymnastischen Therapie von Wirbelsäulenschäden und -beschwerden liegt darin, daß die Ursachen oft nicht eindeutig erkannt werden oder wenn eine klare Diagnose vorliegt, mit konservativen Methoden lediglich symptomatisch, aber nicht grundlegend behandelt werden kann. An dieser Stelle sollen die Gelenkblokkierungen im Bereich der Wirbelsäule näher betrachtet werden, da hier gute Erfolge zu vermelden sind.

Instabilitäten im Abschnitt Wirbelkörper–Zwischenwirbelscheibe sowie die Ausweitung der Kapseln der kleinen Wirbelgelenke werden als die Hauptgründe für die Entstehung einer Verklemmung oder Blockierung bezeichnet. Die auslösenden Faktoren können arthrotische Veränderungen der kleinen Wirbelgelenke, Verkantungen von Gelenkflächen, Störungen im translatorischen Gelenkspiel (joint play) oder Kapsel- und Bandläsionen sein. Es existieren Blockierungen im LWS-Bereich (häufigste Lokalisation), der HWS-BWS-Doppelblock im Übergangsbereich zwischen Hals- und Brustwirbelsäule und isolierte Hals- und Brustwirbelblockierungen.

Außerdem wird auf die Blockierung des Iliosakralgelenks als einer Nahtstelle zwischen Wirbelsäule und Becken hingewiesen. Das Typische sind die eine Blockierung auslösenden impulsartigen Bewegungen von Bagatellcharakter, was in der Umgangssprache zu den Bezeichnungen „Hexenschuß“ und „Nackenschuß“ geführt hat.

Nach der Auswertung der Röntgenaufnahmen und eindeutiger Diagnose, die einen Bandscheibenprolaps ausschließen, erfolgt die Lösung des Blocks mit den Techniken der manuellen Therapie durch einen speziell ausgebildeten Mediziner (Osteopath, Chiropraktor). Die Manipulation kann durch physikalische Maßnahmen zur Hyperämisierung, Schmerzlinderung und (Muskel-)Relaxation sowie durch eine Extensionsbehandlung im Schlingengerät vorbereitet werden.

Ob ein Rezidiv der Blockierung auftritt, hängt entscheidend von der Qualität der krankengymnastischen Nachbehandlung und dem Verhalten des Patienten ab. Die Krankengymnastik hat zum Ziel, das physiologische Gleichgewicht der Muskulatur wiederherzustellen, das behandelte und die benachbarten Segmente zu stabilisieren bzw. eventuelle kompensatorische Hypomobilitäten zu mobilisieren. Nach Möglichkeit sollten die krankengymnastischen Übungen der Anfangsphase in druck- und belastungsarmen Ausgangsstellungen durchgeführt werden (Schlingengerät, Wassertherapie, Therapieball usw.). Ist der Patient schmerzfrei und in der Lage, sein ehemals blockiertes Funktionssystem wieder koordinativ zu beherrschen, müssen sukzessiv Elemente des rehabilitativen Krafttrainings in die Behandlung integriert werden.

Eine Garantie gegen ein Rezidiv gibt es auch bei dieser Kombinationsbehandlung von ärztlicher Manipulationstechnik und krankengymnastischer Nachbehandlung nicht. Die Manipulation von Gelenkblockierungen darf nicht zu einer Dauertherapie werden, da jede Deblockierung eine künstliche Lockerung des betroffenen Segments darstellt. Genaue Analysen der Alltags- und Sportbelastungen und deren Rahmenbedingungen müssen bei habituellen Blockierungen die Ursache herausfinden und die auslösenden Faktoren eliminieren.

Übersicht über die Therapiemöglichkeiten

Siehe Tab. **24,** S. 184–187.

Tabelle **24** Sportverletzungen und -schäden – eine schematische Übersicht der Therapie

Verletzung	Medizinisch-ärztliche Therapie	Sportphysiotherapie und Krankengymnastik	Unterbrechung des sportartspezifischen Trainings	Kontraindikationen	Richtlinien bei Wiederaufnahme des sportartspezifischen Trainings
Frische Muskelüberdehnungen (Zerrungen), leichte (Gelenk-)Distorsionen und Kontusionen	– Ruhigstellung und Entlastung – kaltfeuchter Kompressionsverband – evtl. Antiphlogistika – evtl. Injektionstherapie	*Sofortmaßnahmen: 1.–3. Tag* – lokale Kryotherapie mehrmals täglich – Elektrotherapie – ab 3.–4. Tag Cryokinetics (dynamische Muskelübungen in Kombination mit Eismassage) – ab 4.–8. Tag rehabilitatives Krafttraining – ab 4.–8. Tag evtl. milde lokale Wärmeanwendung – ab 4.–8. Tag Massagetechniken (Querfriktionen)	ca. 2–8 Tage, abhängig von der Schmerzsymptomatik	– Wärmeanwendung in den ersten 3 Tagen	– Intensivierung der Beweglichkeits- und Koordinationsschulung – gewissenhaftes Warm-up und Cool-down – evtl. zeitweiliges Tragen eines prophylaktischen oder funktionellen (Stütz-)Verbands – zusätzliche aktive und passive Regenerationsmaßnahmen – evtl. Umstrukturierung des Trainings
Teil- und Komplettrupturen der Skelettmuskulatur und des Kapsel-Band-Apparats (u. U. mit knöcherner Beteiligung)	*konservativ* – Ruhigstellung und Entlastung – Antiphlogistika – evtl. Injektionstherapie *operativ* – Wiederherstellung der verletzten Strukturen – evtl. anschließend Immobilisierung	*Sofortmaßnahmen* s. oben *bei konservativer Behandlung* – ab 3.–6. Tag Cryokinetics – Koordinationsschulung – statische Muskelübungen – ab 8.–14. Tag rehabilitatives Krafttraining (je nach Belastbarkeit) – 8.–14. Tag Massagetechniken *bei operativer Behandlung* – krankengymnastische Behandlungsmethoden entsprechend den postoperativen Gegebenheiten – physiotherapeutische Begleittherapie	bis zu mehreren Wochen bzw. Monaten	s. oben – zu früher Beginn mit intensiven Dehn- und Kraftübungen	s. oben

Tabelle **24** (Fortsetzung)

Verletzung	Medizinisch-ärztliche Therapie	Sportphysiotherapie und Krankengymnastik	Unterbrechung des sportartspezifischen Trainings	Kontraindikationen	Richtlinien bei Wiederaufnahme des sportartspezifischen Trainings
Verschleppte Verletzungen, chronische Verletzungsrückstände	– u. U. zeitweilige Ruhigstellung und Entlastung – medikamentöse Therapie (z. B. Injektionstherapie) – evtl. Versuch der operativen Wiederherstellung der verletzten Strukturen	*bei konservativer Behandlung* – Maßnahmen zur Hyperämisierung, Resorptionsförderung, Schmerzlinderung und (Muskel-)Relaxation (lokale Kälte- und Wärmeanwendungen, Elektrotherapie, Hydrotherapie, Spezialmassagen) – krankengymnastische Behandlungsmethoden entsprechend dem individuellen Befund (Koordinationsschulung, Beweglichkeits- und Krafttraining) *bei operativer Behandlung* s. oben	nach Bedarf (u. U. bis zur endgültigen Rehabilitation)	– Fortsetzung der sportartspezifischen Trainingsbelastung bei unveränderten Rahmenbedingungen	s. oben
Insertionstendopathien, Tendinosen	– evtl. zeitweilige Ruhigstellung und Entlastung – feuchtkalte Umschläge – medikamentöse Therapie (z. B. Injektionstherapie) – u. U. Versuch der operativen Entlastung der Ansatzzonen	*akutes Stadium* – lokale Kryotherapie mehrmals täglich – Elektrotherapie *postakutes Stadium* – Maßnahmen zur Hyperämisierung, Resorptionsförderung, Schmerzlinderung und (Muskel-)Relaxation – Wiederherstellung des physiologischen Muskelgleichgewichts (Muskeldehntechniken, rehabilitatives Krafttraining, Koordinationsschulung) – Muskelmassage und Spezialmassage („deep frictions") auch in Kombination mit Thermotherapie (→ Kryotherapie)	nach Bedarf (u. U. bis zur endgültigen Rehabilitation)	– Fortsetzung der sportartspezifischen Trainingsbelastung bei unveränderten Rahmenbedingungen	s. oben

Tabelle **24** (Fortsetzung)

Verletzung	Medizinisch-ärztliche Therapie	Sportphysiotherapie und Krankengymnastik	Unterbrechung des sportartspezifischen Trainings	Kontraindikationen	Richtlinien bei Wiederaufnahme des sportartspezifischen Trainings
Muskelhartspann, Myogelosen, chronische Überlastungsbeschwerden des aktiven Bewegungsapparats	– evtl. medikamentöse Therapie zur Muskelrelaxation	– Maßnahmen zur Hyperämisierung und (Muskel-)Relaxation – Wiederherstellung des physiologischen Muskelgleichgewichts – Muskelmassage und Spezialmassagen („deep frictions"), auch in Kombination mit Thermotherapie – allgemeine Regenerations- und Relaxationsmaßnahmen (Hydrotherapie, Whirlpool, Thermalbad, Wassergymnastik, Sauna)	nur in seltenen Fällen	s. oben	s. oben
Akute Überlastungsbeschwerden des aktiven Bewegungsapparats, Muskelkater, Muskelkrämpfe	– evtl. medikamentöse Therapie zur Regulation des Muskelstoffwechsels – evtl. Umstellung der Ernährung	s. oben	u. U. bis zum Nachlassen der akuten Symptomatik (1–2 Tage)	– Intensivierung des sportartspezifischen Trainings der Akutphase	s. oben
Chronische Gelenkinstabilität, lokal begrenzte Schwächen innerhalb eines Funktionssystems	– konservativer Behandlungsversuch durch intensives krankengymnastisches Muskelaufbau- und -kompensationstraining – evtl. operative Wiederherstellung der betroffenen Strukturen	– krankengymnastische Behandlungsmethoden zur Kompensation bzw. Beseitigung der Dysfunktion (rehabilitatives Krafttraining, u. U. Dehnbehandlung) – Elektrogymnastik – Maßnahmen zur Verhinderung eines Reizzustands (Kryotherapie, Hydrotherapie, Elektrotherapie) – allgemeine Regenerations- und Relaxationsmaßnahmen	nach Bedarf (u. U. bis zur endgültigen Rehabilitation)	– Fortsetzung der sportartspezifischen Trainingsbelastungen bei unveränderten Rahmenbedingungen	s. oben

Tabelle **24** (Fortsetzung)

Verletzung	Medizinisch-ärztliche Therapie	Sportphysiotherapie und Krankengymnastik	Unterbrechung des sportartspezifischen Trainings	Kontraindikationen	Richtlinien bei Wiederaufnahme des sportartspezifischen Trainings
Ischiasbeschwerden, akute Überlastungsbeschwerden der Wirbelsäule Blockierungen im Bereich der Wirbelsäule oder des Iliosakralgelenks	– medikamentöse Therapie (z. B. Injektionstherapie) – evtl. Ruhigstellung und Entlastung (→ Stützmieder o. ä.) – evtl. Manipulationstechniken der manuellen Therapie	*akutes Stadium* – Maßnahmen zur Hyperämisierung, Schmerzlinderung und (Muskel-)Relaxation (Wärmeanwendungen, Elektro- und Hydrotherapie) – Extensionsbehandlung zur Druck- und Belastungsreduzierung *postakutes Stadium* – Extensionsbehandlung in Kombination mit krankengymnastischen Behandlungsmethoden zur (Muskel-)Relaxation und Wiederherstellung des physiologischen Muskelgleichgewichts – Behandlung bestehender Hypomobilitäten bzw. Stabilisierung evtl. Hypermobilitäten – rehabilitatives Krafttraining zur Rumpfstabilisation – Massage	3–10 Tage	s. oben – Massage während des akuten Stadiums	s. oben

Literatur

1 Adam, K., J. Werschoshanski: Grundlagen des speziellen Krafttrainings im Sport. Trainerbibliothek, Bd. 4. Bartels & Wernitz, Berlin 1974

2 Anderson, B.: Stretching. Hübner, Waldeck 1980

3 Arnold, A.: Lehrbuch der Sportmedizin. Barth, Leipzig 1956

4 Autorenkollektiv: Berichte aus dem Institut für Sport und Sportwissenschaft der Universität Freiburg. Freiburg 1980

5 Becker, W., H. Krahl: Die Tendopathien. Thieme, Stuttgart 1978

6 Benninghoff, A.: Makroskopische und mikroskopische Anatomie des Menschen, 14. Aufl. Urban & Schwarzenberg, München 1985

7 Bernstein, N. A.: Bewegungsphysiologie. Barth, Leipzig 1975

8 Cordes, J., B. Zeibig: Physiotherapie – Hydro- und Balneotherapie. Volk und Gesundheit, Berlin 1981

9 Dvorak, I., V. Dvorak: Manuelle Medizin, 2. Aufl. Thieme, Stuttgart 1985

10 Ehricht, H. G.: Die Wirbelsäule in der Sportmedizin. Barth, Leipzig 1978

11 Evjenth, O., J. Hamberg: Muskeldehnung, wann und wie? Remed, Zug 1981

12 Findeisen, D. G. R., P. G. Linke, L. Pickenhain: Grundlagen der Sportmedizin. Barth, Leipzig 1980

13 Franke, K.: Traumatologie des Sports, 3. Aufl. Thieme, Stuttgart 1986

14 Frisch, H.: Programmierte Untersuchung des Bewegungsapparates. Springer, Berlin 1983

15 Groh, H., P. Groh: Sportverletzungen und Sportschäden. Luitpold-Werk, München 1975

16 Gustavson, R.: Trainingstherapie im Rahmen der Manuellen Medizin. Thieme, Stuttgart 1984

17 Harre, D.: Trainingslehre. Sportverlag, Berlin 1979

18 Hasselbach, W.: Muskelphysiologie des Menschen. Urban & Schwarzenberg, München 1975

19 Hettinger, T.: Isometrisches Muskeltraining, 5. Aufl. Thieme, Stuttgart 1983

20 Hirschfeld, P., D. Winkel: Die Schulter. Orthopädische Medizin, Bd. I, Perimed, Erlangen 1984

21 Hirschfeld, P., D. Winkel: Das Knie. Orthopädische Medizin, Bd. II, Perimed, Erlangen 1985

22 Hollmann, W.: Zentrale Themen der Sportmedizin. Springer, Berlin 1972

23 Hollmann, W., T. Hettinger: Sportmedizin – Arbeits- und Trainingsgrundlagen. Schattauer, Stuttgart 1980

24 Hoppenfeld, S.: Klinische Untersuchung der Wirbelsäule und der Extremitätengelenke. Fischer, Stuttgart 1982

25 Hüllemann, K. D.: Sportmedizin für Klinik und Praxis, 2. Aufl. Thieme, Stuttgart 1983

26 Jakowlew, N. N.: Sportbiochemie. Barth, Leipzig 1977

27 Janda, V.: Muskelfunktionsdiagnostik. ACCO, Leuven 1979

28 Kaltenborn, F.: Manuelle Therapie der Extremitätengelenke. Norlis, Oslo 1982

29 Kapandji, I. A.: Funktionelle Anatomie der Gelenke, Bd. I–III. Perimed, Erlangen 1984–1985

30 Kendall, H., F. Kendall, G. Wadsworth: Muscles – Testing and Function. Williams & Wilkins, Baltimore 1971

31 Knebel, K. P.: Funktionsgymnastik. Rowohlt, Reinbek 1985

32 Krauss, H.: Hydrotherapie. Volk und Gesundheit, Berlin 1981

33 Krejci, V., P. Koch: Muskelverletzungen und Tendopathie der Sportler, 2. Aufl. Thieme, Stuttgart 1982

34 Krüger, A., H. Oberdieck: Kleiner Ratgeber für Leichtathletikverletzungen. Bartels & Wernitz, Berlin 1975

35 Lagerström, D., K. Völker: Freizeitsport. Perimed, Erlangen 1983

36 von Lanz, L.: Praktische Anatomie. Springer, Berlin 1972

37 Letzelter, M.: Trainingsgrundlagen. Rowohlt, Reinbek 1978

38 Lewit, K.: Manuelle Medizin im Rahmen der medizinischen Rehabilitation. Urban & Schwarzenberg, München 1977

39 de Marees, H.: Sportphysiologie. Tropon-Werke, Köln 1979
40 Matwejew, L. P.: Grundlagen des sportlichen Trainings. Sportverlag, Berlin 1981
41 Meinel, K., G. Schnabel: Bewegungslehre. Volk und Wissen, Berlin 1975
42 Mellerowicz, H., W. Meller: Training. Springer, Berlin 1972
43 Müller, W.: Das Knie. Springer, Berlin 1982
44 Nabatnikowa, M. J.: Ausdauerentwicklung. Sportverlag, Berlin 1974
45 Nöcker, J.: Physiologie der Leibesübungen. Enke, Stuttgart 1971
46 O'Donoghue, D. H.: Treatment of Injuries to Athletes. Saunders, Philadelphia 1976
47 Peterson, L., P. Renström: Verletzungen im Sport. Deutscher Ärzte-Verlag, Köln 1987
48 Prokop, L.: Sportmedizin. Fischer, Stuttgart 1976
49 Prokop, L., R. Jelinek, R. Suckert: Sportschäden. Fischer, Stuttgart 1980
50 Reindell, H., W. Gerschler, H. Roskamm: Das Intervalltraining. Barth, München 1962
51 Rüdiger, W.: Lehrbuch der Physiologie. Volk und Gesundheit, Berlin 1978
52 Sherrington, C. S.: Integrative Action of the Nervous System. University Press, Cambridge 1947
53 Sullivan, P., P. Markos, M. Minor: PNF – ein Weg zum therapeutischen Üben. Fischer, Stuttgart 1985
54 Trnavsky, G.: Kryotherapie. Pflaum, München 1979
55 Weineck, J.: Sportanatomie. Perimed, Erlangen 1981
56 Weineck, J.: Optimales Training. Perimed, Erlangen 1985

Abb. **88** Beim amerikanischen Football, einem klassischen Mannschaftswettbewerb mit starkem Körperkontakt, schützen sich die Spieler mit Polsterformteilen vor Weichteilverletzungen.

Lokale konservative (perkutane) Therapie

A. Klümper

Einleitung

Lokale konservative Therapie bedeutet im wesentlichen Gebrauch perkutan verwendbarer Medikamente.

Sie liegen in Salbenform, als Linimente, Liquida, Öle und Gele vor. Die Überlieferung schmerzlindernder und heilungsfördernder Salben und Öle reicht weit über das Mittelalter zurück und ist wohl die häufigste medizinische Anwendung gewesen und bis heute geblieben.

Es ist deshalb erstaunlich, daß in unserer Zeit weite Kreise der Medizin dem gesamten Bereich perkutan anwendbarer Medikamente mit Skepsis, Mißtrauen oder sogar völliger Ablehnung begegnen. Ursache hierfür ist die verbreitete Annahme – auch in der Sportmedizin –, eine ausreichende Penetration von wirksamen Substanzen durch die Haut könne nicht erzielt werden. Von dieser mehr überlieferten Vorstellung heißt es endgültig Abschied nehmen, da genügend ernstzunehmende wissenschaftliche Arbeiten die Penetration von Substanzen durch die Haut sowie ihren Übertritt in Blut- und Lymphgefäße beweisen. Es ist aber nicht nur der Substanztransfer durch die gesamte Haut, sondern auch die therapeutische Effektivität vieler Wirkstoffe nachgewiesen.

Das umfangreichste Anwendungsgebiet für Salben, Linimente, Liquida, Öle und Gele im Sport ist der Bewegungsapparat, seine Pflege, Betreuung und der Bereich der Traumatologie.

Die Schwierigkeit im Umgang mit der lokal konservativen Therapie beginnt in der medizinischen Ausbildung, die den Therapiebereich perkutan verwendbarer Medikamente so gut wie ausklammert. In der klinischen Praxis setzt sie sich fort in einem kaum überschaubaren Angebot pharmazeutischer Präparate, deren ausgewiesenes Indikationsspektrum zusätzlich weit gefächert ist.

Der in der Praxis tätige Mediziner hat nicht die Zeit, sich einer gründlichen analytischen Betrachtung der aus zahlreichen Einzelsubstanzen zusammengesetzten Salben und Linimente zu widmen. So verbleibt eine sorgfältige Sammlung eigener Erfahrungen, die sich jedoch – bei entsprechend zusammengesetztem Krankengut – über wenigstens zwei Jahrzehnte erstrecken müßte, um eine Übersicht in der Vielfalt angebotener Präparate, dem Indikationsspektrum und der gewünschten Effektivität zu erhalten.

Neben der Empirie bleibt so auch die Ernsthaftigkeit der lokalen konservativen Therapie auf der Strecke. Die perkutane Verwendung effektiver Substanzen ist im Vergleich zur übrigen medikamentösen Medizin ein Nebenschauplatz; nicht zuletzt, weil der Anwendung von Salben, Linimenten und Gelen das Signum der Gefahrlosigkeit anhaftet nach dem Motto, „wenn es auch nicht nützt, so schadet es doch nicht".

Mit diesem Aspekt ist – unter Berücksichtigung des nachgewiesenen Substanztransfers durch die Haut und bewiesener therapeutischer Effektivität – weder der Medizin noch den Patienten gedient. Wünschenswert ist eine klare Linie hinsichtlich einer sinnvollen und gezielten perkutanen Therapie für die zahlreichen Verletzungen und Erkrankungen des Bewegungsapparats nicht nur der Athleten. Vorbedingung für eine klare Linie mit möglichst optimalem Wirkungsbereich sind auf der einen Seite gute Kenntnisse über krankhaft veränderte Gewebe, Histopathologie und Pathophysiologie, auf der anderen Seite Wissen um Wirkung und Wirkungsmöglichkeit der einzelnen Substanzen, die nur selten allein in einer Salbe, einem Massagemittel oder Rheumaliniment vorkommen.

Überlegungen zur Behandlung von Sportverletzungen

Am Beispiel frischer Verletzungen und den nachfolgenden Entwicklungsstadien läßt sich am besten aufzeigen, wie eine perkutane Therapie gestaltet werden sollte.

Vorab sei jedoch die negative, unerwünschte Form erwähnt, wie sie leider häufig im direkten Einzugsbereich der Wettkampfstätten zu beobachten ist. Sie erschöpft sich in einer flüchtigen Inspektion des traumatisierten Körperabschnitts mit schneller, allzuschneller Diagnose. Mit dem vermeintlich richtigen Medikament ist man ebenfalls schnell zur Hand, wobei sich die Kenntnisse über verwendete Liquida, Linimente, Salben und Gele im wesentlichen an der Indikationsliste der Beipackzettel orientieren mit dem zu erwartenden oder erhofften Wirkungsspektrum.

Der anzustrebende Weg sieht anders aus (Abb. **89**).

Nach jedem erlittenen Trauma eines Sportlers sollte zuerst einmal eine sorgfältige Anamnese erhoben werden. Das Wie der Verletzung ist ein wesentlicher Baustein für die Gesamtdiagnose. Danach hat eine sorgfältige Inspektion zu erfolgen, die Palpation des traumatisierten Gewebes und – wenn möglich – eine Funktionsprüfung. Natürlich ist es wünschenswert, daß die gründliche Untersuchung durch den Arzt erfolgt; aber die Realität an den Wettkampfstätten, während des Trainings oder gar in fernen Trainingslagern verzeichnet, daß die Zahl der aktiven Sportärzte klein, zu klein ist. Besonders im Training und in

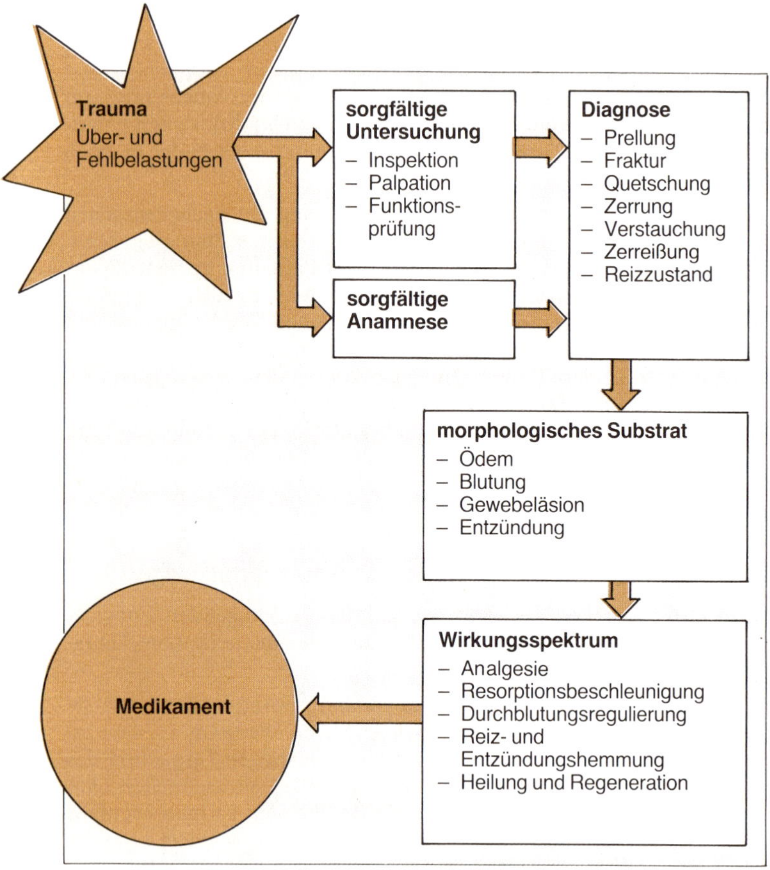

Abb. **89** Überlegungen zur Behandlung von Sportverletzungen.

Trainingslagern sind Physiotherapeuten, Masseure und häufig genug Trainer und Betreuer auf sich selbst gestellt. Es nützt also niemandem, über das Optimale zu sprechen, das sich nicht erreichen läßt, sondern es muß praktisch aufgezeigt werden, wie es richtig gemacht werden soll von dem, der in der aktuellen Situation gefordert wird. Nach vollzogener Anamnese und Untersuchung ergibt sich die Diagnose Reizzustand, Prellung, Quetschung, Zerrung, Faserriß, Verstauchung mit oder ohne ausgedehnte Kapsel-Band-Schädigungen. Luxationen und

Frakturen sollen nur mit erwähnt werden; selbstverständlich steht hier die lokale konservative Therapie nicht im Vordergrund, obwohl einer schnellen Weichteilabschwellung und Hämatomresorption eine nicht zu unterschätzende Bedeutung für die weiterführende Therapie zukommt und die Gesamtbehandlungsdauer verkürzt.

Pathophysiologie traumatisierter Gewebe

Wenn eine Verletzung nicht zu Gewebezerstörungen mit frischen Blutungen geführt hat, reagiert das betroffene Gewebe doch zumindest mit einem entzündlichen Reizzustand, mit einem Ödem, einer Schwellung, die mit einiger Zeitverzögerung nach erlittenem Trauma auftritt. Ob mit oder ohne Gewebequetschung oder -zerreißung und nachfolgendem Hämatom, das entzündliche Ödem entsteht zusätzlich immer. Dabei spielen sich außerordentlich komplizierte Vorgänge ab, die bis heute nicht in allen Einzelheiten geklärt sind.

Außer den Gewebe- bzw. Zelltrümmern werden Eiweißsubstanzen – auch als Zytotoxine (Histamin, Serotonin, Plasmakinine) bezeichnet – freigesetzt, die zu einer Gefäßwanddurchlässigkeit der Kapillaren und Venolen führen. Diese Permeabilitätserhöhung wird indirekt durch Zerstörung vorhandener Mastzellen erreicht, aus denen Histamin freigesetzt wird. Histamin bewirkt ein Zusammenziehen der Endothelzellen. Im weiteren Verlauf werden Adrenalin und Noradrenalin zerstört, die den Tonus der Kapillaren aufrechterhalten. Aus den atonisch gewordenen Kapillaren, deren Wandungen nun regelrechte Lecks aufweisen, treten Leukozyten und Plasma in das Gewebe aus. Der Austritt der weißen Blutkörperchen wird durch die Strömungsverlangsamung in den Gefäßen des geschädigten Areals noch gefördert. In den größeren Gefäßen kann die Stromverlangsamung zur Thrombenbildung, zur Ischämie, zum konsekutiven Sauerstoffmangel, zur Azidose und schließlich Nekrose führen. Die aus den Zelltrümmern frei werdenden Toxine können aber auch direkt die Basalmembran der Gefäße zerstören, es erfolgt Blutaustritt in das Gewebe. Dieser Vorgang erklärt die häufig zu beobachtenden Späthämatome.

Die Zytotoxine wirken jedoch nicht nur biochemisch, sondern auch physikochemisch, sie heben die Wasserbindungsfähigkeit des Chondroitinsulfats, der Grundsubstanz der Bindegewebe auf. Es kommt zu einer Entmischung der Grundsubstanz und der Kittsubstanz der Bindegewebsfasern, der kollagenen Fasern. Die geschilderten Vorgänge laufen bei sehr kleinen geschädigten Gewebearealen hintereinander ab, bei größeren Gewebeschäden existieren sie häufig nebeneinander.

Der Organismus wehrt sich mit seinen eigenen Möglichkeiten postwendend. Proliferationsfaktoren beschleunigen die Mitoserate, die Zellteilungsrate der Endothelzellen und ebenfalls der Thrombozyten.

Beides führt zu einer gefäßabdichtenden Wirkung. Lokale Fibrozyten (Bindegewebszellen), Plasmazellen, Monozyten und Leukozyten nehmen die Bruchstücke der kollagenen Fasern auf und bauen sie ab. Die einsetzende Stimulation führt zur Einleitung der Biosynthese von kollagenen Fasern.

Nach einem Trauma muß man also mit Hämatomen, Gewebetrümmern, Zellansammlung und Ödemen rechnen und mit einem körpereigenen Reglermechanismus, der umgehend Heilungsvorgänge einleitet.

In dieser *Wundphase* muß die Überlegung dahin gehen, welches Wirkungsspektrum von Substanzen kann zu einer Verbesserung der Situation führen (s. Abb. **89**).

Wirkungsspektrum, Wirkungsziele

Das *Wirkungsspektrum* (s. Abb. **89**) umfaßt zuerst einmal die Analgesie sowie die Resorptionsbeschleunigung vorhandener Hämatome und Ödeme, deren Druck auf die Umgebung in den meisten Fällen das auslösende Moment für den Schmerz ist. Außerdem drücken Hämatome und Ödeme die Enden zerrissener Gewebe auseinander und verhindern eine schnelle Heilung durch Faserüberbrückung des Defekts. Die *Wirkungsziele* betreffen Reiz- und Entzündungshemmung, damit es nicht zu weiteren Gefäßschädigungen und anhaltenden Ödemen oder sogar erneuten Blutungen kommt. Der Gefäßtonus soll beeinflußt werden, damit ein genügender arterieller Zufluß gegeben ist, um Bausteine zur Reparation anzuliefern. Die dränierende Mikrozirkulation und der Venenabfluß sollen funktionieren, damit Gewebetrümmer abtransportiert werden können einschließlich Hämatomen und Ödemen. Thromben sollen verhindert oder aufgelöst werden, damit es konsekutiv nicht zur Ischämie und Gewebenekrose kommt. Schließlich wird noch die Möglichkeit der perkutanen Stimulierung der Gewebeheilung gewünscht.

Aus der Tab. **25** kann nun entnommen werden, welche Einzelsubstanzen für das genannte Wirkungsspektrum in Frage kommen.

Analgesie

Der Schmerz kann nachweislich über die perkutane Therapie beeinflußt werden (1, 12, 30, 44, 45). Fünf verschiedene Substanzgruppen sind geeignet, das Wirkungsziel Analgesie zu erreichen (Tab. **26**). In erster Linie sind es rein lokalanästhetisch wirksame Substanzen wie Benzocain, Lidocain, Leucinocain, Bupivacain, Polidocanol.

Eine zweite Gruppe umfaßt die nichtsteroidalen Antirheumatika, die nicht nur analgetisch, sondern auch reiz- und entzündungshemmend wirken (Tab. **25** u. **26**).

Tabelle **25** Substanzen in Salben und Linimenten, Häufigkeit, Konzentration und Wirkungsspektrum

Ia Substanzen, die analgetisch wirken
Ib Substanzen, die analgetisch wirken und z. T. Kühlwirkung besitzen
II Substanzen, die zur Resorptionsbeschleunigung beitragen
III Substanzen, die zur Durchblutungsregulierung beitragen
IIIa mild hyperämisierende und gefäßregulierende Substanzen
IV Reiz- und Entzündungshemmung
V mild hyperämisierende Substanzen
Va Stimulierung der Heilung und Regeneration
VI stark hyperämisierende Substanzen

Substanz	Präparateangebot		Wirkungsspektrum
	Häufigkeit	Konzentration	
Acetylcholinchlorid	2	1,0%	V
Acidum formicicum	2	1,0%	VI
Acidum silicium	4	2,0%	Ib
Aconitum	1	0,5%	Ia
Adonid	1	0,5%	IIIa
Adrenalinbitartrat	1	0,5%	III
Aescin	9	4,5%	II, III, IV
Aescinpolyschwefelsaures Natrium	1	0,5%	II, III, IV
Aesculus hippocastanum	12	6,0%	II, III, IV
Allantoin	6	3,0%	Va
Allium	4	2,0%	VI
Allylisosulfocyan	1	0,5%	VI
Ameisensäureäthylester	1	0,5%	Ib
p-Aminobenzolsäureäthylester	2	1,0%	Ia
p-Aminobenzol-diäthylamin-äthanolhydrochlorid	1	0,5%	Ia
p-Aminobenzol-N,N-diäthyl-leucinol	1	0,5%	Ia
Ammoniaklösung	1	0,5%	VI
Ammoniumbituminsulfonat	2	1,0%	IIIa
Ammoniumjodid	1	0,5%	II, IV, VI
Apsin stand.	3	1,5%	II, VI
Aristolochia	4	2,0%	Va
Arnika	25	12,5%	II, IIIa, IV, Va
Äthanol	1	0,5%	Ib
Äthylenglykolmonosalicylsäureester	25	12,5%	Ia (IV)

Tabelle **25** (Fortsetzung)

Substanz	Präparateangebot Häufigkeit	Präparateangebot Konzentration	Wirkungsspektrum
Äthylester ungesättigte Fettsäuren	2	1,0%	Va
Azulen, Guaja-Azulen	5	2,5%	IV
Bamethansulfat	3	1,5%	III
Belladonna	2	1,0%	III
Bellis perennis	1	0,5%	IIIa
Benzylsalicylat	1	0,5%	Ia, IV
Betulae	4	2,0%	Ib, IIIa, IV
8-Bis-methan-aescin	1	0,5%	II, III, IV
Bornylacetat	1	0,5%	V
Bupheninhydrochlorid	2	1,0%	III
Butylbromid	1	0,5%	Ib
Butylchlorid	1	0,5%	Ib
Cajeputum rect.	3	1,5%	V
Calendula	3	1,5%	Va
Cantharis	1	0,5%	VI
Capsaicin	14	7,0%	VI
Caryophylli	4	2,0%	Ib
Cedri	2	1,0%	VI
Cera flava	2	1,0%	Ib
Cerastes cerastes	3	1,5%	II, III
Chamomilla	4	2,0%	IV
Chloroform	9	4,5%	Ia, IIIa
Chlorophyllin	1	0,5%	Va
Chlorphenoxaminhydrochlorid	1	0,5%	Ib
Cholinchlorid	1	0,5%	III
Cholinstearat	2	1,0%	IV
Cholinstearatsalicylat	1	0,5%	IV, Ia
Chondroitinsulfat-Natrium	1	0,5%	II, III, IV – Ib
Colaminsalicylat	1	0,5%	Ia, IV
Colchicum	1	0,5%	III
Conium maculatum	1	0,5%	Ia, II
Cortison + Corticoide	–	–	Ia
Croton-Öl	1	0,5%	VI
Cumarin + Derivate	2	1,0%	IIIa, III

Tabelle **25** (Fortsetzung)

Substanz	Präparateangebot Häufigkeit	Präparateangebot Konzentration	Wirkungsspektrum
Cynoglossum officinale	4	2,0%	I a
Dexamethason	1	0,5%	IV
Diäthylaminsalicylat	10	5,0%	I a, IV
Dibenzoylthiaminlaurylsulfat	1	0,5%	IV
Diclofenac-Diethylammonium	–	–	I a
1,3-Dijod-2-oxypropan	1	0,5%	II, VI
Dijodpropylthiocarbamid	1	0,5%	(II), VI
Dimethylaminoäthanolbitartrat	1	0,5%	III
Dimethylaminophenyldimethyl-pyrazolon	1	0,5%	I a, IV
1,4-Dimethyl-7-isopropylazulen-guajazulen	2	1,0%	IV
Dodecylpolyäthylenoxidäther	1	0,5%	I
Dulcamara	1	0,5%	VI
Echinacea	7	3,5%	V a, IV
Equisetum	1	0,5%	III
Etofenamat	–	–	I a
Eucalyptus	21	10,5%	I a
Euphobium	1	0,5%	VI
Filicis	2	1,0%	IV
Flufenaminosäure	1	0,5%	IV
Fucidinsäure	1	0,5%	IV
Gaultheria	1	0,5%	I b, IV
Glykolmonosalicylat	6	3,0%	I a, IV
Guajacolum	2	1,0%	I b
Guajacolum nicotinicum	1	0,5%	I b
Hamamelis	16	8,0%	V a, III
Hepar sulfuris	1	0,5%	VI
Heparin	31	15,5%	II, III, IV
Heparin-Natrium	13	6,5%	II, III, IV
Hirudin	6	3,0%	II, III, IV
Histamindihydrochlorid	2	1,0%	III a
Histamin-Nicotinat	1	0,5%	III a
Hyaluronidase	1	0,5%	II
Hydrocortison	1	0,5%	IV

Tabelle **25** (Fortsetzung)

Substanz	Präparateangebot Häufigkeit	Präparateangebot Konzentration	Wirkungsspektrum
Hydrocortisonacetat	1	0,5%	IV
Hydroxypolyäthoxidodecan	3	1,5%	Ia
Hyoscyanum	2	1,0%	III
Hypericium	8	4,0%	V, Va
Ibuprofen	–	–	Ia
Indometacin	–	–	Ia
Jecoris aselli	2	1,0%	Va
Jod + Jodverbindungen	5	2,5%	II, IV, VI
Juniperus	9	4,5%	VI
Kaliumjodat	4	2,0%	II, IV, VI
Kampher	48	24,0%	III
Lachesin	1	0,5%	II, III
Lachesis muta	4	2,0%	II, III
Lavendel	12	6,0%	V
Ledum palustre	2	1,0%	III, IIIa
Linum-Öl	1	0,5%	V
Mandragorae	2	1,0%	Ib
Melilot	2	1,0%	IIIa, III
Menthae piperitae	–	–	Ib
Menthol	22	11,0%	Ia
Mentholsalicylicum	2	1,0%	Ia, IV
8-Methylnonensäurevanillylamid	1	0,5%	VI
Methylsalicylat	20	10,0%	Ia, IV
Millefolium	1	0,5%	III
Monoäthanolaminsalicylat	2	1,0%	Ia, IV
Ammoniakal. Moorextrakt in keimhalt. Ö/W-Salbengrundlage	1	0,5%	IIIa
Mucopolysaccharidpolyschwefelsäureester	4	2,0%	II, III, IV
Mucosa	–	–	II, III, IV
Myristica fragans	5	2,5%	VI
Myrtecain	2	1,0%	Ia
Naja tripudans	1	0,5%	II, III
Natriumbituminsulfat hell = Ichtyol-Natrium	2	1,0%	IIIa

Tabelle **25** (Fortsetzung)

Substanz	Präparateangebot Häufigkeit	Präparateangebot Konzentration	Wirkungsspektrum
Natriumformiat	3	1,5%	VI
Natriumsalz eines Polygalakturonsäuremethylester	1	0,5%	II, III, IV
Natriumsalz einer Polysaccharidsulfatsäure	2	1,0%	II, III, IV
Nebennierenrindenauszug	5	2,5%	IIIa, IV
Nicotinsäurebenzylester	68	34,0%	IIIa
Nicotinsäure-β-buroxyäthylester	4	2,0%	IIIa
Nicotinsäuremethylester	13	6,5%	IIIa
Nonyllsäurevanillylamid	11	5,5%	VI
DL-Noradrenalinbitartrat	1	0,5%	IIIa
Noradrenalinhydrogentartrat	1	0,5%	IIIa
Öle, ätherische	3	1,5%	IIIa
Oleander	1	0,5%	III
Organextrakte:			IIIa
– Embryo-Auszug	1	0,5%	
– Funiculus-Auszug	1	0,5%	
– Human-Plazenta	1	0,5%	
– Ovarienextrakt vom Rind	1	0,5%	
– Plazenta-Extrakt, tierisch	5	2,5%	
– Testes-Extrakt	4	2,0%	
Oxypolyäthoxidodecan	2	1,0%	Ia
Paeonia officinalis	2	1,0%	IIIa
D-Pantothenylalkohol	5	2,5%	Va
Paracetamol	1	0,5%	V
Phenyldimethylpyrazolonsalicylat	1	0,5%	Ia
Pini pumilionis			Ia
Pini sibiricum Pini silvestris	27	13,5%	IIIa
Polidocanol MMG 600	1	0,5%	Ia
Polyäthylensulfonsäure-Natrium	1	0,5%	II, III, IV
Populus	1	0,5%	IIIa
Propyphenazon	1	0,5%	Ia, IV
Pyrazolonderivate:			Ia, IV
– 4-Butyl-1-phenylpyrazolidin-3,5-dion	2	1,0%	

Tabelle **25** (Fortsetzung)

Substanz	Präparateangebot Häufig-keit	Konzen-tration	Wirkungs-spektrum
– 4-Butyl-1,2-diphenyl-pyrazolidin-3,5-dion	1	0,5%	
– 1,4-Diphenyl-3,5-dioxo-pyrazolidin	1	0,5%	
– 1,2-Diphenyl-3,5-dioxo-4-butyl-pyrazolidin	1	0,5%	
– 1-Phenyl-2,3-dimethyl-4-isopropyl-pyrazolon	1	0,5%	
– 1-Phenyl-4n-butyl-3,5-dioxo-pyrazolidin	1	0,5%	
Resina capsici	1	0,5%	VI
Rhododendri ferroginei	2	1,0%	VI
Rhus toxicodendron	3	1,5%	Ia, VI
Rosmarin	21	10,5%	IIIa
Rutae graveolens	1	0,5%	III
Rutin	1	0,5%	III
Salbei	3	1,5%	IIIa
Salicylamid	5	2,5%	Ia, IV
Salicyl-I-saures Natrium Salicylamid-O-essigsaures Natrium Natriumsalicylat	4	2,0%	Ia, IV
Salicylsäure	8	4,0%	Ia, IV
Salicylsäureäthylester	1	0,5%	Ia, IV
Salicylsäurebornester	3	1,5%	Ia, IV
Salicylsäure-β-hydroxyäthylester	1	0,5%	Ia, IV
Sinapis	4	2,0%	VI
Solanedin	–	–	VI
Spicae	1	0,5%	V
Spilanthis-oleracaea-Extrakt	1	0,5%	III
Spiraea infus.	3	1,5%	Ib, IV, V
Sulfur	6	3,0%	VI
Symphytum	16	8,0%	Va
Terpentinöl	25	12,5%	VI
Thiomucase	1	0,5%	II
Thymian	10	5,0%	V
Thymol	2	1,0%	V

Tabelle **25** (Fortsetzung)

Substanz	Präparateangebot Häufigkeit	Präparateangebot Konzentration	Wirkungsspektrum
Triäthanolaminsalicylat	1	0,5%	I a, IV
Trihydroxymethylrutosid	3	1,5%	III
Tyrotricin	2	1,0%	IV
Vanillylamide	–	–	VI
Vipera ammodyles	1	0,5%	II, III
Vipera berus	3	1,5%	
Viscum album	2	1,0%	III a
Vitamine:			V
– A (A-palmitat)	2	1,0%	
– B 1	9	4,5%	
– B-Komplex	1	0,5%	
– E (E-acetat)	5	2,5%	
Vitis viniferae	1	0,5%	III

Tabelle **26** Wirkungsziel: Analgesie

- Lokalanästhetisch wirksame Substanzen:
  Benzocain, Lidocain, Mepivacain, Polidocanol
- Nichtsteroidale Antirheumatika:
  Salicylate, Diclofenac-Diethylammonium, Etofenamat, Ibuprofen, Indometacin
- DMSO
- Cortison und Corticoide
- Pflanzliche Extrakte:
  Aconitum, Menthol

Zur Schmerzlinderung tragen DMSO, Cortison und Corticoide sowie pflanzliche Extrakte bei, wie z.B. Aconitum, Cynoglossum, Conium maculatum, Eucalyptus und Menthol. Insgesamt sind über 40 Einzelsubstanzen bekannt, die ausschließlich oder überwiegend analgetisch wirken, und darüber hinaus etwa weitere 20 Substanzen, die komplexe Wirkungsziele beinhalten (s. Tab. **25**, Ia, Ib).

Resorptionsbeschleunigung und Durchblutungsregulierung

Aufgrund des pharmakokinetischen Verhaltens ist es sicher berechtigt, Substanzen in einer Wirkungszielgruppe zusammenzufassen, die sowohl zur Resorptionsbeschleunigung als auch zur Durchblutungsregulierung beitragen (Tab. **27**). Es sind zwar über 20 Substanzen bekannt, die überwiegend die Resorption von Ödemen und Hämatomen beschleunigen (s. Tab. **25**, II); in einer Art Mehrfachwirkung regulieren sie jedoch gleichzeitig die Durchblutung (s. Tab. **25**, III). Bei der Resorptionsbeschleunigung und in der ödemausleitenden Wirksamkeit kommt den Roßkastanienextrakten und hier dem Aescin eine besondere Bedeutung zu. In zahlreichen Publikationen konnte eindeutig nachgewiesen werden, daß Aescin von der Haut gut absorbiert wird und auch durch die Haut penetriert (11, 14–17, 26, 41). Hohe Aescinkonzentrationen werden jedoch nicht nur in der Haut, sondern auch in der darunterliegenden Muskulatur nachgewiesen. Mit Aescin wird das posttraumatische Ödem beschleunigt abgebaut bzw. sein Auftreten weitgehend verhindert. Die Extrakte der Roßkastanie und hier besonders Aescin entfalten im wesentlichen ihre Ödemhemmwirkung im initialen Exsudativstadium; bioflavomidhaltige Extrakte greifen in weitere Phasen der Entzündung ein, in der reparativen Spätphase sind sie ohne Wirkung. Aescin wirkt mit Sicherheit auf die Permeabilität der Kapillarwandung und damit gefäßabdichtend als Plasma-Lymph-Schranke. Aescin steigert über einen Oberflächenef-

Tabelle **27** Wirkungsziel: Resorptionsbeschleunigung und Durchblutungsregulierung

- Roßkastanienextrakte:
  Aescin, Flavone, Aesculin
- Andere pflanzliche Präparate:
  Arnika, Rutin, Hamamelis
- Heparin und Heparinoide:
  Mucopolysaccharidschwefelsäureester
- Hyaluronidase

fekt die Benetzbarkeit der Gefäßwände von innen. Das erleichtert über eine Erhöhung des onkotischen Drucks den Abtransport der Ödemflüssigkeit. Die Effektivität des Aescins kann durch Wirkstoffkombinationen z.B. mit Heparin-Natrium und Salicylsäure beschleunigt und verlängert werden. Ähnliche oder gleiche Wirkung hinsichtlich Ödemhemmung oder Ödembeseitigung weisen andere pflanzliche Präparate auf, wie Arnika, Cerastes cerastes, Lachesis muta.

Die Eigenschaften des Heparins und der Heparinoide sind offenbar vielschichtig. Die Resorption durch die Haut, die abschwellende Wirkung auf intra- oder subepidermale Ödeme konnten in experimentellen Untersuchungen nachgewiesen werden, ebenso die raschere Resorption von Hämatomen (3, 33, 37, 38).

Über die blutgerinnungshemmende Wirkung hinaus besitzen Heparin und Heparinoide gefäßerweiternde und zirkulationsfördernde Eigenschaften. Die thrombolytische Wirkung ist abhängig von der Heparinkonzentration bis zu 50000 IE, darüber hinaus werden keine oder kaum Effektverstärkungen beobachtet. Bemerkenswert ist, daß die effektive transkutane Penetration und thrombolytische Wirkung des Heparins in Gegenwart von Allantoin und Dexpanthenol signifikant gesteigert werden kann (28, 34, 35).

Die Hyaluronidase ermöglicht über Verflüssigung die Resorption von Ödemen und Hämatomen.

Entzündungshemmung

Die Tab. **25** weist etwa 50 Substanzen aus, die zu einer Reiz- und Entzündungshemmung beitragen (s. Tab. **25**, IV). Dabei wird deutlich, daß nur wenigen Substanzen das alleinige Wirkungsziel „Entzündungshemmung" zugeschrieben wird, die Mehrzahl der Präparate besitzt Mehrfachwirkung (Tab. **25** u. **28**).

Tabelle **28** Wirkungsziel: Entzündungshemmung

- Nichtsteroidale Antirheumatika:
  Salicylate, Diclofenac, Indometacin
- Heparin und Heparinoide:
  Mucopolysaccharidschwefelsäureester
- Roßkastanienextrakte:
  Aescin, Flavone, Aesculin
- DMSO
- Andere pflanzliche Präparate:
  Arnika, Chamomillae, Spilanthis oleracaea

Die Frage, ob eine Substanz antiphlogistisch wirkt, ist nicht selten eine Frage der Definition, was man unter antiphlogistischer Wirksamkeit versteht. Es sollte auf jeden Fall angestrebt werden, zusätzlich zu dem allgemeinen Begriff „Antiphlogistikum" Angaben zu machen, in welchem Sinne eine Substanz antiphlogistisch ist, d.h., in welcher Phase der Entzündung sich ihre Wirksamkeit entfaltet (39, 41). Zu berücksichtigen bleibt dabei, daß das gesamte Steuerungssystem der Entzündung nur in Teilschritten aufgeklärt ist. Roßkastanienextrakte und hier Aescin entfalten ihren ödemhemmenden Effekt im Initialstadium einer posttraumatischen Entzündung. Flavone bzw. bioflavonoidhaltige Extrakte und andere pflanzliche Präparate greifen in weitere Phasen der Entzündung ein, ebenso Dimethylsulfoxid (DMSO).

Heparin und Heparinoide wirken antiinflammatorisch über eine Beeinflussung der Chemotaxis der Leukozyten und Makrophagen sowie Hemmung der Mastzellstimulierung. Damit binden und neutralisieren sie Histamin. Nichtsteroidale Antirheumatika hemmen das Hyaluronidase-Ödem. Sie sollen jedoch nicht direkt, sondern über eine Erhöhung der Katecholamine aus dem Nebennierenmark wirken.

Beschleunigung von Heilung und Regeneration

Letztes Wirkungsziel in der perkutanen Therapie ist die Beschleunigung der reparativen Neubildung von Bindegewebe, die Beeinflussung der Heilung und Regeneration. Dieser Bereich im gewünschten Wirkungsspektrum ist bisher am wenigsten erforscht. Die Effektivität der in Tab. **25** hierzu ausgewiesenen Substanzen (Va) stützt sich stark auf – allerdings unumgängliche – klinische Tests; denn entsprechend der komplexen Wirkung vieler Präparate ist es zwar möglich, einzelne Wirkungen an bestimmten Untersuchungsmodellen zu erfassen, die Beurteilung der Gesamtwirkung eines Produkts, seine Anwendungseigenschaften und seine Verträglichkeit bleiben Domäne der klinischen Prüfung. Entsprechend wird eine Beschleunigung der Heilung und Regeneration pflanzlichen Präparaten wie Aristolochia, Arnika, Calendula und Echinacea (Tab. **29**) zugeschrieben. Indirekt wirken nachweislich Allantoin und Dexpanthenol durch deutliche Steigerung der transdermalen Permeation von Heparin. Über Allantoin ist nicht nur die gute Penetrationsfähigkeit durch die Haut bekannt. Jeder Embryo enthält Allantoin, das die Mehrung der Zellen und so das Wachstum der Gewebe Neugeborener fördert. Allantoin fördert immer die Entwicklung gesunder Zellen, heilt Wunden und beschleunigt die Vernarbung (6). Daß Organextrakte einen günstigen Effekt besitzen, zeigt die Überprüfung der Effektivität verschiedener Heparinoide, wobei die Organoheparinoide besonders wirksam waren (38).

Tabelle **29** Wirkungsziel: Beschleunigung von Heilung und Regeneration

- Pflanzliche Präparate:
  Aristolochia, Arnika, Calendula, Echinacea
- Allantoin
- Choline
- D-Panthenol
- Ätherische Öle
- Organextrakte

Die ätherischen Öle beeinflussen Durchblutungsstörungen und erzielen über viszerokutane Reflexe eine der Heilung dienende Durchblutungsförderung in tiefer liegenden Organen.

Da eine Heilung immer mit einer Mehrdurchblutung verbunden ist, kann diese durch mild hyperämisierende Mittel beschleunigt werden (s. Tab. **25**, V). Keinesfalls gehören in das Wirkungsspektrum der perkutan verwendbaren Medikamente für Frischverletzungen stark reizende Substanzen, die nämlich genau das Gegenteil bewirken würden, eine erneute oder zusätzliche Entzündung. Einige stark hautreizende Substanzen setzen sogar Histamin frei. Das würde sicher zu einer Verschlechterung einer bestehenden Wundsituation führen.

Erst nach all diesen Überlegungen zur Behandlung von Sportverletzungen (s. Abb. **89**) sollte das Medikament in Gelform, als Salbe, Liniment oder Liquidum zur erforderlichen perkutanen Therapie ausgewählt werden. In der Übersichtstabelle **25** sind die Substanzen mit spezifischer Wirkung aufgeführt, gleichzeitig die Häufigkeit des Vorkommens in der gesamten Palette des Präparatangebots sowie die Einordnung in die verschiedenen Wirkungsspektren.

Indikation von Pharmaka

Das Angebot der Medikamente zur Behandlung stumpfer Verletzungen des Bewegungsapparats in der Bundesrepublik ist groß. Es umfaßt über 150 Präparate, die – verständlicherweise – hier nicht aufgezählt werden können.

Betrachtet man die Gesamtindikationsliste aller Präparate (Tab. **30**), wird bereits deutlich, daß es nicht sinnvoll sein kann, mit einem Medikament eine Vielfalt von Empfehlungen zu geben, da es sich bei den aufgeführten Diagnosen um sehr verschiedene krankhafte Gewebeveränderungen handelt und die Effektivität vorhandener Wirksubstanzen unmöglich zu allen pathophysiologischen Phasen eines postthrombotischen oder posttraumatischen Syndroms passen kann.

Tabelle **30** Indikationsliste einiger ausgewählter Präparate

Ausgewählte Präparate	Nichttraumatische Erkrankungen	Diagnosen und Syndrome im Rahmen der Traumatologie
A-Salbe	– entzündliche und degenerative rheumatische Erkrankungen – Neuralgien – Muskel- und Gelenkschmerzen – Wirbelsäulensyndrom – andere schmerzhafte Zustände	– Prellungen – Stauchungen – Zerrungen – Ergüsse – Sehnen- und Sehnenscheidenentzündung
B-Salbe	– Rheumatismus – Hexenschuß – Muskel-, Gelenk-, Nervenschmerzen	– Sportverletzungen
C-Salbe	– rheumatische Erkrankungen der Muskeln und Gelenke – Arthrose – Arthritis – Ischias – Muskel-, Gelenk- und Nervenschmerzen	– Prellungen – Zerrungen – Stauchungen
D-Salbe	– rheumatische Erkrankungen – Durchblutungsstörungen – Nervenentzündungen – Neuralgien – Ischias – Brust- und Rippenfellentzündung	– Zerrungen – Prellungen – Verstauchungen – Ergüsse – Muskelkrampf – Gelenk- und Muskelschmerz – Sehnenscheidenentzündung – Schleimbeutelentzündung
E-Salbe	– Venenentzündungen – oberflächliche Thrombosen – örtliche Durchblutungsstörungen – Krampfadern – Unterschenkelgeschwüre – Hämorrhoiden – Furunkel – Insektenstiche – Akne – Mastitisprophylaxe	– Blut- und Gelenkergüsse – Prellungen – Distorsionen – Knochenhautreizungen – Sportverletzungen – Schleimbeutel- und Sehnenscheidenentzündung – Lockerung schmerzhaften Narbengewebes

Tabelle **30** (Fortsetzung)

Ausgewählte Präparate	Nichttraumatische Erkrankungen	Diagnosen und Syndrome im Rahmen der Traumatologie
F-Salbe	– Ischias – Hexenschuß – Zwischenrippen-schmerzen – steifer Hals	– Schmerzen in Muskeln und Gelenken – Muskelkater durch Sport und Überanstrengung – Muskelkrämpfe – Quetschungen – Überdehnung und Zerrung von Muskeln – nichteiternde blutunterlaufene Stellen – Behandlung der Folgen von Brüchen, Verrenkungen, Verstauchungen – Unterstützung der Massage – beim Sport als Vorbereitung der Muskulatur gegen Anstrengungen, Krämpfe

Auf die Diskrepanz zwischen tatsächlich möglicher und gewünschter Effektivität und andererseits ausgeweiteter Indikationsskala soll mit dem Ziel hingewiesen werden, eine notwendige kritische Betrachtungsweise auszulösen.

Danach reduziert sich die aufgeführte Gesamtpräparateliste sehr deutlich, wenn man sich der Tatsache bewußt ist, daß – wie bereits erwähnt – alle stark hautreizenden Substanzen in Präparaten zur Behandlung frischer Verletzungen des Bewegungsapparats unerwünscht sind (s. Tab. **25**, VI).

Die Zeit der Frischverletzungen, die *Wundphase,* erstreckt sich sicher über wenigstens 4 bis zu 8 Tagen. Berücksichtigt man in den Indikationslisten die sinnvolle Eingrenzung gegebener Empfehlung sowie die pharmakokinetisch nachweisbare Effektivität und überprüft die chemische Zusammensetzung unter der Forderung, daß Analgesie, Resorptionsbeschleunigung, Durchblutungsregulierung, Reiz- und Entzündungshemmung und Stimulierung der Heilung gewünscht werden, sowie unter Berücksichtigung der nachweislichen Effektivität pflanzlicher Extrakte, verbleiben ca. 25 Präparate, die im Rahmen der Traumatologie sowie des postthrombotischen Syndroms wirksam sind.

Würde man darüber hinaus die Forderung stellen, daß für die jeweiligen Indikationen wenigstens 100 Patienten klinisch sorgfältig zu überprüfen sind, so daß ein nachprüfbarer Effekt als Erfahrungswert akzeptiert werden kann, dann ergäbe sich eine weitere Reduzierung der genannten Zahl von Medikamenten. Dieses Kriterium bleibt jedoch vorläufig zurückgestellt, da nur wenige Präparate den Anforderungen echter Signifikanz genügen.

Dieses Ausleseverfahren kommt nun keineswegs einer Gesamtrezeptempfehlung gleich. Es ist sicher möglich, durch geschicktes Kombinieren verschiedener Präparate bessere Therapieerfolge zu erzielen.

Es sei hier noch einmal verwiesen auf die signifikante Steigerung der thrombolytischen Wirkung des Heparins in Gegenwart von Allantoin und Dexpanthenol oder die schnellere Effektivität und länger anhaltende Wirkung des Aescins bei gleichzeitig vorhandenen Heparinoiden. Es kann hier nicht auf jede Kombinationsmöglichkeit eingegangen werden. In der tabellarischen Zusammenfassung (s. Tab. **25**) wird deutlich, daß zahlreiche Einzelsubstanzen nicht nur eine spezifische, sondern auch Mehrfachwirkung entfalten.

Praktische Anwendung

Für die frischen geschlossenen Verletzungen des Bewegungsapparats soll eine über Jahre sehr erfolgreich durchgeführte Therapieanwendung wiedergegeben werden.

Wenn nach allen vor Ort möglichen diagnostischen Maßnahmen nach den Regeln der Kunst abgeklärt ist, daß keine komplizierten Gewebeverletzungen vorliegen, die z.B. einen operativen Eingriff oder stationäre Überwachung erforderlich machen, wird zuerst über die Haut der betroffenen Körperregion Dimethylsulfoxid (DMSO) aufgetragen.

Auf das DMSO muß etwas näher eingegangen werden, da in vielen Gesprächen und Diskussionen über perkutane Therapie hierzu recht unterschiedliche Meinungen vertreten werden. Insbesondere heißt es, es handele sich um ein neues Präparat, das darüber hinaus mit schädlichen Nebenwirkungen behaftet sei. Beides ist absolut nicht richtig. DMSO ist seit 1867 bekannt, seit dieser Zeit ist es in zahlreichen Arbeiten hinsichtlich der Verwendbarkeit für die Medizin überprüft worden. Es ist eine hochgradig polare organische Substanz, die hygroskopisch und mit Wasser mischbar ist, wirkt als starkes Lösungsmittel, wird durch die Haut schnell resorbiert und für akute Verletzungen empfohlen. DMSO wirkt analgetisch (s. Tab. **26**), antiexsudativ und antiphlogistisch (s. Tab. **28**). Die besondere Eigenschaft beruht jedoch in der Fähigkeit, als Carrier eine Reihe von Verbindungen durch die Haut zu transportieren. Es ist z.Z. kein anderes Agens bekannt, das die perkutane Resorption in dem Ausmaß beeinflußt wie DMSO. Entsprechend hat es sich als Transportmittel ausgezeichnet bewährt.

DMSO verbleibt für einige Minuten auf der Haut. Reste werden abgetupft oder abgewischt. Danach empfiehlt sich die Anwendung eines möglichst reinen Roßkastanienextraktes, am günstigsten das Aescin selbst. Es wirkt optimal in der Anfangsphase eines entzündlich exsudativen Prozesses, in der reparativen Spätphase ist es unwirksam (s. Tab. **27**). Es können auch alle meist sogenannten Venenpräparate verwendet werden, die nicht gleichzeitig hyperämisierende Substanzen enthalten oder durch ihre Salben- bzw. Gelgrundlage keine günstige Resorptionsvoraussetzungen schaffen. Schnell und ohne Rückstände werden Concentrin, Reparil, Pe-Ce-Ven und Venostasin resorbiert.

Anschließend soll ein reines Analgetikum aufgetragen werden. Die Skala der empfohlenen Analgetika ist allerdings nicht unisono zu empfehlen, da auch hier zahlreiche Mischpräparate vorliegen, die stark hyperämisierende Substanzen enthalten. Wir verwenden Anästhesin (Benzocain), Panthesin (Leucinocain), Carbostesin (Bupivacain) und Thesit (Polidocanol). Diese Präparate sollten in 1–2 mm dicker Schicht auf die Haut aufgetragen werden, danach Arnika, Consoliplast, Enelbin, Hemeran, Hepathrombin, Hirudoid, Opino, Pergalen, Spolera, Sportupac, Traumeel, Thrombocutan, Thrombophob oder Vaxicum bzw. jene Salben, die hinsichtlich ihrer Zusammensetzung entsprechend den Forderungen des Wirkungsspektrums sicher in der Traumatologie wirksam sind (s. Tab. **27** u. **28**).

Die Salbenschicht sollte mit Zemuko oder Zewelko-Vliesstoffen abgedeckt werden, die keine feuchte Kammer bilden. Über den Vliesstoff Schaumgummi (1 cm dick) breiten zur Kompression und eine gut sitzende, nicht schnürende Binde anlegen (insgesamt der Kompressionsverband). Nach 8, spätestens 24 Stunden ist der Verband zu erneuern.

In allen nun folgenden zeitlichen Phasen kann man die Kombination gezielt ändern entsprechend dem klinischen Befund und damit wahrscheinlich vorliegender Gewebesituation.

Die anfänglich so erwünschte Analgesie kann bereits nach 48 Stunden in den Hintergrund treten, zumindest die spezifischen Oberflächenanästhetika (s. Tab. **26**) sind nicht mehr notwendig.

Heparin und Heparinoide, Roßkastanienextrakte, nichtsteroidale Antirheumatika und pflanzliche Präparate (Aconitum, Arnika, Rutin, Hamamelis, Chamomillae) behalten über die nächsten 8 Tage ihre Bedeutung (s. Tab. **26–28**).

Gegen Ende der *Wundphase* gewinnen Allantoin, Choline, bestimmte pflanzliche Präparate wie Calendula, Aristolochia und Echinacea

(s. Tab. **29**) sowie jetzt mild hyperämisierende Substanzen (s. Tab. **25**, V) an Bedeutung.

Über das gesamte *Heilstadium* von etwa 8–14 Tagen sollte diese Kompositionstendenz beibehalten werden.

Zur Therapie in der *Heilphase* sind zu empfehlen: Arnika-Fides, A-Salbe, Consoliplast, Enelbin, Kausalpunkt, Kytta, Ossidal, Sportupac, Thrombocutan, Traumeel, Unguentolan, Vaxicum usw.

Eine vollständige Auflistung aller in Frage kommenden Präparate erscheint nicht sinnvoll, zumal sich die Palette der angebotenen Medikamente und ihre Zusammensetzung häufig ändern.

Hyperämisierende Medikamente

Nach der *Heilphase* – in der *Rehabilitationszeit* – gewinnen die hyperämisierenden Substanzen immer mehr an Bedeutung. Dabei bleiben jedoch bis zur abgeschlossenen Rehabilitation die Histamin freisetzenden hyperämisierenden Substanzen unerwünscht (Tab. **25**, VI, u. **31**, III). Terpentinöl, Senföle, Schlangengifte, Crotonöl, Bienengift und Ameisensäure z. B. sollten vermieden werden, damit nicht unangenehm brennendes Gefühl auf der Haut, erneute Ödeme und schmerzhafte Gewebeschwellung entstehen. Auch bei der Anwendung von Jodpräparaten ist sorgfältig darauf zu achten, daß die Salbenverbände nicht zu lange auf der Haut verbleiben; Okklusionsverbände sind kontraindiziert, diffuse Entzündungen und schmerzhafte Hautblasen sind sonst die Folge.

Pharmakokinetik und Pathophysiologie

Alle hautreizenden, wärmenden Substanzen können sämtliche Grade der Entzündung auslösen; sie können auch nur ein Erythem verursachen mit Erweiterung der Arteriolen und Kapillaren (Erwärmung und Rötung der Haut).

Die Nicotinsäureester erzielen das 4fache der Ruhedurchblutung, wobei das Durchblutungsmaximum nach 30–40 Minuten erreicht wird. Die Temperaturerhöhung hält 1–2 Stunden an, eine gewünschte Analgesie bis zu 4 Stunden (2, 4).

Die auf dem Markt befindlichen Präparate enthalten Nicotinsäurebenzylester, die in der Konzentration um das 20fache voneinander abweichen. Aber bereits mit einer 0,25%igen Konzentration wird die Hauttemperaturspitze von 3–5 Grad erreicht. 2- bis 5%ige Konzentrationen führen zu längerer Hyperämie mit einer Hautrötung, die bis zu 12 Stunden anhält.

Tabelle **31** Hyperämisierende Substanzen

I	In den hyperämisierenden Medikamenten liegt folgende Zusammensetzung am häufigsten vor: Aescin, Arnika, Bupheninhydrochlorid, Choline, Nicotinsäurebenzylester, nichtsteroidale Antirheumatika, Paracetamol, Salicylate		
II	Reizung, Hyperämie und Gefäßregulierung wird durch folgenden Substanzen erzielt:		
	Acetylcholinchlorid	Histamindihydrochlorid	Paeonia officinalis
	Adonid	Hypericium	Paracetamol
	Ammoniumbituminsulfonat	Lavendel	Pini silvestris
		Ledum palustre	Populus
	Arnika	Linum-Öl	Rosmarin
	Betulae	Melilot	Salbei
	Bornylacetat	Moorextrakt	Spicae
	Cajeputum	Nebennierenauszug	Spiraea infus.
	Chloroform	Nicotinate	Thymian-Verbindungen
	Coenzym A	Noradrenalinbitartrat	
	Cumarin + Derivate	ätherische Öle	Thymol
		Organextrakte	Viscum album
III	Starke Hyperämie wird erzielt durch:		
	Acidum formicicum	Euphobium	Rhus toxicodendron
	Allium	Hepar sulfuris	Solanedin
	Allylisosulfocyan	Jod + Verbindungen	Senföle
	Ammoniaklösung		Schlangengifte
	Apsin stand.	Juniperus	Schwefel + Verbindungen
	Cantharis	Myristica fragans	
	Capsaicin	Natriumformiat	Oleum sinapis
	Oleum cedri	Resina capsici	Terpentinöl
	Oleum crotonis	Rhododendron ferrugineum	Tropaeolum majus
	Dulcamara		Vanillylamide

I eignet sich zur Allgemeinbehandlung unspezifischer Weichteilirritationen

II eignet sich zur Behandlung entzündlicher Erkrankungen des Bewegungsapparats wie Periostitis, Tendinitis, Tendovaginitis, Bursitis, Periarthritis

III eignet sich zur Behandlung degenerativer Erkrankungen des Bewegungsapparats wie Arthrosis deformans, Spondylarthrose, Bandscheibenschädigung, Myegelosen

I + II + III werden empfohlen zur Behandlung von Neuritiden, Neuralgien, Ischialgien, rheumatoiden Erkrankungen, Rheuma, Gicht und schließlich Massagen

Bei der Anwendung der Nicotinsäureester und anderer hyperämisierender Substanzen kommt es zu einem deutlichen Gewöhnungseffekt. Die Refraktärperiode beginnt um so früher und hält länger an, je höher die Anfangskonzentration der Wirksubstanzen in den Präparaten ist (37).

Für die Therapie perkutan wirksamer hyperämisierender Medikamente spielen somit lokale und individuelle Ansprechbarkeit und damit die Empirie eine nicht zu unterschätzende Rolle.

Über das Erythem hinaus können die hyperämisierenden Substanzen zu schmerzhaft seröser Entzündung führen mit einer Exsudation aus den Gefäßen, die jene Menge übersteigt, die durch die Lymphgefäße abtransportiert werden kann. Schließlich kann es zum Gewebezerfall wie nach einem Trauma kommen mit dem abschließenden Prozeß einer Narbenbildung.

Die Wirkungsweise der hyperämisierenden Mittel ist somit kompliziert, nicht nur quantitativ, sondern auch qualitativ (s. Tab. **25**, IIIa, V, VI). Bestimmte Substanzen wirken nur auf die Hautnerven, sekundär über Axonreflexe auf den Kontraktionszustand der Hautgefäße. Andere können direkt die Kapillaren und Arteriolen der Haut angreifen; eine weitere Substanzgruppe beeinflußt das Gewebe durch Histaminfreisetzung (s. Tab. **31**, III). Schließlich können auch in tieferliegenden Organen über viszerokutane Reflexe der Head-Zonen Durchblutungsförderungen erzielt werden (4, 8). Wendet man hyperämisierende Mittel über den Head-Zonen der Nieren an, kommt es zu einer deutlichen Steigerung der Diurese; wird die Haut vorher anästhesiert, z. B. mit Procain, bleibt dieser Effekt aus.

Rehabilitation, entzündliche Reizzustände, Massagen

Wie bereits erwähnt, ist eine Mehrdurchblutung in der posttraumatischen *Heil-* und *Rehabilitationsphase* durchaus erwünscht, da jeder Heilungsprozeß von einer Hyperämie begleitet wird.

In der *Heilphase* können zu den aufgeführten Substanzen und in den in Frage kommenden Präparaten unbedenklich milde Salicylate, Nicotinsäurebenzylester, Rosmarin, ätherische Öle, Thymianverbindungen usw. (s. Tab. **31**, II) eingesetzt werden. In der *Rehabilitationsphase* geht die Tendenz zu stärker hyperämisierenden Substanzen (s. Tab. **31**, III). Für die Rehabilitationsphase empfehlen sich Präparate wie Arthrodestal, Arthrodynat, Arthrosenex, Bayolin, Benerva mit Acetylcholin, Caye, Discomigon, Dolorsan, Exrheudon, Fibraflex, Forapin, Mobilat, Myalgol, Pinimenthol, Retterspitz, Rheumyl, Salicutan, Vipericin, Zeel.

Zahlreiche Medikamente zielen im wesentlichen auf den hyperämisierenden Effekt. Bei nichttraumatischen entzündlichen Prozessen bestehen zusätzlich Störungen der Osmose und der Wasserstoffionenkonzentration sowie Durchblutungsstörungen. Die Hyperämie kann solchen Störungen entgegenwirken. Für den gesamten Indikationsbereich entzündlicher Reizzustände wie Periostitiden, Tendinitiden, Insertionstendopathien, Myalgien, Neuralgien und rheumatoide Erkrankungen stehen der Medizin über 200 nahezu gleichwertige Medikamente zu Verfügung, die hier nicht aufgeführt werden können.

Eine besondere Bedeutung kommt den Jodpräparaten, Nicotinaten und Salicylaten zu, da ihre Mehrfachwirkung auch Analgesie und Entzündungshemmung beinhaltet.

Neuralgien und rheumatische Affektionen können durch perkutane Therapie gebessert werden.

Für den Komplex der degenerativen Veränderungen gewinnen die stark hyperämisierenden Substanzen wie Capsicum, Terpentinöl, Bienengift usw. an Bedeutung (s. Tab. **31**, III).

Für die *Massagen* eignen sich mild hyperämisierende Substanzen wie Arnika, ätherische Öle, Rosmarin, Salbei, Lavendel, Thymianverbindungen. Für die Erholungsmassage werden gern Eukalyptusöl, Franzbranntwein, Alkohol, Kampfer, Menthol und Latschenkieferöl verwendet, Substanzen, die über ihre Kühlwirkung mild anästhesieren.

Galenik

Für die Effektivität der Wirksubstanzen spielt die Zusammensetzung der Salben, Linimente, Liquida und Gele eine wichtige Rolle. Das betrifft sowohl die Substanzen untereinander, ihre Konzentration wie auch ihre Einbettung in das Medium, insgesamt als Galenik bezeichnet. Ausführliche Darlegungen hierzu übersteigen den gesteckten Rahmen. Es darf jedoch noch einmal an die signifikante Steigerung der thrombolytischen Wirkung des Heparins in Gegenwart von Allantoin und Dexpanthenol erinnert werden, die Verbesserung der Wirkung des Aescins zusammen mit Heparin-Natrium und Salicylaten. Die transdermale Permeation und Wirkung des Heparins wird durch Konzentrationssteigerung bis zu 50000 IE gesteigert, die Effektivität der Nicotinsäureester ist je nach Konzentration unterschiedlich, somit auch die lokale und individuelle Ansprechbarkeit.

Allantoine entfalten ihre Heilungsbeschleunigung sowie Sicherung der Hautfeuchtigkeit am besten aus Öl-Wasser-Emulsionen, ebenfalls Heparin und Heparinoide. Nicotinsäurebenzylester besitzt aus wasserhaltigen Emulsionen ein besseres Eindringungsvermögen in die Haut als aus wasserfreien Salben. Verschiedene andere hyperämisierende

Substanzen, inkorporiert in verschiedene Grundlagen, ergeben ebenfalls eine bessere Wirkung aus wasserhaltigen Emulsionen. Eine noch bessere Effektivität wird aus alkoholischen Lösungen erzielt.

Diese Ausführungen sind nur Hinweise auf die schwierigen Probleme der Galenik. Die Bedeutung der verschiedenen Zusätze läßt sich somit nur bei voll vergleichbaren Rezepturen, insbesondere auch hinsichtlich der Salbengrundlage, abschätzen.

Entsprechend der komplexen Wirkung vieler Präparate ist es zwar möglich, einzelne Wirkungen an bestehenden Modellen zu erfassen, zur Beurteilung der Gesamtwirkung eines Produkts, insbesondere auch seiner Anwendungseigenschaften und seiner Verträglichkeit, sind auch heute noch klinische Tests unumgänglich. Sie sollten jedoch genügend umfangreiche und vergleichbare Patientenkollektive ausweisen.

Bei der Überprüfung der gesamten perkutan anwendbaren Salben, Linimente, Liquida, Pasten, Gele und Öle fällt auf, daß häufig bestimmte Substanzgruppen kombiniert und dem Wirkungsspektrum einer bestimmten Gruppe von Erkrankungen und Verletzungen zugeordnet werden.

Sicher günstiger ist die Überlegung, welche Einzelsubstanzen mit bekannter Effektivität üben auf die jeweiligen spezifischen Gewebezustände eine positive Wirkung aus. Die gezielte Komposition der Substanzen ergibt dann auch unter Berücksichtigung des geeigneten Mediums Medikamente, die einen befriedigenden, wenn nicht optimalen Therapieerfolg garantieren. In einer Zeit, in der über Wirkung, heftiger noch über Nebenwirkungen chemisch definierter Substanzen in der Medizin gestritten wird, verdienen die in der konservativen Therapie perkutan verwendbaren Medikamente größere Aufmerksamkeit.

Literatur

1 Aberg, G.: Eine Methode zur Prüfung von Oberflächen-Anästhetica am Menschen. Arzneimittel-Forsch. 20 (1970) 1536

2 Berbig, G., A. Frentzel-Beyme: Zur Hyperämisierung der Haut mit Nikotinsäureester. Dtsch. Gesundh.-Wes. 8 (1953) 653

3 Chyla, G.: Klinische und experimentelle Erfahrungen mit Hirudoid. Dtsch. med. Wschr. 79 (1954) 372

4 Crismon, J. M., R. H. Fox, R. Goldsmith, R. K. MacPherson: For earm blood flow after injunction of rubefacient substances (abstract). J. Physiol. 145 (1959) 47 P

5 Gastpar, H.: Physiologische Bedeutung und pharmakologische Wirkung des Heparins. Schattauer, Stuttgart 1965

6 Goy, H.: Allantoin und seine Derivate. Seifen Öle Fette Wachse 100 (1974) 349

7 Greifensteiner, H.: Behandlung posttraumatischer Schwellungen mit Reparil. Münch. med. Wschr. 108 (1966) 2172

8 Hauser, W.: Die Bedeutung viscerokutaner Reflexe für die Pathogenese von Dermatosen. In Gottron, H. A., W. Schönfeld: Dermatologie und Venerologie. Thieme, Stuttgart 1970 (S. 328)
9 Heine, H.: Transkutane Heparintherapie. Experimentelle histologische Untersuchungen mit der Wirkkombination Heparin-Allantoin-D-Panthenol. Med. Welt 34 (1983) 602
10 Heine, H.: Transkutane Heparintherapie. Speicherfähigkeit von Mastzellen und Fibrozyten. Med. Welt 35 (1984) 320
11 Henschler, D., K. Kempel, B. Schultze, W. Maurer: Zur Pharmakokinetik von Aescin. Arzneimittel-Forsch. 21 (1971) 1682
12 Horatz, K.: Die Lokalanästhesie in der ärztlichen Praxis. Dtsch. med. J. 6 (1955) 444
13 Isbary, J. W.: Zur Lokalbehandlung von Ödem und Hämatom in der chirurgischen Praxis. Z. Allgemeinmed. 51 (1975) 684
14 Jakob, F., B. Fassbender: Erprobung der ödemausleitenden Wirkung von Reparil-Gel in der chirurgischen Ambulanz. Fortschr. Med. 87 (1969) 893
15 Lang, W.: Untersuchungen zu perkutaner Absorption von ^{3}H-Aescin bei Maus und Ratte. Arzneimittel-Forsch. 24 (1974) 71
16 Lang, W.: Studies on the percutaneous absorption of ^{3}H-Aescin in pigs. Res. exp. Med. 169 (1977) 175
17 Lang, W., W. H. Mennicke: Pharmakokinetische Untersuchungen mit fritiiertem Aescin an Maus und Ratte. Arzneimittel-Forsch. 22 (1972) 1928
18 Lindner, J.: Die perkutane Resorption von Heparin. Med. Klin. 34 (1963) 1374
19 Lorenz, D., M. L. Marek: The active therapeutic principle of horse chestnut (Aesculus hippocastanum). Part 1. Classification of the active substance. Arzneimittel-Forsch. 10 (1960) 263
20 Lorenz, D., F. Reiffer: Die oedemhemmende Wirksamkeit von Aescin und Buphenin bei cutaner Anwendung am Kaolin-Oedem der Rattenpfote. Arzneimittel-Forsch. 17 (1967) 1083
21 Ludwig, H.: Untersuchungen zur Wirksamkeit von Heparinoid-Aescin-Gel. Med. Welt 5 (1970) 194
22 Mathies, H.: Studies on the mechanism of hyaluronidase inhibition by antirheumatic substances. Pharmazie 14 (1959) 429
23 Matis, P.: Zur medikamentösen Behandlung von Venenkrankheiten. Med. Welt 33 (1982) 1446
24 Patt, P., W. Winkler: The active therapeutic principle of horse chestnut (Aesculus hippocastanum). Part 2. On the chemistry of the active substance. Arzneimittel-Forsch. 10 (1960) 273
25 Pearson, L. M., B. H. Waksmann, J. T. Sharp: Studies of arthritis and other lesions induced in rats by injection of mycobacterial adjuvant. V. Changes affecting the skin and mucous membranes. Comparison of the experimental process with human desease. J. exp. Med. 113 (1961) 485
26 Przerwa, M., M. Arnold: Untersuchungen zur Durchlässigkeit der Haut. Arzneimittel-Forsch. 25 (1975) 1048
27 Rothkopf, M., G. Vogel: Neue Befunde zur Wirksamkeit und zum Wirkungsmechanismus des Roßkastaniensaponins Aescin. Arzneimittel-Forsch. 26 (1976) 225
28 Rudolph, C., H.-D. Tauschel: Untersuchungen zur perkutanen Wirksamkeit einer Heparin-Allantoin-Dexpanthenol-Kombination in spezieller Salbengrundlage. Arzneimittel-Forsch. 34 (1984) 1766
29 Schaefer, H., A. Zesch: Die Penetration von Heparin in die menschliche Haut. Pharmazie 31 (1976) 251
30 Schöller, C.: Über die Regelung der Wasser-Lipoidlöslichkeit pharmazeutisch-wirksamer Verbindungen. Angew. Chem. 62 (1950) 7
31 Schraven, E., D. Trottnow: Perkutane Resorption von Heparin aus einer speziell zubereiteten Öl-in-Wasser-Emulsion. Arzneimittel-Forsch. 23 (1973) 274
32 Stüttgen, G.: Pharmakokinetik und Effektivität von Hauttherapeutika. Hautarzt 31 (1981) 199

33 Stüttgen, G., H. Brüster, W. Schulgen: Zum Nachweis lokaler und allgemeiner Wirkungen von Heparin bzw. Heparinoid-Salben. Arzneimittel-Forsch. 12 (1962) 723

34 Tauschel, H.-D., C. Rudolph: Untersuchungen zur perkutanen Wirksamkeit einer Heparin-Allantoin-Dexpanthenol-Kombination in spezieller Salbengrundlage. Arzneimittel-Forsch. 32 (1982) 1096

35 Tauschel, H.-D., F. Bonacina, F. Galetti: Untersuchungen zur perkutanen Wirksamkeit von Heparin-Allantoin-Dexpanthenol-Kombinationen in spezieller Salbengrundlage. Arzneimittel-Forsch. 34 (1984) 1768

36 Tronnier, H.: Weitere experimentelle Untersuchungen zur Wirksamkeit einer hirudoidhaltigen Salbe. Hautarzt 204 (1969) 114

37 Tronnier, H., P. Mehring: Zur Indikation einer perkutanen Behandlung subkutaner Ödeme, Hämatome und rheumatischer Beschwerden. Therapiewoche 29 (1979) 5941

38 Tronnier, H., G. Economou, U.-M. Herbert: Experimentelle Untersuchungen über die Wirksamkeit einer perkutanen Therapie oberflächlicher posttraumatischer und postthrombotischer Zustände. Med. Welt 52 (1967) 3179

39 Vogel, G., M. L. Marek: The dependence of rat paw edema induced by polyvinylpyrrolidone and dextran on the molecular weight of the substances. Arzneimittel-Forsch. 12 (1962) 815

40 Vogel, G., M.-L. Marek, R. Oertner: Zur Frage der Wertbestimmung antiexsudativ wirkender Pharmaka. Arzneimittel-Forsch. 18 (1968) 426

41 Vogel, G., M.-L. Marek, R. Oertner: Untersuchungen zum Mechanismus der therapeutischen und toxischen Wirkung des Roßkastanien-Saponins Aescin. Arzneimittel-Forsch. 20 (1970) 699

42 Wagner, J., H. Hoffmann: Über Inhaltsstoffe des Roßkastaniensamens. V. Untersuchungen an Triterpenglykosiden. Hoppe-Seylers Z. physiol. Chem. 348 (1967) 1697

43 Wahlberg, J. E.: Percutaneous absorption. Curr. Probl. Derm. 5 (1973) 1

44 Waterloh, E., K.-H. Groth: Zur Objektivierung der Wirksamkeit eines Externums bei Sprunggelenksverletzungen mit Hilfe einer volumetrischen Methode. Arzneimittel-Forsch. 33 (1983) 792

45 Zipf, H. F., E. Wetzels, H. Ludwig, M. Friedrich: Allgemeine und lokale toxische Wirkungen von Dudecy-polyäthylenoxyd-aesthern. Arzneimittel-Forsch. 7 (1957) 162

Abb. **90** Kraft, Ausdauer, blitzschnelles Reaktionsvermögen und eine brillante Spieltechnik zeichnen Ausnahmeathleten – hier beim Fußball – aus.

Funktionelle Verbände mit Hilfe von Tape-Bandagen

A. Klümper

Definition

Unter Tapen versteht man das Anlegen von Stütz- und Kompressionsverbänden mit Hilfe eines nichtelastischen, zugfesten Spezialpflasters, das auf der Haut und auf Verbandmaterialien besonders gut haftet. Hinter dieser allgemeinen Formulierung verbirgt sich allerdings wesentlich mehr als nur die Tatsache des Anlegens einer stützenden Klebebinde.

Zielsetzung

Der Tape-Technik liegen zwei Überlegungen zugrunde: auf der einen Seite das Bestreben, einen geschädigten oder einen Körperabschnitt mit Weichteilverletzungen so zu versorgen, daß eine Insuffizienz z. B. eines Gelenkbandapparats verhindert wird unter gleichzeitiger Teilruhigstellung und Entlastung des lädierten Gewebes, aber unter weitgehend möglicher Beibehaltung der Funktion des Stütz- und Bewegungsapparats, um die bei Starrverbänden durch die Immobilisation auftretenden Folgeschäden zu vermeiden. Die zweite Überlegung beinhaltet, einer möglichen Verletzung bei gegebener Belastung oder durch spezielle sportliche Betätigung und entsprechender Gefährdung vorzubeugen.

Über das Bandagieren und partielle Immobilisieren hinaus kommt dem Tape-Verband eine weitere sinnvolle Funktion zu: Der interstitielle Druck wird mitbestimmt durch die Dehnbarkeit der Haut bzw. der Faszien der Muskulatur und durch die Feinstruktur des Gewebes selbst. Wenn man den kolloidosmotischen und den interstitiellen Druck als Gegenspieler des hydrostatischen Drucks in ihrer Bedeutung gegeneinander abwägt, ergibt sich, daß mit großer Wahrscheinlichkeit der interstitielle Druck es ist, der im wesentlichen das Gleichgewicht zwischen Filtration und Rückresorption aus und in die Gefäße bestimmt. Die Rückresorption ist aber genau das, was bei einem Zustand nach einer Verletzung, dem posttraumatischen Syndrom, häufig mit statisch bedingter Veneninsuffizienz erheblich gestört ist.

Mit einem Tape-Verband wird die Dehnfähigkeit sowohl der Haut als auch der Faszien herabgesetzt, damit der interstitielle Druck erhöht. Das bedeutet verminderten Flüssigkeitsaustritt aus dem intravasalen in den interstitiellen Raum, vermindertes Ödem, verminderten Druck auf sensible Nervenbahnen, weniger Schmerzen.

Das Arbeiten mit funktionellen Verbänden und der Tape-Technik beinhaltet aber auch verantwortungsvolles medizinisches Handeln.

Die Technik der Tape-Verbände setzt gute anatomische und physiologisch-funktionelle Kenntnisse des Bewegungsapparats voraus. Nach einer Verletzung muß der Tapende die betroffene Körperregion sorgfältig untersuchen und in der Lage sein, anhand des abgelaufenen Ereignisses sowie unter Funktionsprüfung zu beurteilen, ob ein Tape-Verband erlaubt und angezeigt ist oder ob der verletzte Athlet bzw. Patient sofort in ärztliche Behandlung überführt werden muß. Nur so läßt sich die wertvolle Technik der funktionellen Verbände vor Mißkreditierung schützen.

Wie wichtig gute Kenntnisse der Anatomie und hier speziell der Bänder als Voraussetzung für das Beherrschen der Tape-Verband-Technik sind, soll am Beispiel der so häufigen Distorsion der oberen Sprunggelenke aufgezeigt werden (Abb. **91** u. **92**).

Vorteil funktioneller, Nachteil starrer Verbände

Bei einer Läsion verschiedener Bänder des oberen Sprunggelenks muß der Tape-Verband so angelegt werden, daß auf der Haut ein Ersatzstücksystem entsteht (s. Abb. **91**).

Das Tape-Pflaster ist ebenfalls wie die normalen Bänder nicht dehnbar. Damit kann ein geschickt angelegter Tape-Verband das bestimmende Führungssystem der Gelenke, die Bänder, als Halteapparat – zumindest auf Zeit – soweit ersetzen, daß die Gelenkfunktion, wie sie anatomisch und physiologisch vorgegeben ist, beibehalten werden kann.

Abb. **91** (S. 222–224) Sprunggelenkverband (Schrittfolge 1–25). Der Verband eignet sich z. B. für frische Distorsionsverletzungen und stellt eine der möglichen Konstruktionen dar, die die Strukturprinzipien in den aufeinanderfolgenden Schritten wiedergibt. Schritte 1–3: Bein – wenn notwendig – rasieren, Hautkleber auftragen, die funktionelle Mittelstellung des Fußes beachten. Schritte 4 und 5: Ankerstreifen am Fuß und Unterschenkel, Ankerstreifen zugleich Verschalung (Schritte 7, 10, 14, 18, 19). Zügel als tragende Teile des Verbands, „Steigbügel" (6, 9, 13), „Hufeisen" (8, 12, 15, 16, 17). Alle Streifen sind dachziegelförmig angeordnet. Verschalung über die offenen Enden der Anker- und Zügelstreifen (20, 21). Zusätzliche Verschalungsstreifen (22–25). Vorderansicht des vollständigen Sprunggelenkverbands (23). ▶

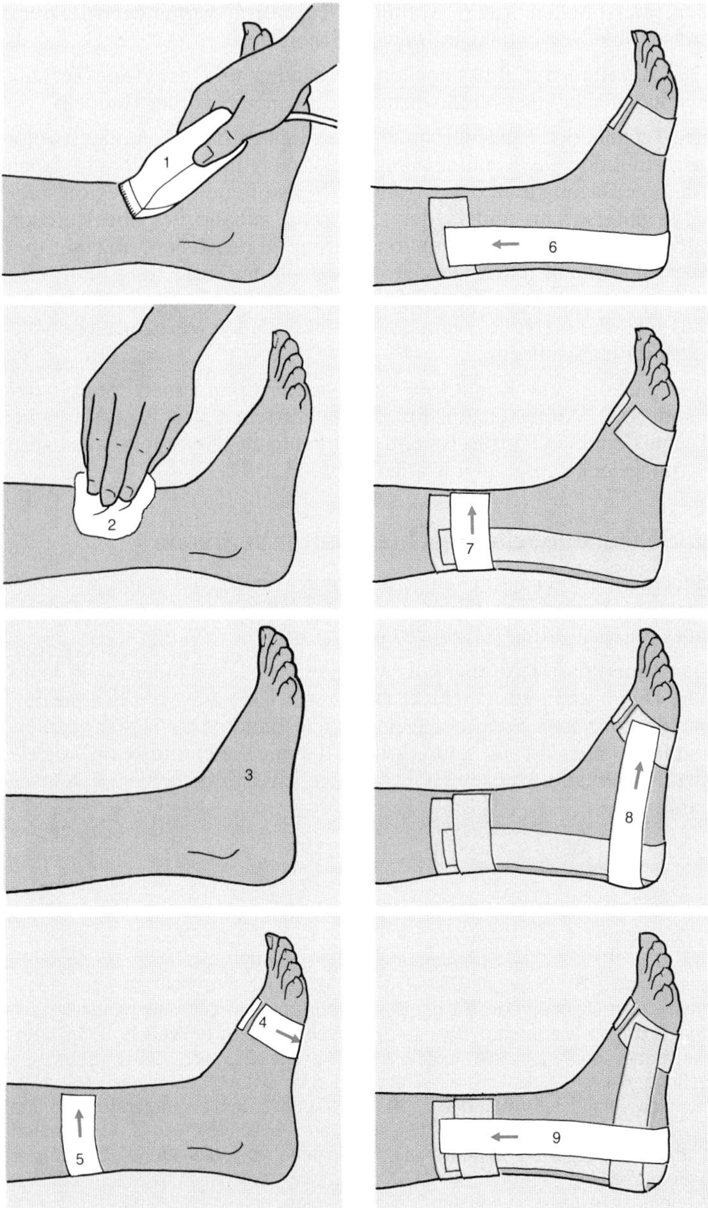

Abb. **91**/1

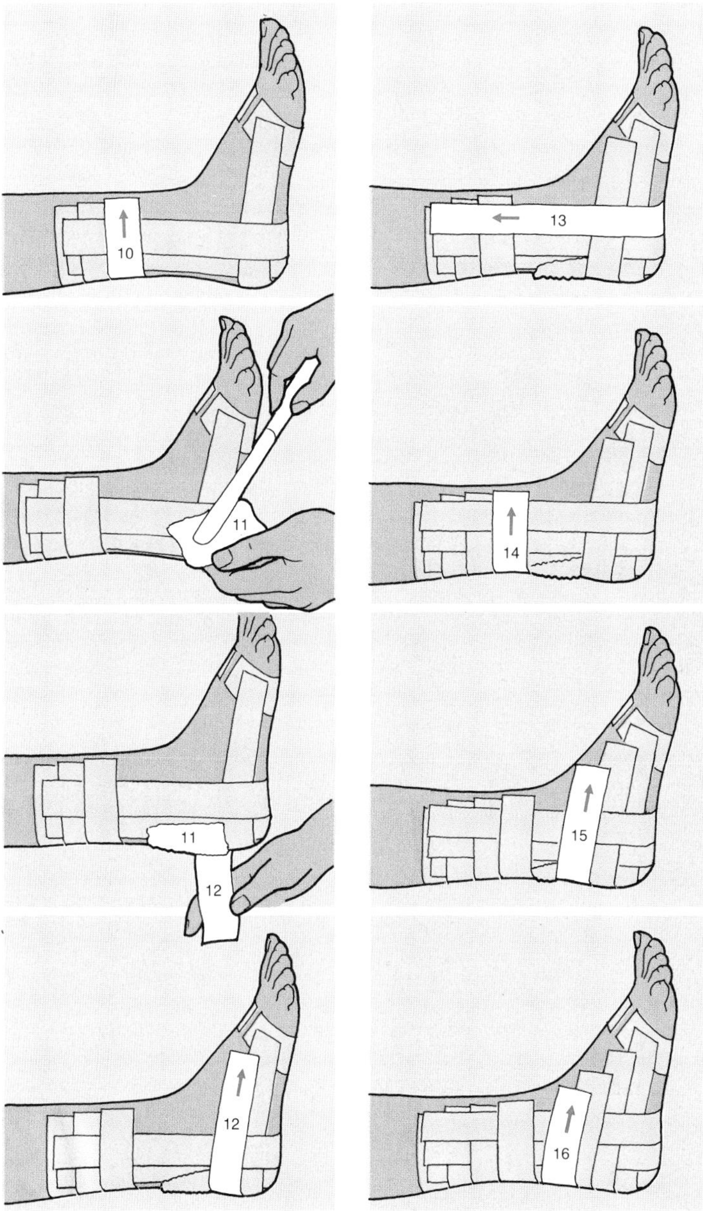

Abb. **91**/2

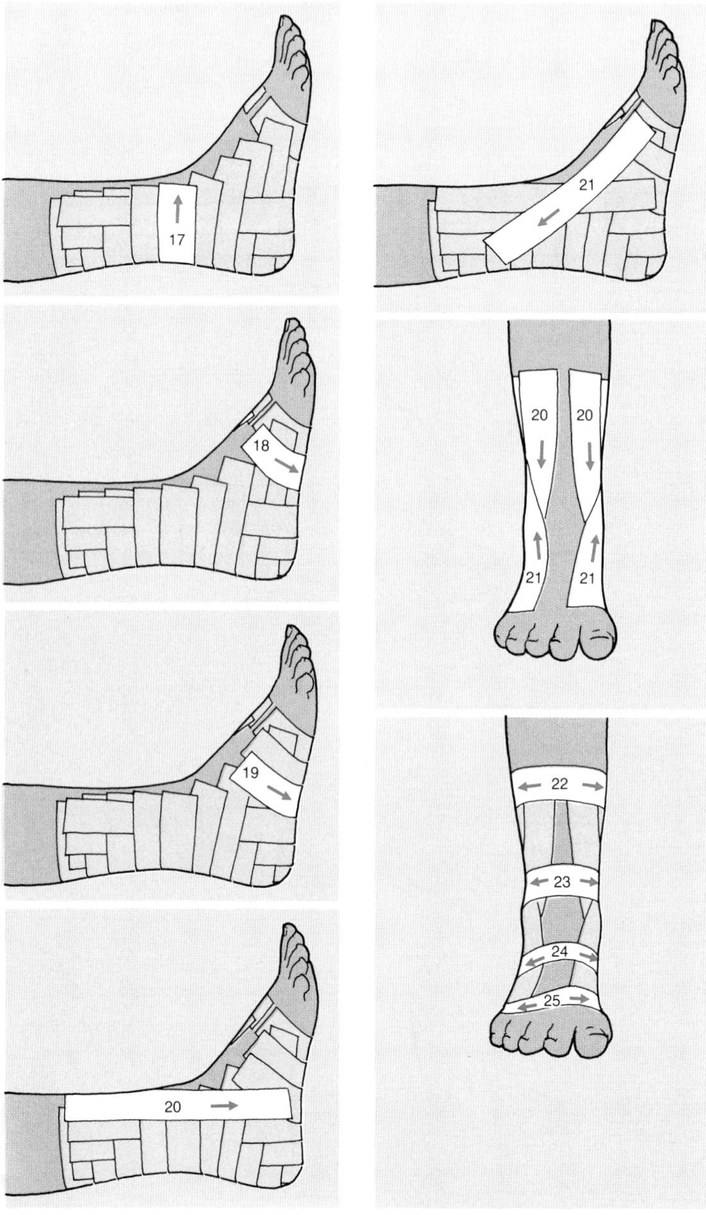

Abb. **91**/3

Durch die gleichzeitige Entlastung und Verminderung der Zugbeanspruchung des lädierten Gewebes wird auch der die Funktion limitierende Schmerzfaktor soweit beseitigt, daß eine Weiterführung sportlicher Betätigung – wie die Erfahrung zeigt – unproblematisch möglich ist, ohne daß es zu einer Gefährdung des Patienten kommt hinsichtlich der gravierenden Verschlimmerung der Verletzung. Funktionelle Verbände sind keineswegs „chirurgisches Doping“. Im Gegenteil, die Funktion erhält die Form und nicht umgekehrt! Ein in Gips längerfristig wegen einer Distorsion ruhiggestelltes Sprunggelenk bietet für die Rehabilitation und das Erreichen der vollen Wiederverwendungsfähigkeit erheblich mehr Probleme. Die Nachbehandlung dieser Beschwerden ist mindestens so zeit- und arbeitsaufwendig wie die Behandlung der ursprünglichen Verletzung.

Bei völliger Ruhigstellung schrumpft die Gelenkkapsel sehr schnell, die Synovialflüssigkeit wird vermindert ausgeschieden, damit der Gelenkknorpel schlechter versorgt. Da der Gelenkknorpel durch Diffusion ernährt wird und dies nur unter Belastung geschehen kann, wie auch die Entsorgung nur unter Entlastung möglich ist, besteht bei völliger Immobilisierung immer die Gefahr der posttraumatischen Gelenkknorpelschädigung und der nachfolgenden Arthrose mit allen daraus resultierenden Konsequenzen.

Außerdem atrophiert die Muskulatur des Unterschenkels und des Fußes, und schließlich ist der venöse Abfluß gestört, da es mit zunehmender Muskelatrophie zu einer Venenklappeninsuffizienz mit nachfolgenden Stauungserscheinungen kommt. Sie wiederum bewirken außer der unangenehmen Ödemneigung eine rasche Inaktivitätsatrophie und Entkalzifizierung des Knochens.

Abb. **92** (S. 226–228) Sprunggelenkverband. Stützt und entlastet den Kapsel-Band-Apparat des oberen Sprunggelenks und vermeidet Distorsionen sowie Wiederverletzungen. Der Verband soll in der Schrittfolge Varianten zeigen zu Abb. **91.** Schritte 1–5: Bein – wenn notwendig – rasieren, bei empfindlicher Haut kann ein Schlauchstrumpf über die Haut gezogen werden. Ankerstreifen (6, 7) sowie in der Funktion der Halterung und Verschalung (9, 12, 15, 19, 20), die Zügel (8, 10, 11, 13, 14, 16, 17, 18) beinhalten die gleichen Schritte wie in Abb. **91.** Die Schritte 21–24 zeigen einen zusätzlich umgekehrten Achterverband, der gleichzeitig verschalt und das Fußgewölbe anhebt. Zur weiteren Stabilisierung kann ein Achterverband angelegt werden (25) unter Einschluß der Ferse (26), der spiralförmig am Unterschenkel endet (27). Zusätzliche Verschalung (28). ▶

◯ semizirkulärer Verband.

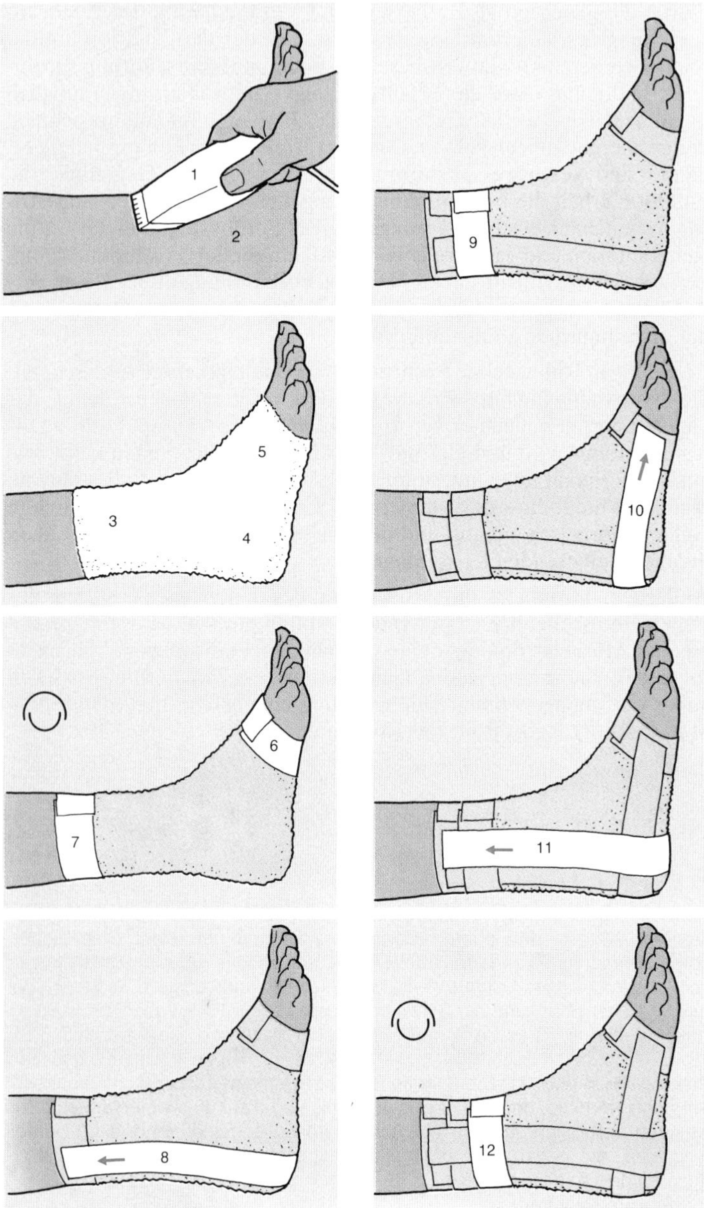

Abb. **92**/1

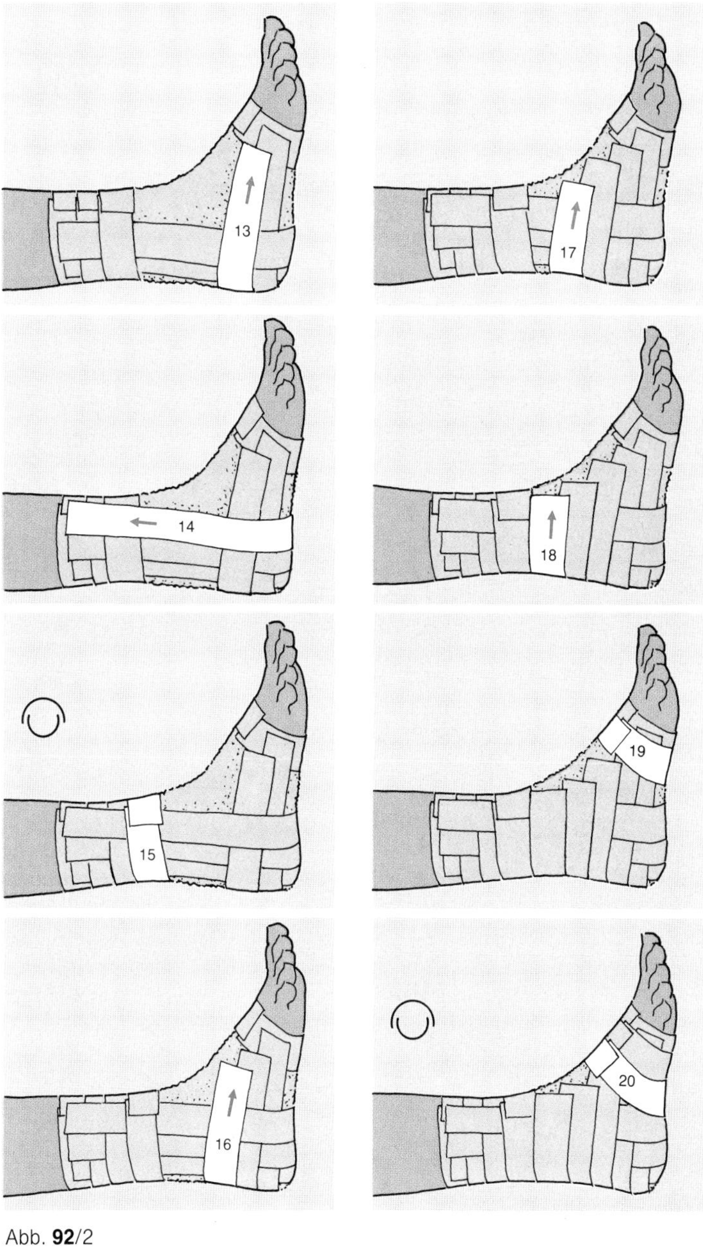

Abb. **92**/2

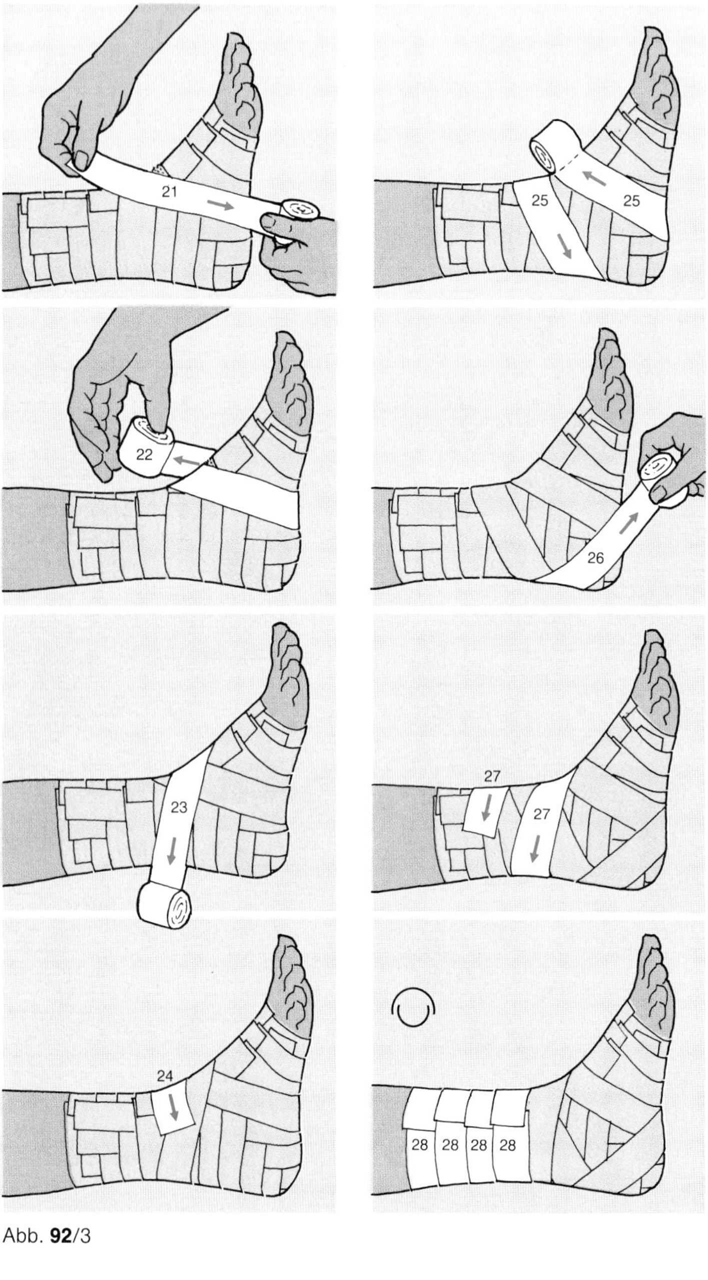

Abb. **92**/3

Ein technisch einwandfrei angelegter Tape-Verband kann z.B. bei einer Zerrung oder Teilruptur des Lig. fibulotalare anterius unter Beibehaltung der Funktion all diese doch nicht unerheblichen Nachteile verhindern. Im Rahmen vorbeugender Maßnahmen bei Neigung zum Umknicken des Fußes ist kaum eine andere Maßnahme als der Tape-Verband als optimal zu bezeichnen. Er verhindert eine Weichteilverletzung oder Verletzung überhaupt, vermittelt Sicherheit und damit Mut zur Belastung der betroffenen Extremität und führt zu physiologischem Bewegungsablauf (s. Abb. **92**).

Nicht umsonst zahlt in den Vereinigten Staaten keine Versicherung für eine Distorsionsverletzung der oberen Sprunggelenke im Football, wenn nicht vorher ein stützender Tape-Verband angelegt war.

Vergleich mit anderen Verbänden

Mit Recht ist zu fragen, warum die Tape-Verband-Technik einer üblichen Verbandtechnik mit elastischen Binden oder sonstigen Klebebinden überlegen sein soll.

Die fortlaufende Binde, ob als Klebebinde oder nichtklebende elastische Binde, bedeutet erst einmal auf jeden Fall die Anwendung eines sog. zirkulären Systems; d.h., ein Körperteil wird mehr oder weniger eng eingeschnürt. Die Gefahr einer venösen Stauung ist gegeben.

Wird eine elastische Klebebinde nicht unter Zug angelegt, erfüllt sie die Funktion des Stützverbandes nicht, die Instabilität z.B. eines verletzten Gelenks bleibt.

Wird die zirkuläre Klebebinde, die ihre Hauptanwendung als Kompressionsverband der unteren Extremitäten findet, zu eng angelegt, gibt es gefährliche Stauungen und die Möglichkeit einer Durchblutungsstörung mit konsekutiver Gewebeschädigung.

Ähnliches gilt für die nichtklebenden elastischen Binden, die nur weniger unter Kontrolle gehalten werden können. Zu locker angelegt erfüllen sie ihre Aufgabe als Stützverband nicht, in Ausübung sportlicher Betätigung geht die Binde nicht selten ganz verloren. Zu eng gewickelte Binden bergen die Gefahr in sich, daß sie unter Beibehaltung der Funktion zusammenrutschen und Schnüreffekte verursachen, wie man sie beim Abwickeln als Hautquetschfalten so häufig beobachten kann.

Technik des Tapens

Die Einhaltung der Grundregeln der Tape-Verband-Technik verhindert die aufgezeigten Nachteile oder Gefahren durch zirkuläre Verbände. Tape-Pflaster wird niemals zirkulär oder durchlaufend direkt auf der Haut angelegt. Die Breite des Tape-Pflasters (3–5 cm) ermög-

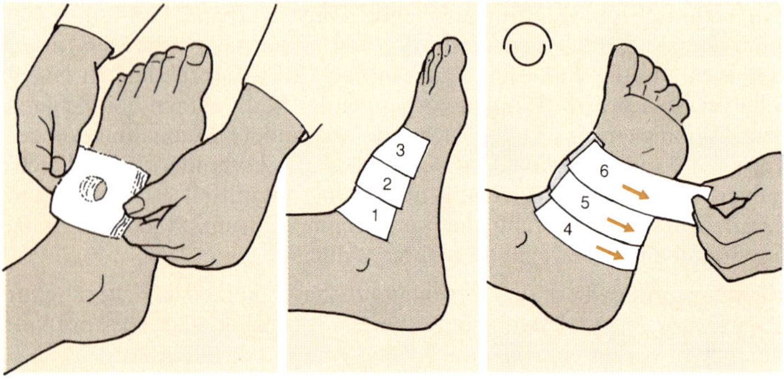

Abb. **93** Polsterverband (z. B. bei Knochenhautreizung). Ein 1 cm dickes Schaumgummistück mit eingeschnittenem Loch in der Größe der schmerzhaften Stelle wird auf die Haut gelegt, dann mit semizirkulären, dachziegelförmig übereinanderliegenden Tape-Streifen fixiert (1–6). ◠ semizirkulärer Verband.

licht eine Anpassung an die äußeren Körperformen (s. Abb. **91** u. **92**). Die Gesamttechnik verhindert Stauungen und Komplikationen seitens der Venen. Denn das Strukturprinzip des Tape-Verbands umfaßt Halte- oder Ankerstreifen als Fixationspunkte, Nachahmung der topographischen Anatomie zu versorgender Gewebe, grundsätzlich Dachziegelform der übereinanderliegenden Pflasterstreifen und schließlich eine äußere Verschalung zur besseren Haftung der entlastenden und stützenden Zügel.

Außerdem kann an jedem Punkt eine gewünschte Unterfütterung oder Abpolsterung angebracht werden, die sich bei liegendem Verband nicht verschieben kann (Abb. **93** u. **94**). Perkutan wirksame Salben und Gele können unterlegt oder der Gesamtverband kann zu wiederholter Anwendung regionär gefenstert werden.

Ein korrekt angelegter Tape-Verband kann bei normaler Hautverträglichkeit unproblematisch 8 Tage belassen werden, ohne daß er seine Stabilität verliert.

Die Vorteile funktioneller Verbände in Tape-Technik sind nicht zu übersehen. Es ist nicht verwunderlich, daß die funktionellen Verbände ihren Ursprung im Sportbereich haben und sie von Physiotherapeuten und Masseuren in die Medizin eingeführt wurden. Sie haben sich in erster Linie mit der Behandlung traumatischer Schädigungen des Stütz- und Bewegungsapparats bzw. ihrer Verhütung zu befassen. Im Laufe der letzten 2 Jahrzehnte haben sich viele Personen mit der

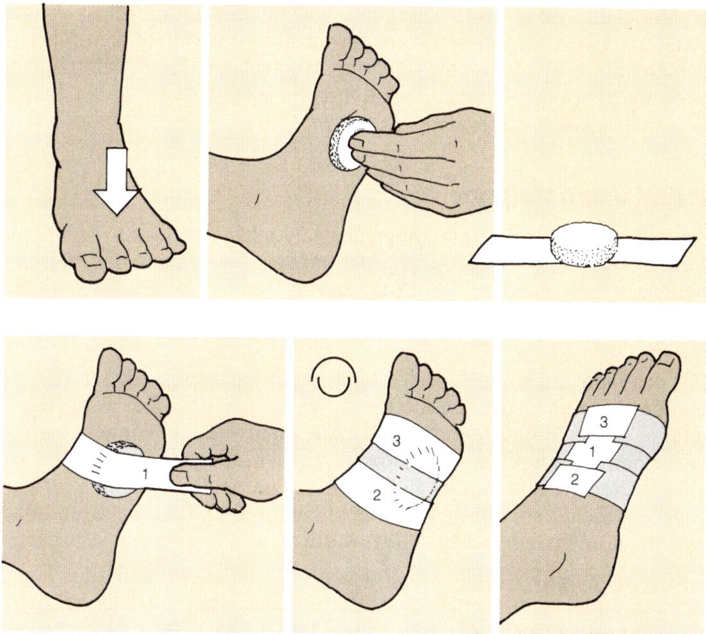

Abb. **94** Tape-Verband für den Mittel- und Vorfuß, z. B. bei schmerzhaften Metatarsalgien in der Folge eines Senk-Spreiz-Fußes. Anpassen einer 1 cm dicken Schaumgummipelotte, auf einen Tape-Streifen auflegen, über den Fußrücken anheften (1). Semizirkuläre Tape-Streifen und die freien Enden über dem Fußrücken verschalen. ◯ semizirkulärer Verband.

funktionellen Verbandtechnik befaßt. Auf der einen Seite konnten durch umfassende Erfahrungswerte die Grundlagen zu einer Verbandtechnik gelegt werden, die es ermöglicht, bei bestimmten Verletzungen in relativ kurzer Zeit eine Ausheilung zu erzielen unter Beibehaltung der Funktion und damit Verhinderung der Folgeschäden durch Immobilisation, auf der anderen Seite wurde unter Beibehaltung des Grundprinzips eine Vielzahl von Einzeltechniken entwickelt, so daß kaum eine Darstellung Allgemeingültigkeit besitzt. Aber diese Abweichungen bedeuten im wesentlichen Feinheiten, wie sie wohl jede gleiche oder ähnliche Methode beinhaltet, in die Materialvariationen sowie -neuentwicklungen und persönliche Erfahrungen einfließen.

Daß inzwischen eine beachtliche Perfektion dieser Verbandtechnik in weiten Kreisen der Sportmedizin existiert, muß den Anfänger nicht abschrecken. Aber auch hier gilt – wie für den Sport selbst –: nur ständiges Üben, Trainieren kann zur Sicherheit und Fähigkeit führen, das Ziel der sinnvollen Unterstützung des Athleten durch Verletzungsverhinderung oder schnelle Rehabilitation bzw. Erhaltung der Funktionstüchtigkeit zu erreichen.

Material und Methode

Sowohl seitens der Firma Beiersdorf als auch der Firma Lohmann steht ein umfangreiches Bindenprogramm zur Verfügung, das Pflasterbinden, Fixierbinden, Polstermaterial und notwendiges oder gebräuchliches Zusatzmaterial für funktionelle Verbände beinhaltet (4, 5).

Für das Anlegen eines Tape-Verbands oder aus verschiedenen Klebebinden kombinierten funktionellen Verbands ist eine weitgehend intakte Haut Voraussetzung. Kleinere Hautwunden können vorher mit einem Wundpflaster abgedeckt werden. Bei einer Tendenz zu allergischen Reaktionen ist für alle Klebeverbände äußerste Vorsicht geboten. Sicher sollten sie dann nicht länger als 2 Tage belassen oder es sollte eine Fixierbinde unterlegt werden.

Um eine gute Haftung des Verbands zu erzielen, muß die Haut trocken und sauber sein. Eine Entfettung der Haut mit Alkohol oder Waschbenzin ist zu empfehlen. Eine Rasur der Haut ist nur bei starker Behaarung notwendig. Die Verwendung von Sprühklebern ist nicht verbindlich, aber sinnvoll. Sie verbessern die Haftung zwischen der Klebeschicht des Verbandmaterials und der Haut, bilden einen gewissen Hautschutz und erleichtern die Verbandabnahme.

Wichtig ist die sorgfältige Lagerung des Patienten bzw. des zu versorgenden Körperteils. Dabei muß der Patient über die gesamte Zeit des Verbandanlegens die gleiche, möglichst unverkrampfte Funktionsstellung beibehalten. Gelenke werden in anatomischer Mittelstellung versorgt; es ist peinlich genau darauf zu achten, daß sich diese funktionelle Mittelstellung während der verschiedenen Phasen des Bandagierens nicht ändert, da sonst Falten und Druckstellen entstehen können und die gewünschte Funktionsmobilität des Gelenks nicht erzielt wird (s. Abb. **91** u. **92**). Funktionelle Verbände werden in der Regel direkt auf die Haut angelegt, jede Unterfütterung oder Abpolsterung beeinträchtigt die Stabilität des Verbands. Ergibt sich trotzdem die Notwendigkeit einer Abpolsterung oder Hohllegung, um z.B. eine bessere Kompression zu erzielen, sollten textilkaschierte Schaumgummiplatten verwendet werden, deren körperformgerechter Zuschnitt direkt auf die Haut gelegt wird (s. Abb. **93** u. **94**). Vor der Anlage der unelastischen Pflasterbinden sollte der „Konstruktionsplan" der

Bandage weitgehend feststehen und genügend Tape sowie übriges Verbandmaterial vorhanden sein.

Die Tape-Streifen dürfen nicht unter Zug angelegt, sie sollen anmodelliert werden. Der fertige Verband muß einer genauen Abschlußprüfung unterzogen werden. Alle Forderungen an einen funktionellen Verband müssen erfüllt sein: schmerzfreie Entlastung lädierten Gewebes, Stabilität eines Gelenks, aber erhaltene Funktion trotz partieller Immobilisierung. Der Verband darf vom Patienten nicht als einengend, schnürend oder gar funktionsbehindernd empfunden werden. Sollte dies doch einmal unbeabsichtigt der Fall sein, muß der Verband aufgeschnitten und die Schnittstelle mit kurzen Tape-Streifen geschlossen werden. Besser ist es sicher, den Verband neu anzulegen. Die gesamte Behandlungszeit mit funktionellen Verbänden richtet sich nach dem Grad der Verletzung und kann sich durchaus über Wochen erstrecken. Als unverbindliche Regel darf gelten, daß die Behandlung mit funktionellen Verbänden so lange erfolgen sollte, bis eine beschwerdefreie, stabile und funktionsfreie Wiederbelastungsfähigkeit der betroffenen Körperregion gegeben ist. In der Behandlungszeit müssen die Verbände regelmäßig kontrolliert, evtl. entsprechend dem Heilungsverlauf korrigiert oder neu angelegt werden. Die Tape-Verbände können bis zu 8 Tagen belassen werden. Vorbeugende Tape-Verbände zu sportlicher Betätigung sind nur für diese Zeit anzulegen und für die Alltagsbeanspruchung wieder zu entfernen. Bei einem Verbandwechsel oder nach Entfernen des Tape-Verbands ist erneut auf eine sorgfältige Hautreinigung und Hautpflege zu achten. Die Abnahme des Verbands erfolgt durch Aufschneiden und Abziehen der Hülle möglichst in Wuchsrichtung der Haare.

Es sei ausdrücklich darauf hingewiesen, daß hier auf zusätzliche Einzelheiten des möglichen Therapiespektrums nicht eingegangen wird. Sie werden in anderen Kapiteln dieses Buches ausführlich geschildert.

Wie bereits erwähnt, existiert eine Vielzahl von Verbandtechniken an den verschiedenen Körperregionen, die hier nicht umfassend wiedergegeben werden können und sollen. Aus der Fülle der Möglichkeiten sollen lediglich einige bekannte und praktikable funktionelle Verbände wegweisend demonstriert werden, um die Grundprinzipien des Tapens aufzuzeigen (Abb. **91–100**). Für weitere Einzelheiten empfehlen wir vorhandene spezielle Literatur (1–6), deren Verfasser über große Erfahrung auf dem Gebiet des Bandagierens und Tapens verfügen, deren Technik nachahmenswert ist oder zu eigener Kreativität die notwendigen Anregungen vermittelt.

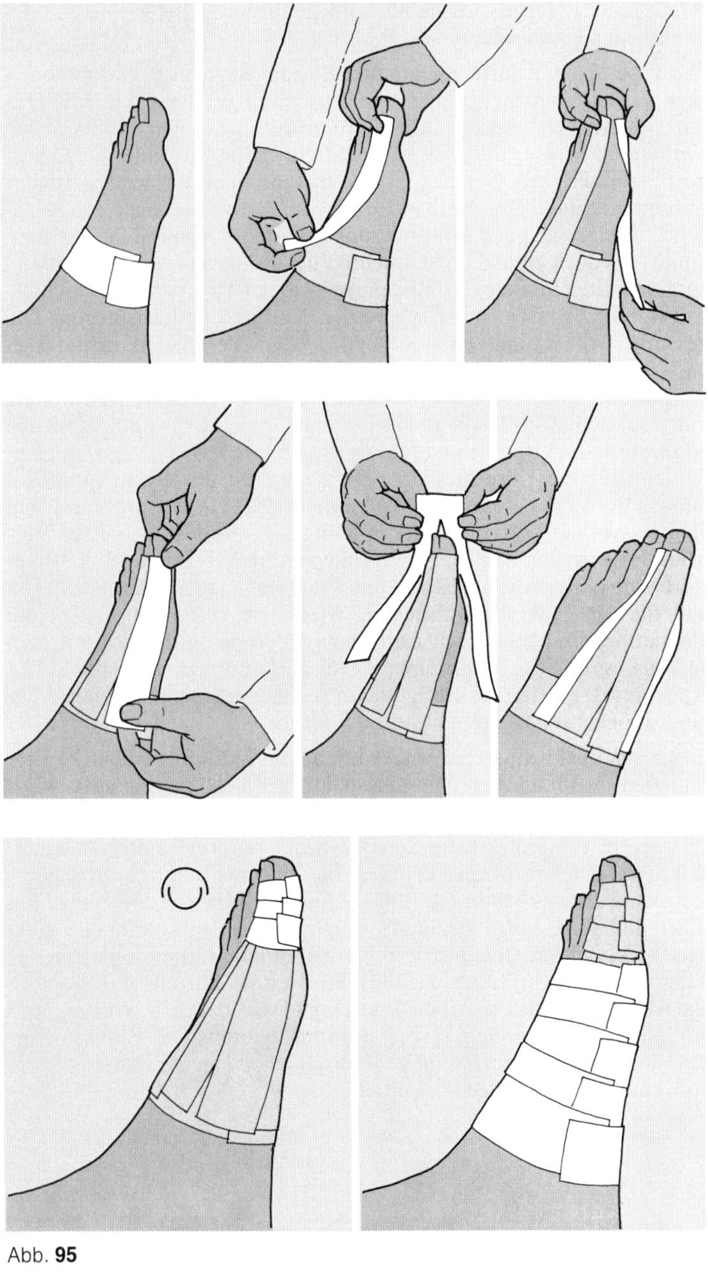

Abb. **95**

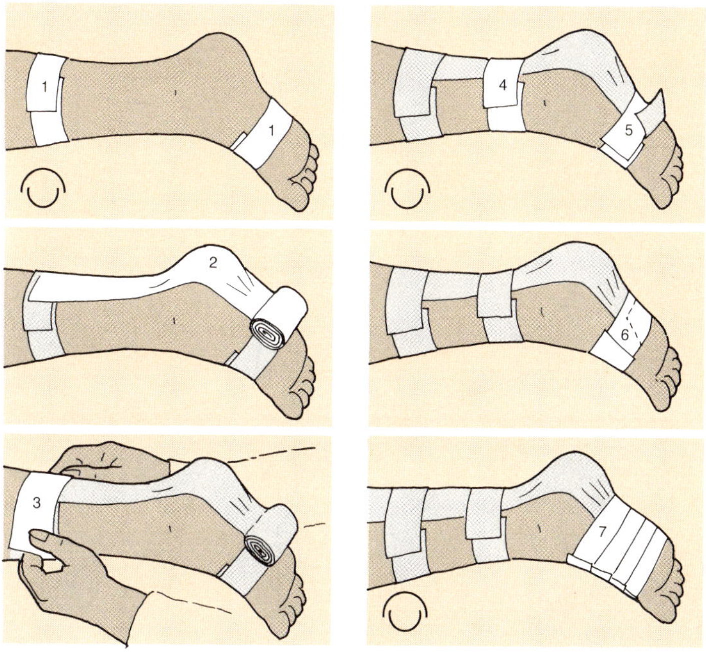

Abb. **96** Achillessehnenverband zur Entlastung der Achillessehne, z. B. bei schmerzhaften Achillodynien. Schritt 1: Leichte Spitzfußstellung, Ankerstreifen. Schritte 2 und 3: Über die Achillessehne zu den Haltestreifen längselastische Pflasterbinder anlegen, semizirkulär verschalen (4, 5), das untere Ende der Klebebinde umstülpen und erneut verschalen (6). Weitere halbzirkuläre Fixation am Fuß (7). ◠ semizirkulärer Verband.

◀ Abb. **95** Tape-Verband für das Großzehengrundgelenk, z. B. nach Verstauchung, Verdrehung, Umknicken oder Überlastung. Schritt 1: Ankerstreifen. Schritte 2–4: Zügel dorsal, plantar und medial. Schritt 5: Geschlitzte Zügel, deren Enden dorsal und plantar zum Ankerstreifen laufen. Schritte 7 und 8: Semizirkuläre, dachziegelförmige Verschalung. ◠ semizirkulärer Verband.

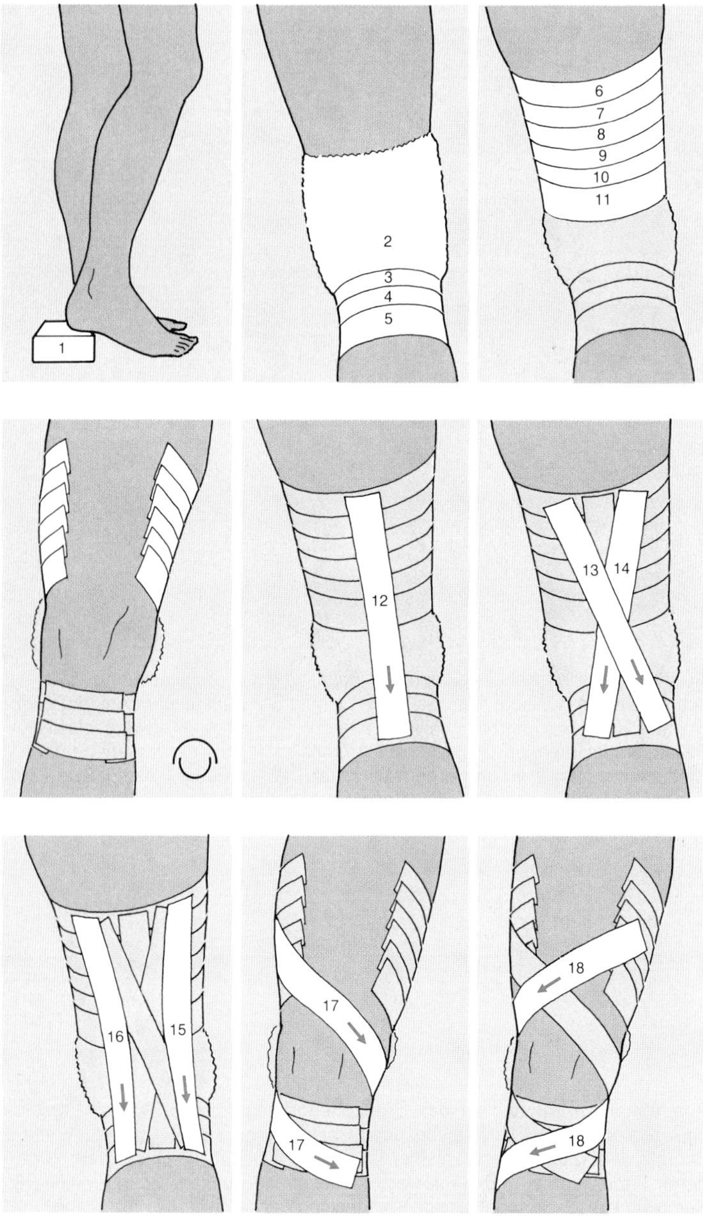

Abb. **97**/1

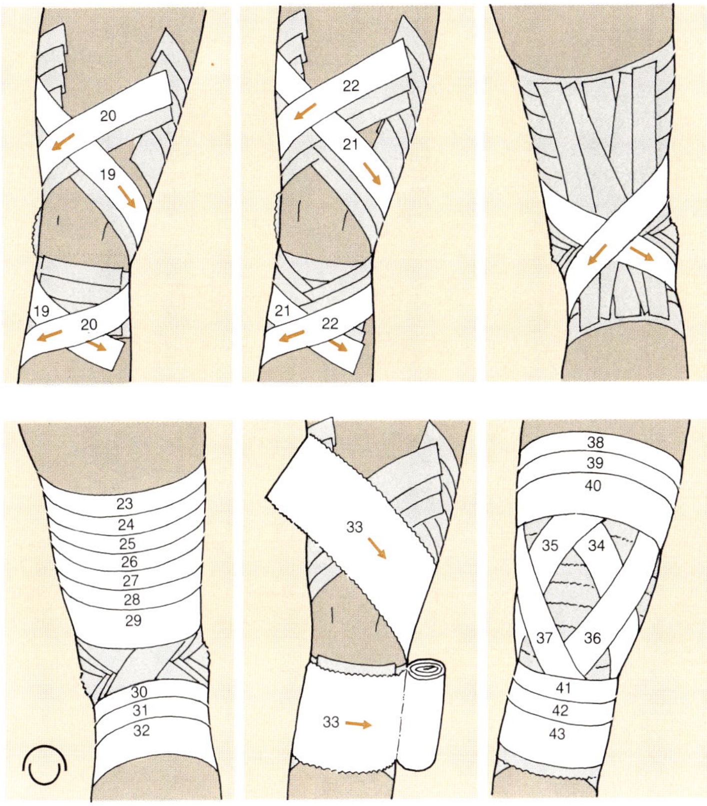

Abb. **97**/2

Abb. **97** Kniegelenkstützverband nach Distorsionen und bei vorhandener Instabilität der Kreuzbänder. Schritt 1: Ferse auf 5 cm hohe Erhebung stellen, damit das Kniegelenk 15 Grad gebeugt wird. Polstermaterial in der Kniekehle (2), Ankerstreifen (1–11), Zügel in der Kniekehle (12–16), Spiralzügel (17–22), Verschalung (23–32), zusätzlich elastische Binde anwickeln, Kreuzzügel über der Binde (34–37), zusätzliche Verschalung (38–43). semizirkulärer Verband.

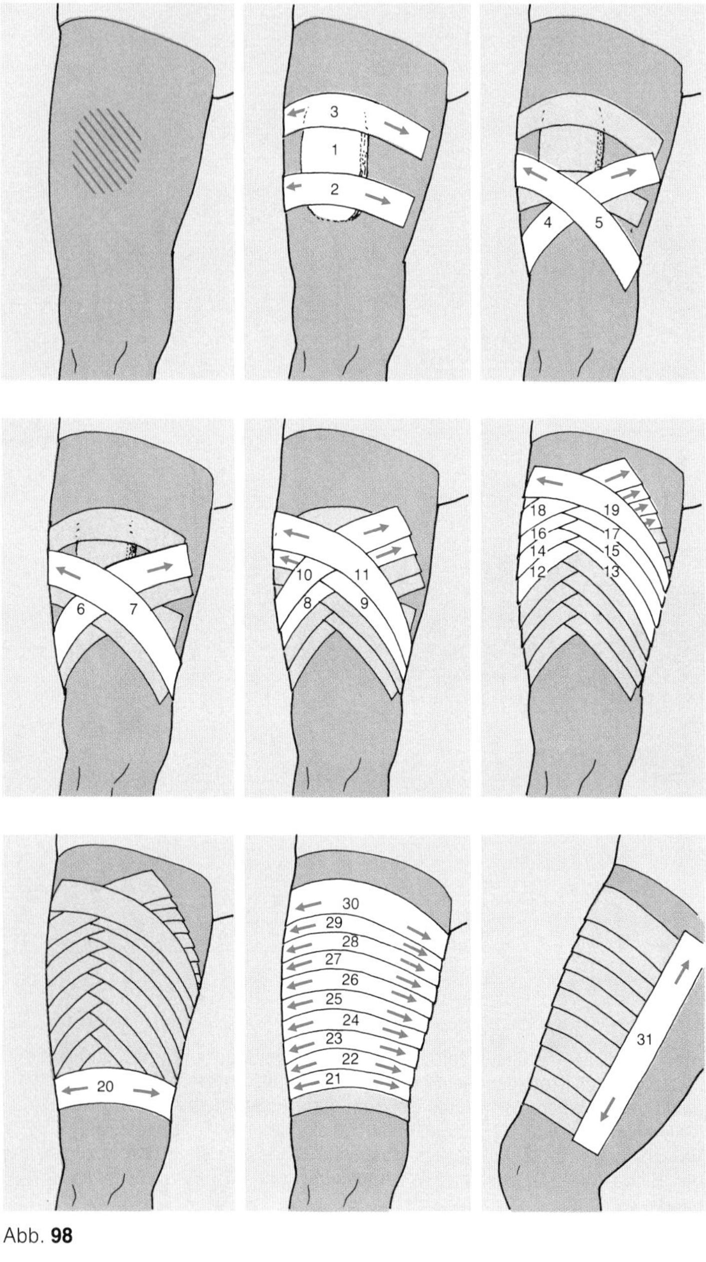
3
1
2
4
5
6
7
10
11
8
9
18
19
16
17
14
15
12
13
20
30
29
28
27
26
25
24
23
22
21
31

Abb. **98**

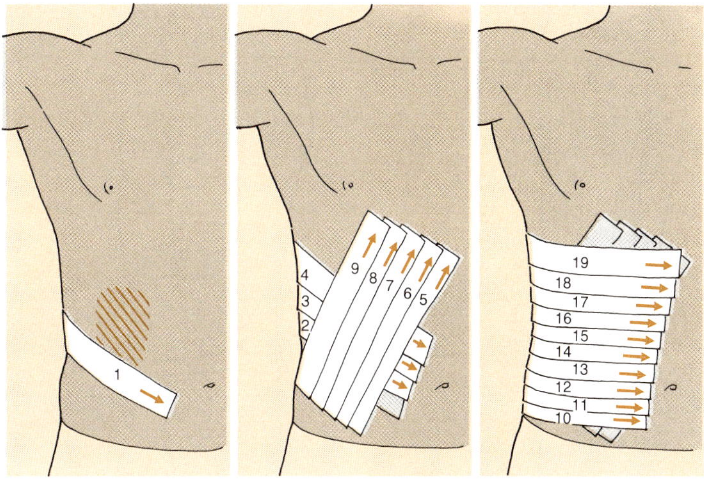

Abb. **99** Verletzung der Bauchmuskulatur. Semizirkuläre, dachziegelförmig angelegte Tape-Streifen (1–4). Schritte 5–9: Tape-Streifen kreuzen 1–4 und werden mit der Überlappung leicht hochgezogen. Schritte 10–19: Verschalung.

◀ Abb. **98** Tape-Verband am Oberschenkel, z. B. bei Muskelzerrung oder partieller Ruptur in der Quadrizepsmuskulatur. 0,5–1 cm Schaumgummipolster auflegen (1) und semizirkulär fixieren (2, 3), es sind gleichzeitig die Ankerstreifen. Kreuzzügel (4, 5), dachziegelartige Überschneidung (6–18), Verschalung (20–31). Darüber können elastische Binden, Pflasterbinden oder Fixierbinden angewickelt werden.

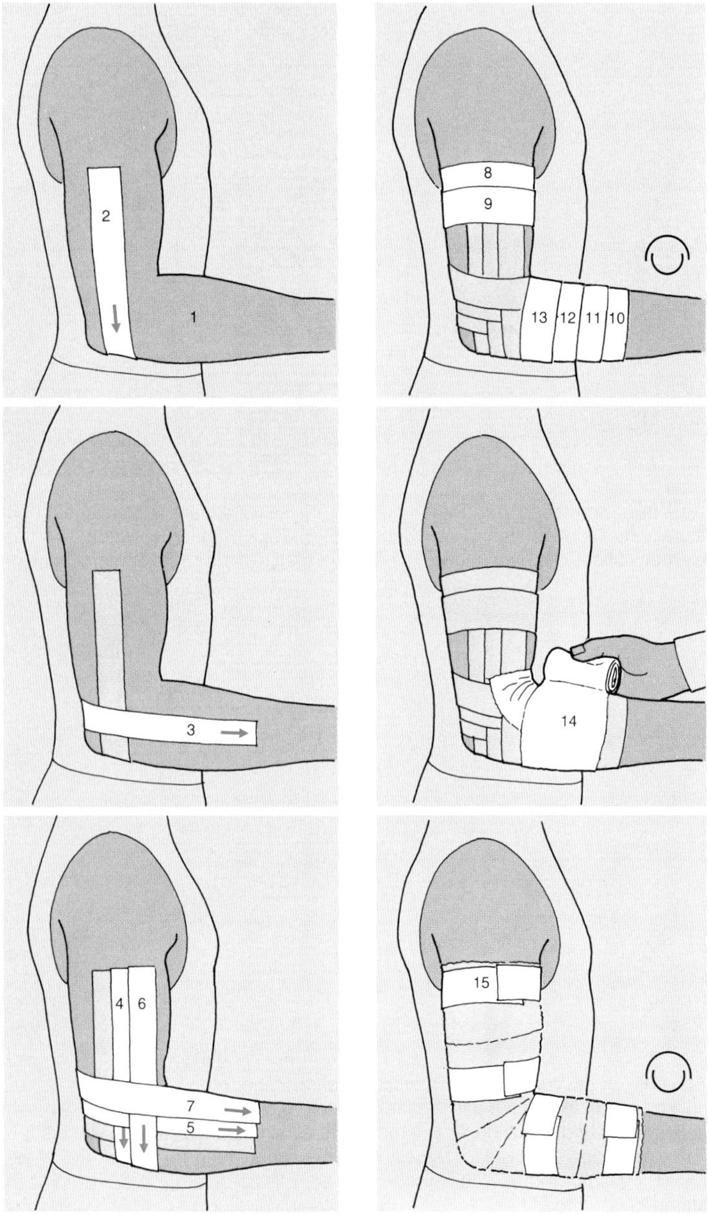

Abb. **100**

Abschließend bleibt zu sagen, daß das Indikationsspektrum für funktionelle Tape-Verbände, speziell im Sport, breit gefächert ist.

Es umfaßt *Überlastungsreaktionen* wie myogene Beschwerden, Insertionstendopathien, Tendinitiden, Periostreizungen, Reizzustände der Gelenke, ligamentäre Überdehnungen sowie *posttraumatisch* Distorsionen, Luxationen, Frakturen und Rupturen – welcher Art auch immer.

Schließlich ist die Nachbehandlung von Gelenkoperationen eine Domäne der partiell immobilisierenden Verbände.

Literatur

1 Cerney, J. V.: Complete Book of Athletic Taping Techniques. Parker, West Nyack/N. Y. 1972

2 Cyriax, J.: Textbook of Orthopaedic Medicine, vol. I. Baillière-Tindall, London 1978

3 Dixon, D.: The Dictionary of Athletic Training. (Selbstverlag), Bloomington/Indiana 1973

4 Montag, H.-J., P. D. Asmussen: Funktionelle Verbände am Bewegungsapparat. Beiersdorf, Hamburg 1985

5 van Unen, J.: Partielles Immobilisieren mit Hilfe von Bandagen und Tapes. Lohmann, Neuwied 1983

6 Vaes, P.: De Stabilisierende Waarde van „Ankle-Taping". Geneesk. Sport 14 (1982) 166

◀ Abb. **100** Tape-Verband bei Zerrung oder Überstreckung des Ellenbogengelenks. Schritt 1: Ellenbogengelenk wird auf 90 Grad gebeugt. Gekreuzte Zügel zum Ober- und Unterarm dachziegelförmig und überlappend (2–7). Ankerstreifen und gleichzeitig Verschalung der offenen Enden der Zügel (8–13). Anwikkeln einer elastischen oder Fixierbinde. Verschalung der Enden der Binde (15). ◯ semizirkulärer Verband.

Abb. **101** Instinktives Handeln und die sofortige Erfolgskontrolle mit den Augen aus der unmittelbaren Bewegungsphase heraus beim Fußball.

Orthopädietechnische Versorgung beim Sportler

L. Biedermann

Einleitung

Die Anwendung von orthopädietechnischen Konstruktionen beim Sportler wurde lange Zeit von allen Beteiligten nur mit großer Skepsis betrachtet. Als Hauptproblem stand dabei die funktionelle Beeinträchtigung des Sportlers durch das Hilfsmittel im Vordergrund, und der Orthopädietechniker war nicht für die speziellen Ansprüche dieser Patientengruppe ausgebildet. In der Ära der Spezialisierung war es nur eine Frage der Zeit, bis sportbegeisterte Mediziner, Physiotherapeuten und Orthopädietechniker sich in Arbeitsgruppen mit diesem Thema auseinandersetzten. Die Berücksichtigung von neuen wissenschaftlichen Gesichtspunkten zur Biomechanik von Sportarten, die Hinwendung zur frühfunktionellen Bewegungstherapie und der Einsatz von neuen Baumaterialien führte zu Orthesenkonstruktionen, die einerseits ihre Aufgabe sicher erfüllen können und andererseits auch von den Sportlern akzeptiert und angewendet werden.

Aufgabe und Ziel dieses Kapitels ist das Aufzeigen von erfolgreichen Versorgungsbeispielen, verbunden mit nützlichen, praktischen Hinweisen und dem Versuch einer Systematisierung, damit die beteiligten Gruppen effektiver zusammenarbeiten können. Eine ausgewogene Orthesenversorgung von Sportlern kann nur in der Zusammenarbeit von Arzt, Physiotherapeut, Trainer und Orthopädietechniker erfolgreich sein (Abb. **102**).

Alle beteiligten Berufsgruppen kennen aus ihrer Sicht die fachspezifischen Anforderungen des Patienten an die orthopädietechnische Konstruktion und können diese Information an den Techniker weitergeben. Bei der konservativen und postoperativen Rehabilitation werden Forderungen des Operateurs und des Physiotherapeuten im Vordergrund stehen, während bei der Verwendung von orthopädietechnischen Konstruktionen im Training oder im Wettkampf auch die Vorstellungen des Trainers und die Wettkampfbestimmungen berücksichtigt werden müssen.

Wenn sich der Orthopädietechniker bei der konservativen oder postoperativen Versorgung noch in seiner gewohnten Arbeitswelt befindet, so verläßt er diese bei der Versorgung von Athleten im Training oder Wettkampf. Mit persönlichem Engagement muß sich der Orthopädietechniker über die speziellen Bewegungsabläufe und pathomechanischen Einwirkungen der Sportart seines Patienten informieren.

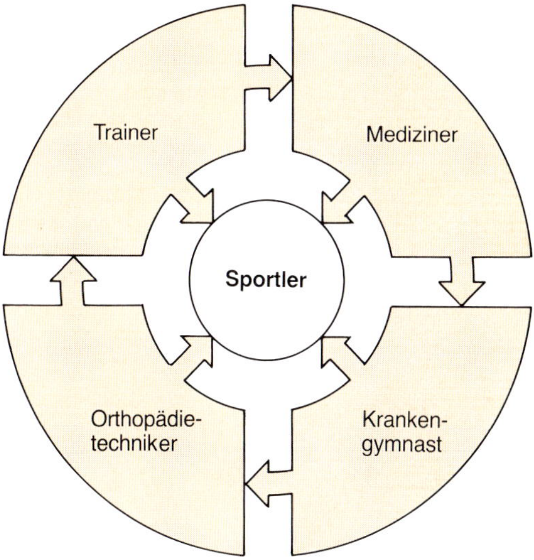

Abb. **102** Der verletzte Sportler ist im Zentrum des Regelkreises angesiedelt, in dem schematisch die Zusammenarbeit der Fachgruppen dargestellt ist.

Biomechanische Studien über die Krafteinwirkung und Kraftentfaltung bei speziellen Sportarten sind erhältlich und lassen exakte Rückschlüsse auf die orthopädietechnische und mechanische Realisierung einer Versorgung zu (Abb. **103**).

Die zu versorgende Patientengruppe umfaßt Athleten auf unterschiedlichem Leistungsniveau mit Schädigungen des menschlichen Bewegungsapparats. Oft ist es nicht die Art der Verletzung, die uns vor Probleme stellt, sondern der Status und das Leistungsniveau des Patienten. Nach meiner Erfahrung steigen die persönlichen Ansprüche und die konstruktiven Anforderungen an ein orthopädietechnisches Hilfsmittel proportional zum Leistungsniveau des Patienten. In diesem Zusammenhang erlaube ich mir den Hinweis an meine Kollegen, bei den Gesprächen die erhöhte Sensibilität von Spitzensportlern zu berücksichtigen. Schätzen Sie die Therapiemöglichkeiten der Orthese oder Bandage realistisch ein, und erklären Sie dies Ihrem Patienten mit gesundem Optimismus! Der Grad zwischen Über- und Untertreibung der funktionellen Wirkungsweise ist schmal und entscheidet oft darüber, ob eine Versorgung akzeptiert und erfolgreich sein wird.

Das Therapieziel ist die externe mechanische Beeinflussung des geschädigten menschlichen Bewegungsapparats, insbesondere von Weichteil- und Gelenkstrukturen. Dieses Ziel wird durch die Verwen-

Abb. **103a–b** Nach exakten Bewegungsanalysen auf dem Sportplatz wurde eine Orthese konstruiert, die beim Kugelstoßtraining eine Überstreckung und Überbelastung im Handgelenk verhindert. Die taktilen Flächen für den Kontakt mit der Kugel (Finger-Handinnenfläche) sind frei, der Bewegungsablauf ist nicht behindert.

a

b

dung von orthopädietechnischen Konstruktionen erreicht. Schutz, Stabilisierung und Entlastung stehen dabei als Aufgabe im Vordergrund.

Orthopädietechnische Hilfsmittel wurden 1985 von einer Arbeitsgruppe der American Academy of Orthopedic Surgeons (AAOS) übersichtlich eingeteilt in solche mit präventiver, rehabilitativer und funktioneller Wirkung:

- *Präventive Orthesentypen* schützen den Körper bei Überlastung und verringern das Verletzungsrisiko.
- *Rehabilitative Orthesentypen* werden im Bereich der konservativen oder operativen Behandlung eingesetzt, meist als unterstützende Maßnahme in der Bewegungstherapie oder als Schutzfunktion.
- *Funktionelle Orthesentypen* unterstützen den Bewegungsapparat bei verbleibenden funktionellen Bewegungs- oder Belastungsstörungen.

Diese Einteilung kann für den Arzt als Ausgangsbasis zur Indikation von Orthesenkonstruktionen dienen und muß nicht dogmatisch angewendet werden, denn Überschneidungen und Kombinationen sind möglich. Sie enthält zudem wichtige Kriterien für den Orthopädietechniker bei der Auswahl der geeigneten Konstruktion, denn es sind Rückschlüsse möglich über Verwendungszweck, Anforderungen an Stabilität und Funktion, Tragedauer, kosmetische Gesichtspunkte.

Aufgrund ihrer unterschiedlichen Funktionsweise sind drei Konstruktionsgruppen aus der Familie der orthopädietechnischen Heil- und Hilfsmittel bekannt: Bandagen zur Kompression, Orthesen zur aktiven Bewegungssteuerung, Orthesen zur passiven Bewegungssteuerung.

Bandagen werden aus halbelastischen und vollelastischen Materialien, z. B. Gummigewebe oder Neopren, gefertigt und üben eine zirkulär komprimierende Wirkung auf die Weichteile aus. Bei Athleten sind Bandagen sehr beliebt, da sie eng am Körper anliegen und den Bewegungsablauf wenig einengen. Bei neueren Konstruktionen wird eine körperumfassende elastische Fixierung mit einem halbelastischen Zuggurtungssystem und Klettverschluß kombiniert. Damit wird das Prinzip des Taping imitiert (Abb. **104**). Bei kritischer Betrachtung wird klar, daß Bandagenkonstruktionen außer der Kompression nur geringe mechanische Kräfte auf den menschlichen Bewegungsapparat übertragen können. Bei dem Versuch einer Stabilisierung von Gelenkstrukturen verpufft die externe Kraft im Weichteilmantel, ohne im Gelenkbereich ihre gewünschte Wirkung zu entfalten. Bei zusätzlich aufgebrachten Schienenstabilisierungen muß Berücksichtigung finden, daß auch bei der Bandage im übertragenen Sinne jede Kette nur so effektiv ist wie ihr schwächstes Glied, hier die elastische Körperfassung. Obwohl von den Athleten bevorzugt, können Bandagen nur bei geringgradiger Insuffizienz des Bewegungsapparats Führung und Sta-

Abb. **104** Elastische Kniebandage aus Neopren mit freigelegter Patella und über Klettverschluß einstellbarer Oberschenkel- und Unterschenkelspannung. Die seitlichen Spiralbänder verhindern ein Zusammenrollen des Neoprenmaterials, ermöglichen aber keine seitliche Stützung und Führung des Gelenks (Archiv Fa. Thämert).

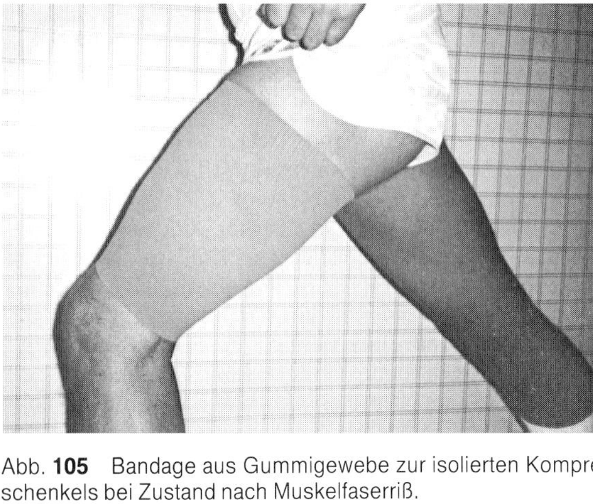

Abb. **105** Bandage aus Gummigewebe zur isolierten Kompression des Oberschenkels bei Zustand nach Muskelfaserriß.

bilisierung garantieren. Bei einer isoliert gewünschten Kompression von Haut- und Muskelstrukturen sind sie die Methode der Wahl, wobei die stimulierende Wirkung auf das propriorezeptive System zusätzlich eine Verbesserung der Eigenreflexe bewirkt (Abb. **105**).

Orthesen zur aktiven Bewegungssteuerung sind komplexere Konstruktionen und bestehen aus Körperformteilen, externen Verbindungselementen und Gelenken. Bei diesen Konstruktionen werden die Bewegungen vom Patienten aktiv ausgeübt, die Orthese übernimmt ausschließlich die Bewegungsführung i. S. von Begrenzung oder achsengerechter Stabilisierung.

Als Material bieten sich heute Leichtbaustoffe wie Titan, hochfestes Aluminium und Hochleistungs-Verbundwerkstoffe (Carbonfaser-Kunststoff-Matrix) an, damit eine stabile aber dünnwandige und somit kosmetisch akzeptable Orthese realisiert werden kann. Da die Körperformteile und externen Gelenkkonstruktionen in der Lage sind, hohe Kräfte aufzunehmen und umzuleiten, wirken diese Orthesen schützend, stabilisierend und entlastend auf Gelenkstrukturen des menschlichen Körpers. Selbst bei High-impact-Sportarten (z. B. American Football, Motocross und Eishockey), wo sich hohe Geschwindigkeit und Kraft zu großen Risikofaktoren multiplizieren, können die externen Krafteinwirkungen durch die Auswahl der geeigneten Werkstoffe kontrolliert werden (Abb. **106**). Wenn die Muskulatur durch die Körperformteile nicht abgeschnürt wird und die externe Gelenkachse eine vertretbare Kongruenz zur anatomischen Gelenkachse bildet, ist eine aktive Steuerung auch im Sinne der Bewegungseingrenzung für den verletzten Sportler gegeben.

Je nach Therapie werden Orthesen zur aktiven Bewegungssteuerung im Stadium der Rehabilitation, des Trainings, des Wettbewerbs als auch im täglichen Leben verwendet (Abb. **107**).

Orthesen zur passiven Bewegungssteuerung sind entwickelt worden, um die frühfunktionelle Bewegungstherapie nach Gelenkoperationen in der ersten postoperativen Phase zu unterstützen. An präoperativ angepaßte Körperformteile werden mechanische Bewegungselemente in Form von Motoren zugeschaltet, mit denen die Gelenke passiv durchbewegt werden können. Damit wird verhindert, daß trotz der Bewegungstherapie aktive Muskelkräfte in diesem Stadium auf die Gelenke einwirken. Diese von Salter in Toronto entwickelte Therapie der Continous passive motion (Kurzform CPM) war ursprünglich für die postoperative Behandlung von Rheumapatienten nach gelenkerhaltenden Operationen konzipiert worden. Speziell in der frühfunktionellen Bewegungstherapie beim Sportler erweist sich die unmittelbare Verwendung dieser CPM-Orthesen als positiv zur Verbesserung der Durchblutung der Gelenkweichteile und zur Verhinderung von Gelenkkontrakturen bzw. Adhäsionen. Der wissenschaftliche Nach-

Abb. **106** Funktionelle CTI-Orthese zu Schutz und Führung nach Kniebandoperation. Die Verwendung von Carbonfaser und Titan ermöglicht eine hohe Stabilität bei geringem Eigengewicht und ungestörtem Bewegungsablauf (Archiv Innovation Sports).

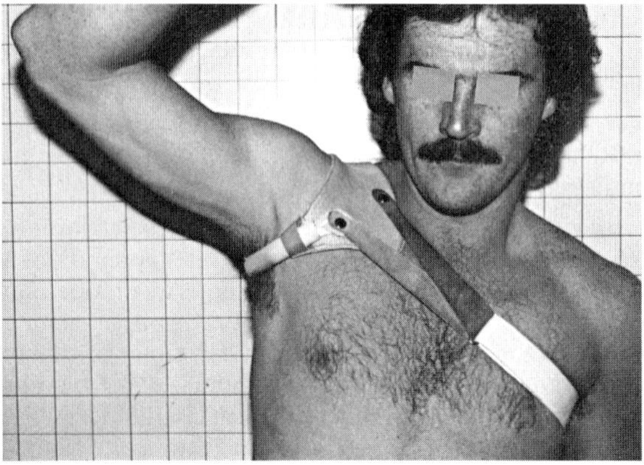

Abb. **107** Orthese zur dorsoventralen Stabilisierung des Humeruskopfes bei multidirektionaler Instabilität. Dabei ungehinderte Funktion des Schultergelenks.

Abb. **108** Tragbare Orthese zur kontinuierlichen passiven Bewegungstherapie des Ellenbogens. Der Vorteil gegenüber stationären Geräten ist in der Beweglichkeit des Patienten und der kontinuierlichen Anwendung zu sehen (Archiv Toronto Medical).

weis, daß es bei dieser passiven Bewegungstherapie zu einer Verbesserung des Knorpelstatus kommt, ist das Ziel von aktuellen Untersuchungen und soll nur am Rande erwähnt werden. CPM-Orthesen werden z. Z. in der unmittelbaren postoperativen Phase zur Verbesserung der Heilung und Gelenkbeweglichkeit und zur Schmerzverringerung nach Gelenkoperationen mit bewegungsstabilen Zuständen verwendet (Abb. **108**).

Neben den bereits beschriebenen Konstruktionsgruppen soll auch der Fußeinlagenversorgung des Sportlers Beachtung geschenkt werden. Unauffällig, da von außen nicht sichtbar, sind Fußeinlagen in ihrer Funktion von zunehmender Bedeutung. Die biomechanischen Analysen von NIGG (20) und die Perfektionierung von speziellen Bewegungsabläufen an sportmedizinischen Instituten haben die funktionelle Bedeutung des Fußes für den Athleten nachhaltig unterstrichen. Aus diesem Grund wurde das Thema Fußeinlagen beim Sportler mit in das vorliegende Kapitel aufgenommen.

Im speziellen Teil dieses Kapitels werden Einzelkonstruktionen aus den versorgungsrelevanten Gruppen dargestellt und nach ihrer Zugehörigkeit den Körperbereichen *obere Extremität, Rumpf* und *untere Extremität* zugeordnet.

Orthesenversorgung

Untere Extremität

Die mehrgelenkige Gliederkette der unteren Extremität setzt sich zusammen aus Fuß-, Knöchel-, Knie- und Hüftgelenk und ist bei der orthopädietechnischen Versorgung als funktionelle Einheit zu betrachten.

Über die untere Extremität gibt der Sportler die meiste Eigenkraft ab im Sinne von Beschleunigung, Stabilisierung und Balance. Isolierte Schmerz- oder Instabilitätszustände in einem Teil dieser Gliederkette können zu kompensatorischen Reaktionen der anderen Gelenke führen. Daraus resultiert selbst bei geringer Läsion eine oft massive Beeinträchtigung des Sportlers in seinem gesamten Bewegungsablauf. Für die orthopädietechnische Versorgung stehen Patienten mit Verletzungen am Kapsel-Band-Apparat des Kniegelenks und des oberen Sprunggelenks im Vordergrund, wobei neben der postoperativen Bewegungsführung auch die konservative Behandlung von chronischen Instabilitäten zunehmend an Bedeutung gewinnt.

Das Thema Fußeinlagenversorgung wird wegen der besonderen Bedeutung für die individuelle Anpassung von Sportschuhen getrennt abgehandelt (S. 262ff.).

Kniegelenk

Als mittleres Gelenk in einer dreiachsigen Gliederkette zwischen Sprung- und Hüftgelenk gelegen, ist das Knie großen mechanischen Belastungen ausgesetzt. Durch die langen Hebelarme von Tibia und Femur und die hauptsächliche Gelenkführung durch einen komplizierten Bandapparat sind weitere Voraussetzungen für eine hohe Verletzungsanfälligkeit bei Überlastung oder massiver Krafteinwirkung von außen gegeben. Aus diesen Gründen werden vermehrt Sportler mit Kniebandinstabilitäten orthopädietechnisch versorgt.

Im postoperativen Bereich nach Kniebandrekonstruktionen hat sich durch die vermehrte Hinwendung zur frühfunktionellen Bewegungstherapie eine Orthesengruppe entwickelt, bei der die sichere Bewegungseingrenzung und Führung im Vordergrund steht. Aufgaben einer solchen rehabilitativen Knieorthese sind die zuverlässige Stabilisierung der mediolateralen Aufklappbewegung und die einstellbare Begrenzung der Flexions-Extensions-Bewegung. Durch die Verwendung von Kunststoffformteilen für Oberschenkel und Unterschenkel, Kunststoffschienen und -gelenkkonstruktionen sind leichte (ca. 600 g) und wasserfreundliche Konstruktionen entstanden. Beim Duschen und in der Hydrotherapie müssen diese Orthesen nicht mehr ausgezogen werden.

Auch wenn solche Orthesen individuell nach Abdruck angefertigt werden, kann der Patient innerhalb von 48 Stunden versorgt werden. Beachtenswerte Arbeiten stammen aus der Universität Iowa von SHURR und MILLER (Abb. **109**) und aus der Sportklinik Hellersen von SCHUCHARD und EMMERICH (Abb. **110**). Beide Konstruktionen verfügen über ausreichende zweidrittel lange Körperformteile für Ober- und Unterschenkel. Durch suprakondyläre Fassungen bei beiden und zusätzliche suprapatellare Abstützung im Oberschenkelbereich wird eine ausgezeichnete mechanische Basis zur Stabilisierung des Kniegelenks erzielt. Zur Verbesserung der Kongruenz zwischen mechanischem und anatomischem Kniegelenk werden polyzentrische Zahnsegmentgelenke verwendet. Die sukzessive Justierung der Flexions- und Extensionsanschläge ist einfach und kann auch während der ambulanten Sprechstunde vorgenommen werden.

Wenn Sportler nach komplexeren Kniebandoperationen wieder aktiv in das Stadium von Training und Wettbewerb zurückkehren, kann es sinnvoll sein, den Kapsel-Band-Apparat der operierten Seite mit einer Orthese zu führen und zu stützen, bis eine ausreichende Eigenstabilität erreicht ist. In diesen Fällen werden Knieorthesen verwendet, die in der Lage sind, das Kniegelenk mediolateral zu stabilisieren und bei freier Flexion die Extensionsbewegung zwischen 30 und 5° zu begrenzen. Damit das Muskelspiel nur wenig beeinträchtigt wird, sind sog. offene Rahmenkonstruktionen zu bevorzugen. Sie vereinigen einen guten Stabilisierungseffekt bei freiem Muskelspiel, sind thermoplastisch an die Verbesserung des Muskelstatus anpaßbar und leicht im Gewicht (Abb. **111**). Als Beispiel kann hier die CTI-Orthese genannt werden, die von STEADMAN und CASTILLO 1981 zu diesem Zweck entwickelt wurde (Abb. **112**).

Die obengenannten Anforderungen an Knieorthesen werden noch erweitert, wenn ein Athlet mit verbleibenden ein- oder mehrachsigen Kniebandinstabilitäten orthopädietechnisch versorgt werden soll. Neben der mediolateralen Bewegungsführung muß eine sichere Kontrolle der vorderen bzw. hinteren Schublade erreicht werden. Der physiologische Bewegungsablauf und der Zeittakt der athletischen Ausübung dürfen nicht beeinträchtigt werden, da es sonst (z. B. beim Trick-Skifahrer) zum Sturz und zu weiteren Verletzungen kommen kann. Die Untersuchungen von IGLEHART (10) zeigen, daß die CTI-Orthese keinen negativen Einfluß auf das Reaktionsverhalten und den Bewegungsablauf des Athleten ausübt.

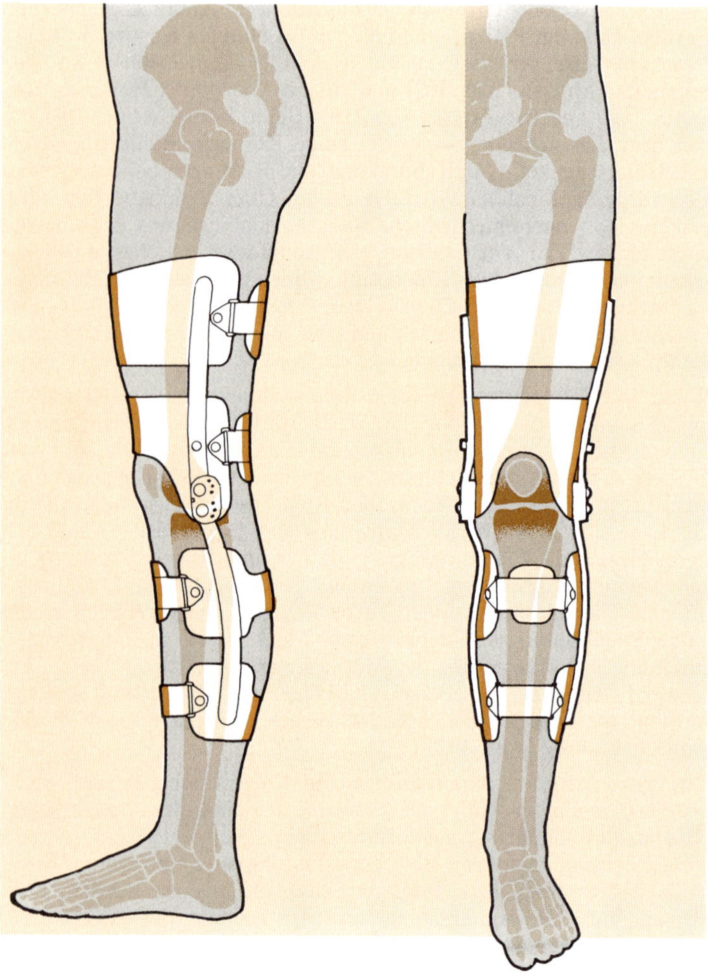

Abb. **109 a–b** Postoperative Knieführungsorthese Typ Iowa in modifizierter Form mit beweglichem Kondylenkorb. **a** Wirkungsprinzip.

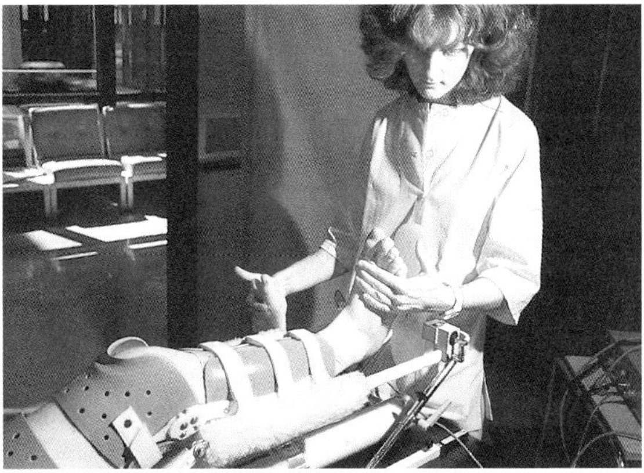

Abb. **109 b** Am Patienten im Rahmen der frühfunktionellen krankengymnastischen Bewegungstherapie (Archiv RKL).

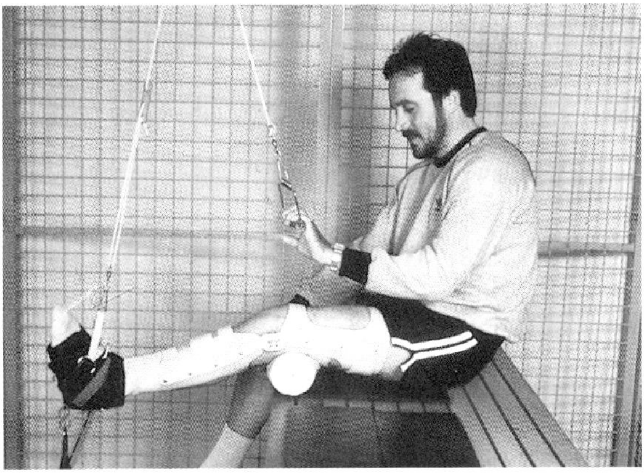

Abb. **110** Postoperative Knieführungsorthese Typ Hellersen (Archiv Otto Bock).

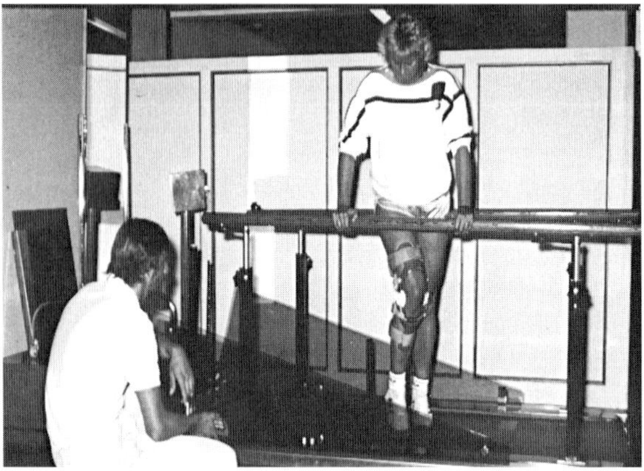

a

Abb. **111 a–b** Verwendung der Knieorthese Typ CTI im Rahmen der frühfunktionellen Nachbehandlung einer Leistungssportlerin nach Kniebandoperation. **a** Beim aktiven Muskelaufbau, **b** bei einem Weltmeisterschaftslauf, wobei die Orthese unter dem Rennanzug kaum auffällt (Photo S. Minkoff).

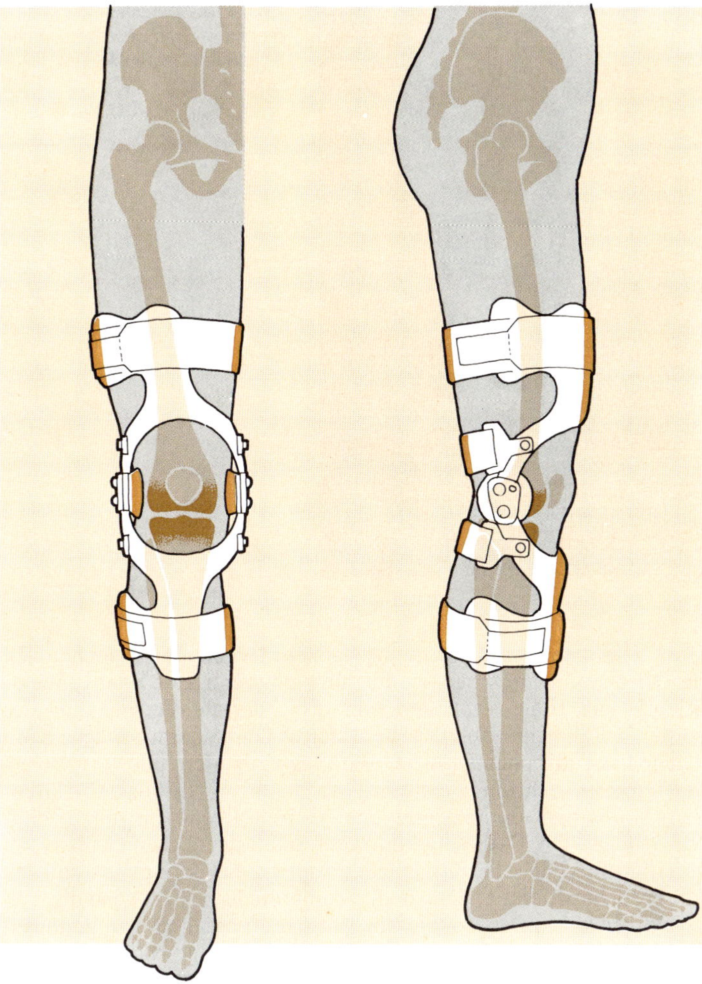

Abb. **112** Wirkungsprinzip der Knieführungsorthese Typ CTI als Beispiel einer offenen Rahmenkonstruktion.

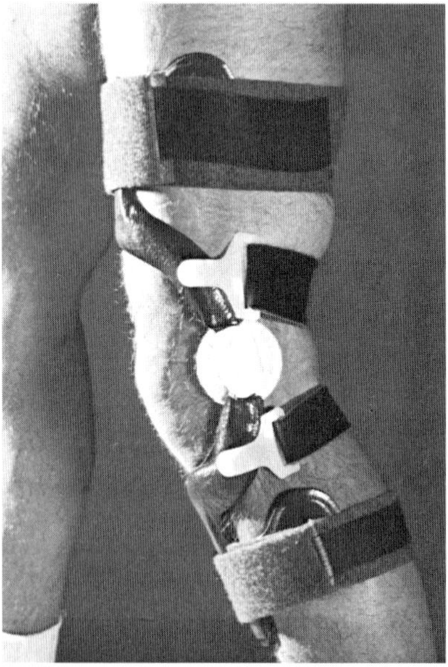

Abb. **113** Detailaufnahme der mechanischen Bestandteile der Knieführungsorthese Typ CTI.

Die CTI-Knieorthese besteht aus stabilen Carbonfaser-Rahmenteilen für Ober- und Unterschenkel, die durch polyzentrische Zahnsegmentgelenke aus Titan verbunden sind. Eine dorsale Verspannung des vorderen Rahmens erfolgt über ein starres Gurtsystem. Seitliche Kondylenpolster mit pneumatischer Wirkung verhindern ein Verrutschen der Orthese auch unter extremen Bedingungen (Eishockey, Skirennen, Motocross) und reagieren energieabsorbierend auf starke seitliche Schläge. Die Orthese wird in drei unterschiedlichen Grundtypen gefertigt, mechanische Zusatzteile erweitern die Wirkungsweise auch für Problempatienten. Durch die kompromißlose Verwendung von Leichtbauwerkstoffen konnte ein günstiges Verhältnis von geringem Gewicht (450 g) und extrem hoher Stabilität geschaffen werden (Abb. **113**).

Die Verwendung von Knieorthesen als Präventivmaßnahme begann 1979, als amerikanische Football-Spieler, bedingt durch die hohe Verletzungsrate, mit dem lateralen Knee-Stabilizer von Anderson ausgerüstet wurden. Diese Konstruktion bestand aus einem einachsigen Gelenk und zwei Schienenteilen, die auf die jeweils laterale Seite der Kniegelenke mit Tape fixiert wurden. Dadurch sollte der gefährliche Seitenschlag auf das Knie abgefangen werden. 1983 wurde an der Universität Iowa unter Mithilfe von Sportmedizinern und Trainern von dem Physiotherapeuten D. Shurr und dem Orthopädietechniker H. Miller eine Vollkunststofforthese als Präventivmaßnahme entwikkelt. Die AMPRO-Orthese besteht aus je einer Ober- und Unterschenkelschale, die durch zwei polyzentrische Zahnsegmentgelenke verbunden sind.

In einer Studie konnte Shurr nachweisen, daß durch die Verwendung von Nylonschienen eine teilweise Energieaufnahme von seitlichen Kräften möglich war. Außerdem zeigten Untersuchungen an Leichen, daß für die seitliche Stabilisierung laterale und mediale Schienen den Einschienenkonstruktionen überlegen waren. Beim professionellen Football-Spieler gehört heute der Kniegelenkschutz in Form einer Orthese zur Standardausrüstung, und die internationalen Topfahrer beim Motocross verwenden spezielle CTI-Orthesen, um ihre Kniegelenke zu schützen (Abb. **114**).

Sprunggelenk

Die häufigste Sportverletzung an den Sprunggelenken ist das Inversionstrauma mit Distorsionen, Dehnungen oder Riß des lateralen Kapsel-Band-Apparats. Je nach Schwere der Verletzung und unter Berücksichtigung der sportlichen Aktivitäten des Patienten erfolgt eine konservative Behandlung mit Ruhigstellung, oder es werden rekonstruktiv-chirurgische Eingriffe vorgenommen. Häufigstes Ziel der orthopädietechnischen Versorgung des instabilen Sprunggelenks ist die Verhinderung der Pronation und Supination und die Begrenzung und Führung der Plantar-dorsal-Bewegung. Dazu kann je nach Gestaltung des Hilfsmittels ein Wirkungsgrad von schwach bis sehr stark ausgewählt werden.

Für eine milde Gelenkführung eignet sich die Knöchelsocke mit einer zusätzlichen teilelastischen Zuggurtung. Die Aircast-Knöchelstütze wirkt bei der Begrenzung der Pronations-Supinations-Bewegung im Sprunggelenk etwas stärker, was durch eine luftkissenartige seitliche Pelotte erreicht wird. Diese anatomisch geformten Stützen werden durch zwei zirkuläre Klettverschlüsse am Unterschenkel fixiert (Abb. **115**).

In der postoperativen Phase nach Bandrekonstruktion setzt sich immer mehr die frühfunktionelle Nachbehandlung durch. Ziel dieser Therapie ist eine frühzeitige Bewegung und Belastung unter Verwendung von äußeren Stabilisierungshilfen, damit zur rascheren Heilung leichte Spannungsreize auf den fibulären Bandapparat einwirken können. Aufgabe dieser äußeren Stabilisierungshilfe ist es, das Bewegungsausmaß auch unter Belastung so zu begrenzen, daß es nicht zu einer erhöhten Zugspannung des verletzten Bandapparats kommt. Aufgrund der Untersuchungen von Wirth (33) und Segesser (30) ergibt

Abb. **114a–b** Präventivwirkende Knieorthese Typ AMPRO.
a Detailaufnahme.

b Im Einsatz beim amerikanischen Football, wobei alle auf dem Bild sichtbaren Spieler mit einer solchen Orthese ausgerüstet sind (Archiv Iowa State University).

Abb. **115** Knöchelstütze Typ Aircast zur leichten bis mittleren Stabilisierung der Pronations-Supinations-Bewegung.

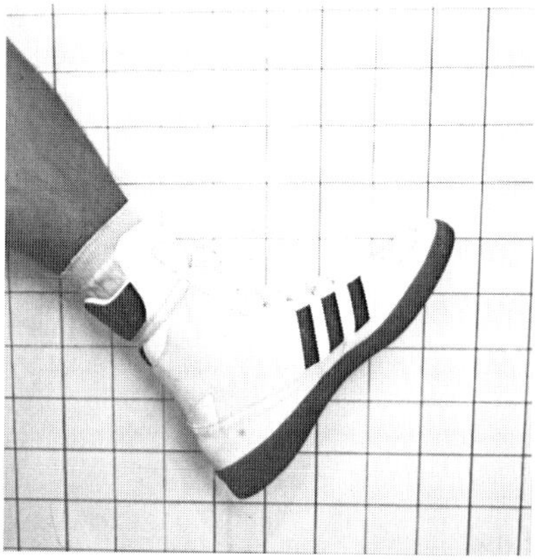

Abb. **116** Der Adimed-Schuh nach Spring zur frühfunktionellen Behandlung am Bandapparat der Sprunggelenke.

sich dabei ein erlaubtes Bewegungsausmaß des oberen Sprunggelenks von dorsal-plantar 10-0-20° ohne Pronations-Supinations-Komponente.

Die z. Zt. bekannteste Konstruktion zur frühfunktionellen Behandlung von fibulären Bandverletzungen des oberen Sprunggelenks ist der Adimed-Schuh nach Spring, wobei die Knöchelstabilisierung über spezielle Stützelemente erfolgt. Diese Stützelemente sind seitlich in den Schuhaufbau integriert (Abb. **116**).

Einen anderen bemerkenswerten Weg mit gleichem funktionellen Rehabilitationsziel geht die Gruppe von Kohlberg mit dem Orbimed-Innenschuh. Dieser nach Gipsabdruck gefertigte Lederinnenschuh paßt sich der Fuß- und Knöchelgelenkform an, kann in jedem knöchelhohen Sportschuh getragen werden, und er wird auch nachts nicht abgelegt. Seitlich eingebrachte Kunststoffplatten verhindern wirkungsvoll die Drehbewegungen des Fußes und die laterale Aufklappbarkeit im oberen Sprunggelenk. Eine Verkürzung der Heilungszeit konnte von Kohlberg in einer Studie an 220 Patienten (persönl. Mitteilung) nachgewiesen werden (Abb. **117**).

Bei chronischer Instabilität bzw. bei der Rückkehr von operierten Risikopatienten in das Trainings- und Wettkampfstadium verwenden wir eine Konstruktion aus dem Bereich der funktionellen Orthesen (Abb. **118**). Hierbei werden Mittel- und Rückfuß in einer Schale gefaßt und über ein Gelenk mit einem Unterschenkelteil verbunden. Die Befestigung am Bein erfolgt über Klettverschlüsse. Um den speziellen Bedürfnissen des Sportlers entgegenzukommen, wurde die Auftrittfläche der Ferse freigelegt, damit in diesem Bereich eine ungestörte Rückmeldung für die Muskelsteuerung beim Fersenauftritt erhalten bleibt. Die Unterschenkelfassung stützt medial und lateral in ausreichender Höhe, wobei der hintere tiefe Ausschnitt die Wadenmuskulatur freilegt. Das mechanische Gelenk ist in mehreren Ebenen justierbar und ermöglicht eine kongruente Einordnung zur anatomischen Gelenkachse. Aus Hochleistungs-Verbundwerkstoff gefertigt, wiegt eine solche Orthese ca. 250 g, thermoplastische Anpassungen an den sich verändernden Muskelstatus sind möglich (Abb. **119**).

Fußeinlagen

Der Fußabdruck eines Menschen z. B. in nassem Sand oder auf Kopierpapier ist so individuell wie sein Fingerabdruck. Er wird geprägt durch das Zusammenspiel von einzelnen Komponenten wie Gewicht, Muskelfunktion, Bewegungsablauf und Stellung der Gelenke. Kann man die Fußlänge noch in einzelne Konfektionsgrößen unterteilen, ist dies bereits bei der Vorfußbreite nicht mehr möglich. Das Verhältnis von Fußlänge und Vorfußbreite paßt oft nicht mehr in

Abb. **117 a–b** Der Orbimed-Innenschuh nach Kohlberg zur frühfunktionellen Behandlung am Bandapparat des oberen Sprunggelenks. **a** am Patienten, **b** im Sportschuh getragen (Archiv Fa. Orbi).

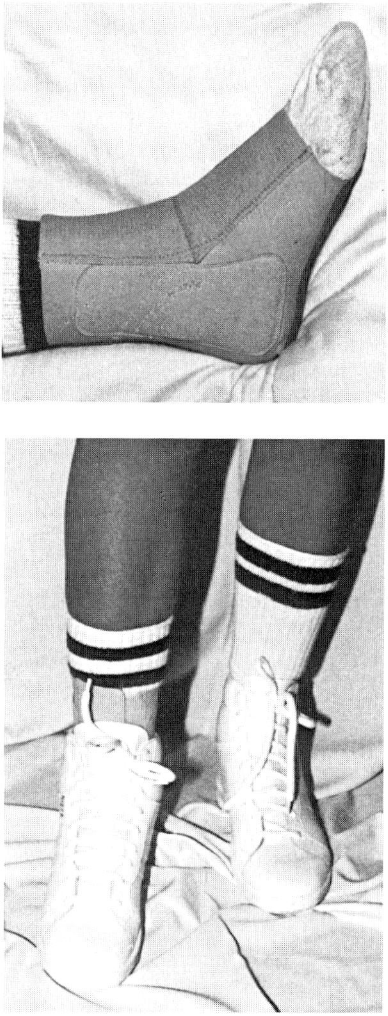

a

b

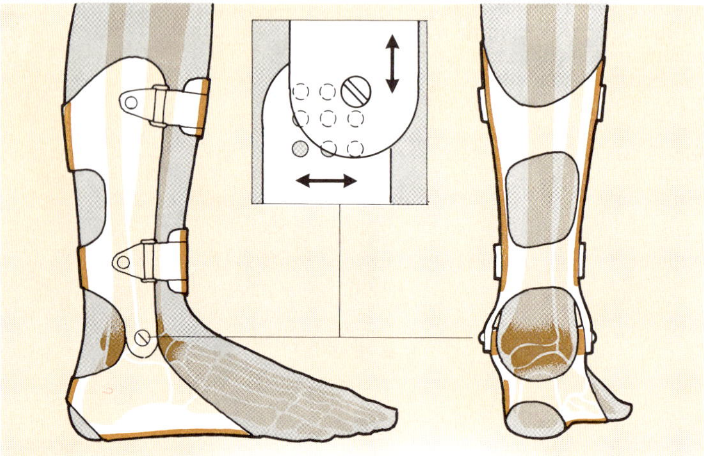

Abb. **118** Wirkungsprinzip der funktionellen Knöchelorthese Typ ADA zur Stabilisierung der Pronations-Supinations-Bewegung bei ungehinderter dorsoplantarer Beweglichkeit und einjustierbarer Gelenkachse.

Abb. **119** Knöchelorthese Typ ADA bei Anwendung im Sport ohne Behinderung der sportspezifischen Bewegung (Archiv Action Dynamics).

die Schablonen der Sportschuhindustrie. Desgleichen variiert die Winkelstellung von Vorfuß, Mittelfuß und Rückfuß zur vertikalen Gesamtbelastungsachse zwischen einzelnen Menschen, zudem ist diese Stellung oft seit Geburt in leichter Fehlform manifestiert oder durch jahrelange Fehlbelastung und nicht paßgerechtes Schuhwerk deformiert. Mangelnde Ausbalancierung der fein abgestuften anatomischen Fußkonstruktion führt zu Fehlstellungen und Überlastungen, die bei der Fußsohle beginnen und über die Gliederkette des Skeletts bis zur Halswirbelsäule Probleme auslösen können.

Zusätzlich kann es durch zu hartes Schuhwerk oder vermindertes Sohlenfettgewebe im Fersen- und Vorfußbereich zu einer systematischen Zerstörung von Einzelstrukturen im Fuß-, Knöchel-, Knie-, Hüft- und Wirbelsäulenbereich kommen. Exzessives Training oder nicht gut angepaßte Sportschuhe führen außerdem zu Überreaktionen des Haut- und Weichteilmantels und der Knochenstrukturen. Als Resultat sehen wir Exostosen, Sehnenüberlastungen und Drucknekrosen.

Die funktionelle Bedeutung des Fußes als kraftaufnehmendes und energieverzehrendes Schlußelement einer Gliederkette ist speziell beim Sportler bekannt, wird aber i. S. der Prävention und der funktionellen Verbesserung durch eigens angepaßte Sportschuhe oft nur beim Spitzensportler berücksichtigt. Dies ist erstaunlich, wenn man bedenkt, daß mit individuell angepaßten Fußeinlagen eine vernünftige Lösung auch für den Breitensportler realisiert werden kann.

Am Beispiel der Skischuhentwicklung läßt sich dies verdeutlichen. Um beim kompakten Hintereinstiegmodell einen besseren Kraftschluß zwischen Fuß und Stiefel (ergo Mensch und Ski) zu erreichen, faßt man den Fußrücken, um ihn gegen die Ferse und die Fußsohle zu verspannen. Durch individuell geformte Fußeinlagen wird die Fußsohle unterstützt, und der gewünschte Kraftschluß ist problemlos möglich. Bei den konfektionierten Einlegesohlen der Skistiefel, häufig nur mit einem Alibi-Längsgewölbe, muß der vom Fußrücken übertragene Druck von wenigen Flächen an Ferse und Vorfuß aufgenommen werden, und es kommt zum internen Spannungsaufbau im Knochengerüst. Ein ausbalanciertes Kräfteverhältnis ist in diesen Fällen nicht zu erreichen.

Die häufigsten Ziele von Fußeinlagen sind:

- verbesserte Energieverteilung durch Stoßdämpfung im Fersen- und Vorfußbereich,
- Aufbau und Wiederherstellung der Fußbalance unter Belastung,
- Entlastung von Druckstellen im Bereich der Ferse und Sohle (Abb. **120**).

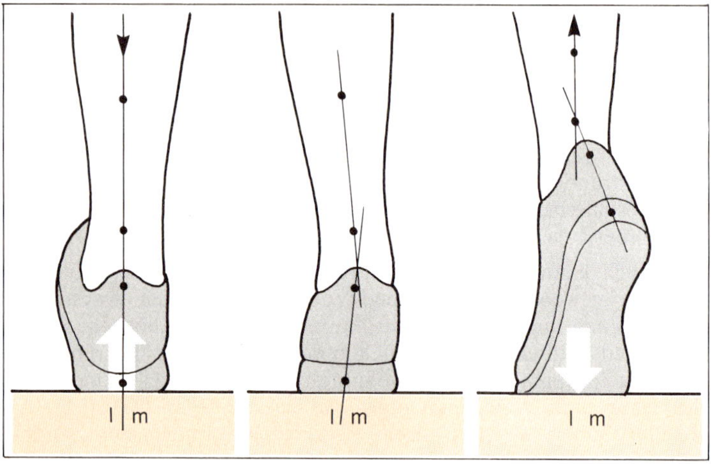

Abb. **120** Vereinfachte Darstellung der Achsenveränderungen und der Kraftmomente beim dynamischen Abrollvorgang eines Läufers (nach *Nigg*). l lateral, m medial.

Je nach Materialeinsatz können weiche, halbstarre oder starre Fußeinlagen hergestellt werden. Besonders bewährt hat sich die Kombination eines halbstarren Einlagenkerns, der thermoplastisch nachformbar ist, und einer weichen Auflage mit energieaufnehmender Fähigkeit.

Der halbstarre Kern kann aus Verbundwerkstoffen mit Fasergewebe aus Glas- oder Carbonfaser mit einer thermoplastischen Matrix bestehen; dadurch wird eine individuelle Anpassung bei hoher Eigenstabilität der Einlage ermöglicht. Als stoßdämpfendes Weichschaummaterial werden verstärkt Kunststoffschäume mit unzähligen eingeschlossenen Luftkügelchen verwendet. Diese Schäume sind meist mit einer Oberflächenkaschierung aus abwaschbarem Gewebe versehen und aufgrund ihrer speziellen Konstruktion bestens geeignet, Energie aufzunehmen und den Druck gleichmäßiger zu verteilen. Zudem liegt ihre dauerhafte Rückstellkraft bei 100%. Durch die kombinierte Verwendung der beiden Materialien erhält man eine wirkungsvolle Einlage, die sich außerdem durch eine niedrige Bauhöhe auszeichnet und daher gut im Sportschuh verwendet werden kann.

Zur Herstellung von Einlagen beim Sportler verwendet man zweckmäßigerweise einen funktionellen, also unter Belastung erstellten Abdruck. Beim funktionellen Fußabdruck wird die Fehlform deutlich sichtbar, das Modell kann entsprechend nachgearbeitet werden. Die Anpassung der Einlage erfolgt zuerst an die Topographie des Patien-

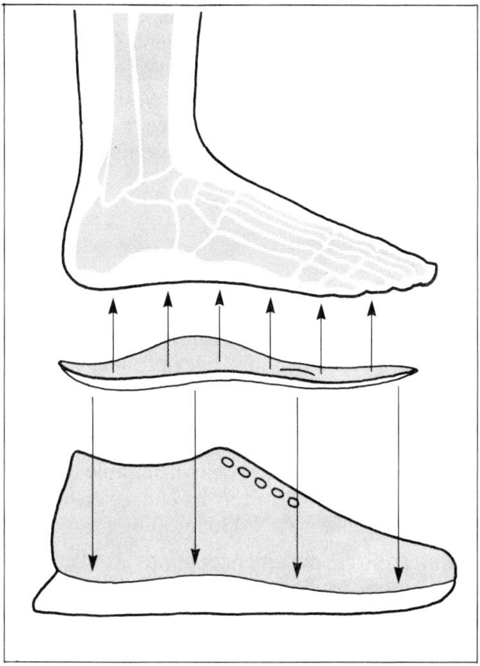

Abb. **121** Die individuell angepaßte Einlage als Mittler zwischen anatomischer Fußform und konfektionierter Innenform des Sportschuhs.

tenfußes. Danach erfolgt die Einpassung der Einlage in den Sportschuh. Hierbei gilt es die Korrekturstellung der Einlage ohne Veränderung an die oft spezielle Innenform des Sportschuhs (Skischuh, Schlittschuh, Sprintschuh, Fußballschuh) anzupassen (Abb. **121**). Zum Abschluß empfiehlt sich bei Laufsportlern ein dynamischer Test mit Sportschuh und Einlage auf dem Laufband. Etwaige Probleme wie Druckstellen oder Fehlbewegungen können dann direkt erkannt und verbessert werden.

Zur Kontrolle der Paßform und der Wirkungsweise war man bisher ausschließlich auf die subjektive Aussage des Patienten angewiesen, und Druckstellen, Blasen oder andere Hautveränderungen wurden zur Objektivierung der Ergebnisse herangezogen. Durch die Entwicklung des Druckverteilungsmeßgerätes EMED besteht nun die Möglichkeit einer objektiven Analyse des Problemfußes und einer Kontrolle der Einlagenpaßform sowie einer Analyse des Einflusses auf das Laufverhalten. Dieses Meßverfahren erstellt über eine Sensorplattform oder Sensoreinlegesohle mit bis zu 4000 Druckkraftsensoren ein Druckverteilungsbild des Fußes während des Abrollens. Mit Vorher-Nachher-Messungen kann nun analysiert und dargestellt werden, ob das vorgegebene Therapieziel der Einlage, z. B. Veränderung des Gangbildes oder Entlastung eines bestimmten Fußsohlenbereiches, erreicht wurde (Abb. **122**).

Rumpf

Der passive und aktive Bewegungsapparat des Rumpfes ist exakt ausbalanciert und arbeitet, einfach ausgedrückt, nach dem Verspannungsprinzip. Dabei stabilisieren sich Bauch- und Rückenmuskulatur in Ruhe und Bewegung. Speziell dem Athleten dient der Rumpf als stabilisierendes Element zur Körperbalance und Kopfkontrolle einerseits und zur kontrollierten Bewegungsführung der oberen und unteren Extremität andererseits. Die multisegmentale Gliederkette von Hals-, Brust- und Lendenwirbelsäule ermöglicht feindifferenzierte Bewegungen in mehreren Ebenen gleichzeitig, wirkt aber auch über die Bandscheiben als Stoßdämpfung für die Schulter- und Kopfregion.

Bedingt durch die obengenannte Zentrumsfunktion für Kraftentfaltung und Körperkontrolle ist der Rumpf für zahlreiche Störungen anfällig. Durch körperbezogene Über(be)lastung oder Krafteinfluß von außen (z. B. Sturz, Zusammenprall) ergeben sich Muskel-, Weichteil- und Knochenverletzungen mit unterschiedlichem Schweregrad.

Zur Zeit sind standardisierte Lehrmeinungen bzw. international akzeptierte Schemata bei der Behandlung von Wirbelsäulenläsionen nicht erkennbar. Aus diesem Grund ist es angezeigt, sich in diesem Abschnitt auf die Darstellung von einzelnen Bandagen- und Rumpforthesentypen zu beschränken und ihre biomechanischen Funktionen zu erklären. Zudem erfolgt eine Abstufung der Wirkungsweise dieser Gruppe in leicht, mittel und stark. Dies erleichtert eine Zuordnung für gewünschte Indikationen und spezielle Diagnosen.

Für die orthopädietechnische Versorgung beschränkt sich der Text zudem auf die beiden exponierten Bereiche Halswirbelsäule und Lendenwirbelsäule, wobei der Übergang zur Brustwirbelsäule berücksichtigt wird. Beide Wirbelsäulenbereiche sind zum einen sehr starken Bewegungen und zum anderen extremen Krafteinwirkungen ausgesetzt. Diese sind oft nicht kompensierbar und führen zu Läsionen wie Zerrungen, Wirbelblockierungen, Wirbellockerungen, Wirbelgleiten und Frakturen.

Für die Zuordnung von einzelnen Konstruktionstypen für einen bestimmten Patienten hat sich als Auswahlkriterium ein von A. White ausgearbeiteter Fragenkatalog bewährt.

Abb. **122a–b** Druckverteilungsmeßgerät EMED. **a** Erstellung eines Druckverteilungsbildes vom Fuß über eine Sensorplattform.

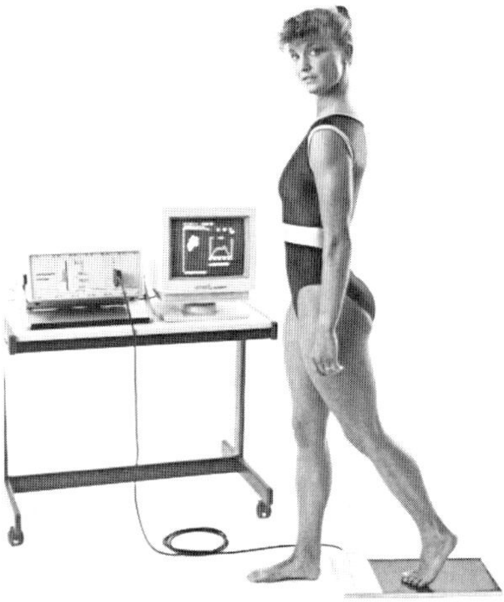

b Gerät mit Sensoreinlegesohle zur Kontrolle der Einlagenpaßform auf dem Laufband (Archiv Fa. Novel).

A-B-C-D-Fragen zur Konstruktion von Rumpfbandagen und -orthesen

A. *Welche Aufgabe(n)?* – Fixation, Redression, Distraktion.
B. *In welchen WS-Segment(en)?* – HWS, BWS, LWS.
C. *In welchen Bewegungsebenen?* – Flexion, Extension, Seitbiegung, axiale Rotation.
D. *Welche Wirkung?* – Leicht, mittel, stark.

Mit Hilfe dieser A-B-C-D-Fragen kann eine exakte Eingrenzung der Rumpfbandage/-orthese erfolgen, ohne daß es zu Über- oder Unterversorgungen kommt.

Halswirbelsäule

Orthopädietechnische Konstruktionen für die Halswirbelsäule können anstützend, fixierend und gewichtentlastend wirken. Hauptsächliche Anstützpunkte sind Schulter-, Brust- und Rückenpartie einerseits und Hinterhauptbein und Kinnbereich andererseits. Unbedingt zu vermeiden ist jede Art von zirkulärer Fassung, bei der es zu Klaustrophobie (speziell im Schlaf) bzw. Atemnot und Schluckbeschwerden kommen kann. Je nach Konstruktionsart und Materialverwendung kann die Effektivität der Orthesen von leicht über mittel bis stark variiert werden.

Eine leichte Wirkungsweise können wir von *Zervikalstützen* bzw. Halskrawatten aus trikotüberzogenem Schaum erwarten. Je nach dem anatomischen Zuschnitt der Kinn- bzw. Hinterhauptregion kann die Flexions- bzw. Extensionsbewegung eingeschränkt werden. Die Seitbewegung kann limitiert werden, eine Gewichtsentlastung oder die Kontrolle der axialen Rotation ist nicht möglich. Erwähnenswert ist die wärmende Wirkung zur Weichteillockerung (Abb. **123**).

Eine mittlere Wirkungsweise im Sinne der Kontrolle von Flexion/Extension/Seitbiegung und axialer Rotation erfolgt durch *Zervikalorthesen* in Halbschalenbauweise unterschiedlicher Art. Die Wirksamkeit solcher Konstruktionen ist abhängig von der Materialauswahl und der Größe der Anstützungsflächen im Rumpf- und Kopfbereich. Als generelle Regel gilt, daß die Wirkungsweise durch die Verwendung von starren Materialien und großflächigen Körperanstützungen verbessert wird (Abb. **124**).

Die wirkungsvollste, zuverlässigste Bewegungseingrenzung und Gewichtsentlastung bei komplizierten Zuständen der Halswirbelsäule erfolgt nach Untersuchungen von R. M. Johnson durch die Fixation im Halo-Apparat bzw. dem Minerva-Gipsverband. Beide Versorgungen sind in ihrer perfekten Wirkungsweise durch orthopädietechnische Lösungen bisher nicht zu verwirklichen (Abb. **125**).

Abb. **123** Zervikalstütze aus gepreßtem Schaumstoff in anatomischer Form mit schlankem Hinterhauptverschluß und Kehlkopfaussparung.

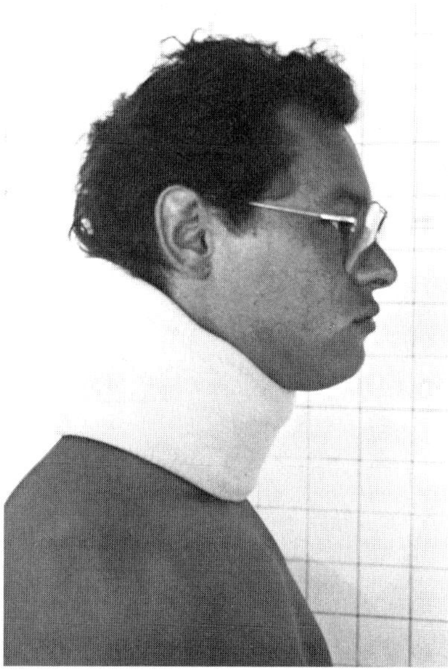

Abb. **124** Zervikalstütze in verstärkter Ausführung mit zusätzlicher Anstützung und Drucklastverteilung im Brust- und Schulterbereich.

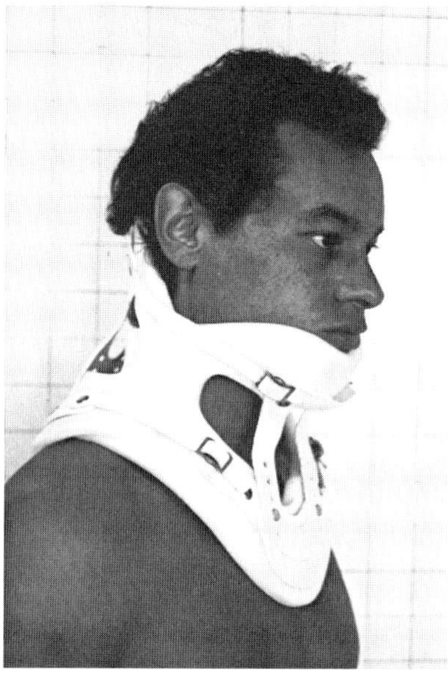

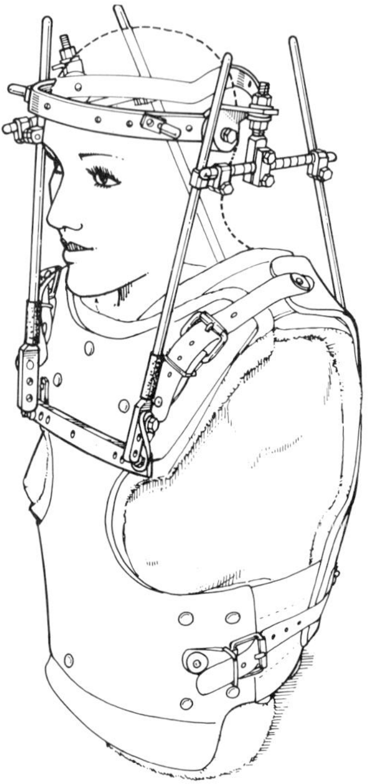

Abb. **125** Schematische Darstellung der Halo-Fixation zur absoluten Ruhigstellung von Segmenten der HWS (Archiv Ace-Medical).

Lendenwirbelsäule

Da die Lendenwirbelsäule mit der geringsten Eigenbeweglichkeit der drei Wirbelsäulenabschnitte ausgestattet ist, gleichzeitig aber das meiste Gewicht aufnehmen muß und zudem als Verbindungselement zwischen Bein-/Becken- und Rumpfelement dient, sind folgende Aufgaben an Rumpfbandagen und -orthesen zu stellen: Kontrolle von Flexion/Extension, Seitbiegung, axialer Rotation, Teilentlastung von Körpergewicht. Zusätzlich kann eine Redressionskontrolle im Sinne der Entlordosierung oder Hyperlordosierung erfolgen (Abb. **126**).

Als Hilfsmittel mit leichter Wirkungsweise sind Bandagen aus Drell oder Neopren einzustufen. Hierbei wird der Abdominalbereich gefaßt und gegen eine dorsale Druckpelotte verspannt. Diese Wirkung kann durch die Bandage an sich bzw. durch differenzierte Zuggurtungssysteme zwischen Rückenpelotte und Bauchfassung erfolgen. Bandagen

Abb. **126** Extrembelastung der LWS beim Turmspringer (Archiv L. Micheli).

aus Neopren liegen exakt am Körper an, sie verfügen außerdem über eine gute Wärmewirkung zur Lockerung der Weichteilstrukturen. Durch die Vielzügigkeit dieses Materials ist eine kontrollierte und dosierbare Verspannung zwischen Rückenpelotte und Bauchteil nicht möglich, denn die Kraftwirkung verpufft in den Seitenteilen.

Ein von J. Harms entwickeltes Kreuzstützmieder kombiniert ein Neoprenrückenteil zur körperformschlüssigen Anlage der Wirbelsäulenpelotte und zwei Seitenteile mit abdominaler Anstützung aus einzügigem Gummigewebe. Dadurch werden Zugkraft und Richtung zwischen Vorder- und Rückenteil exakt vorgegeben (Abb. **127a**). Außerdem wird die Wärmewirkung des Neoprenmaterials auf den Rückenbereich konzentriert. Die hohe Körperformschlüssigkeit des vielzügigen Neoprenmaterials ermöglicht die Verwendung einer dünnen teilflexiblen Lumbosakralpelotte. Rumpfbandagen in der beschriebenen Art können keinen Einfluß auf das Becken oder die thorakalen Segmente ausüben (Abb. **127b**).

Für eine mittlere bis starke Wirkungsweise im Sinne einer Fixation, Redression und Reklination der lumbosakralen und thorakolumbalen Wirbelsäulensegmente bietet sich das Rumpforthesensystem Boston (ROB) an. Dieses Modularsystem wurde an der Boston Harvard Medical School von J. Hall, L. Micheli und B. Miller entwickelt und wirkt auf eine einfache, jedoch äußerst effektive Weise. In einer stabilen, aber nicht unbequemen Polyäthylenschale werden das Becken, die Wirbelsäulensegmente und der Brustkorb von hinten gefaßt und mit einem sich überlappenden Vorderverschluß gegen das Abdo-

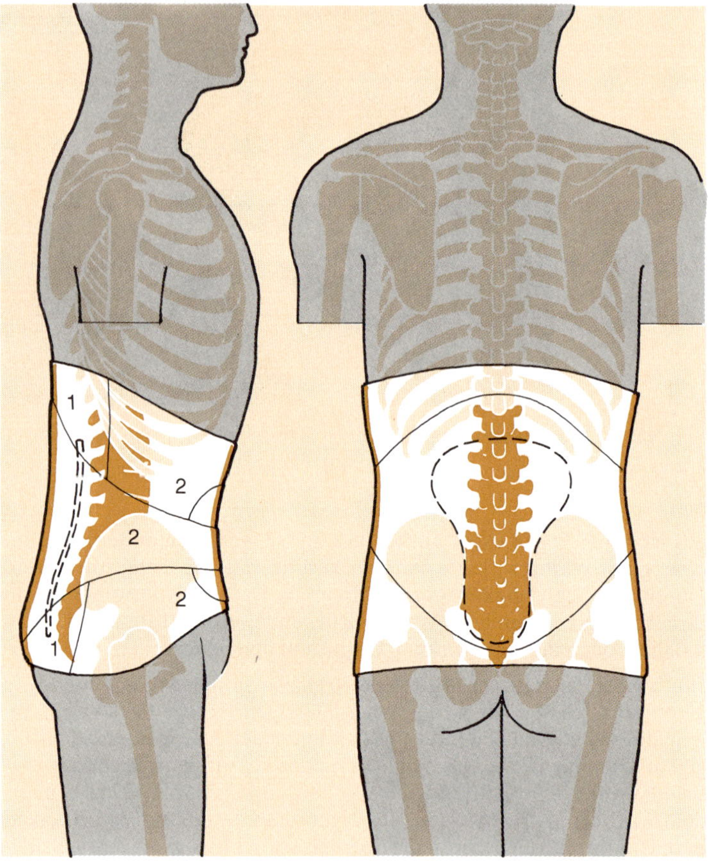

Abb. **127 a–b** Kreuzstützmieder nach Harms mit unterschiedlichen elastischen Bauteilen und Abdominalanstützung. **a** Wirkungsweise. 1 = vielzügiges Neopren, 2 = einzügiges Gummigewebe. **b** Mieder am Patienten. Durch die Auswahl von modernen Materialien wurde das Wirkungsprinzip und der Tragekomfort des Kreuzstützmieders verbessert.

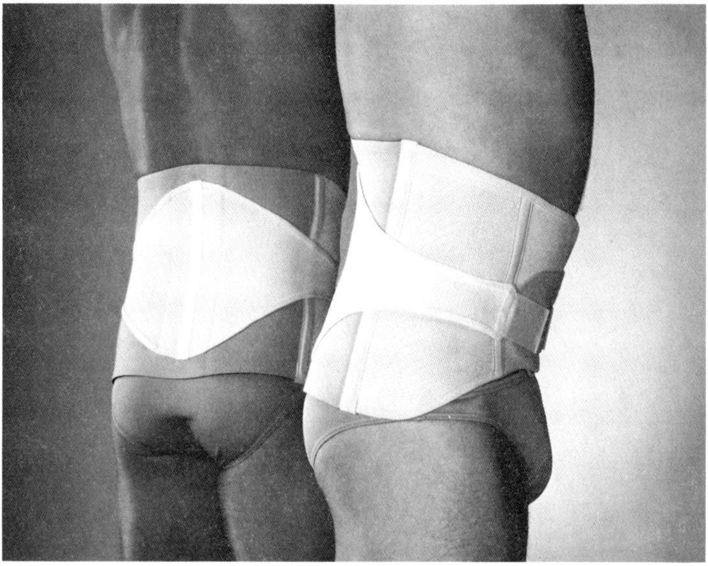

b

men verspannt. Je nach eingebautem Lordosegrad – 0° oder 15° – kann über den intraabdominalen Druck eine Fixation oder entlordosierende Redression auf den LWS-Bereich erfolgen. Zudem wird durch eine Verblockung von Beckenfassung und Brustkorbfassung eine extendierende Wirkung auf den LWS-Bereich ausgeübt. Damit diese Wirkung erzielt werden kann, muß die Orthese unbedingt im entspannten Zustand, also im Liegen, an- und ausgezogen werden. Die biomechanische Funktion der ROB-Körperformmodule kann also von stabilisierender, entlordosierender und/oder extendierender Wirkung sein (Abb. **128**).

Durch die Verwendung von mechanischen Zusatzteilen, wie Reklinationsbügel oder Kinn- und Hinterhauptanstützung, kann auf den thorakalen Wirbelsäulenabschnitt stabilisierend und reklinierend eingewirkt werden. Die Effektivität einer solchen Orthese läßt sich durch die Verlängerung der Auflageflächen und die Körperformschlüssigkeit des Moduls steigern.

Speziell für die Orthesenverwendung bei verletzten Sportlern weisen wir auf die Verdienste von L. Micheli, J. Harms und D. Stoltze hin (Abb. **129** u. **130**).

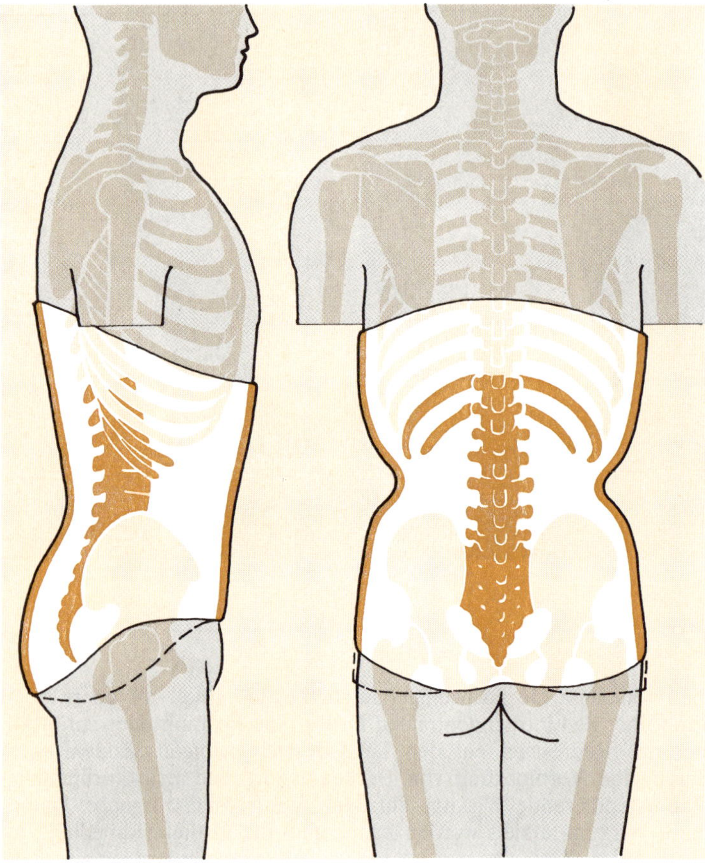

Abb. **128a–b** Wirkungsweise der Rumpforthese Boston **a** auf die lumbosakralen Segmente, **b** auf die thorakolumbalen Segmente.

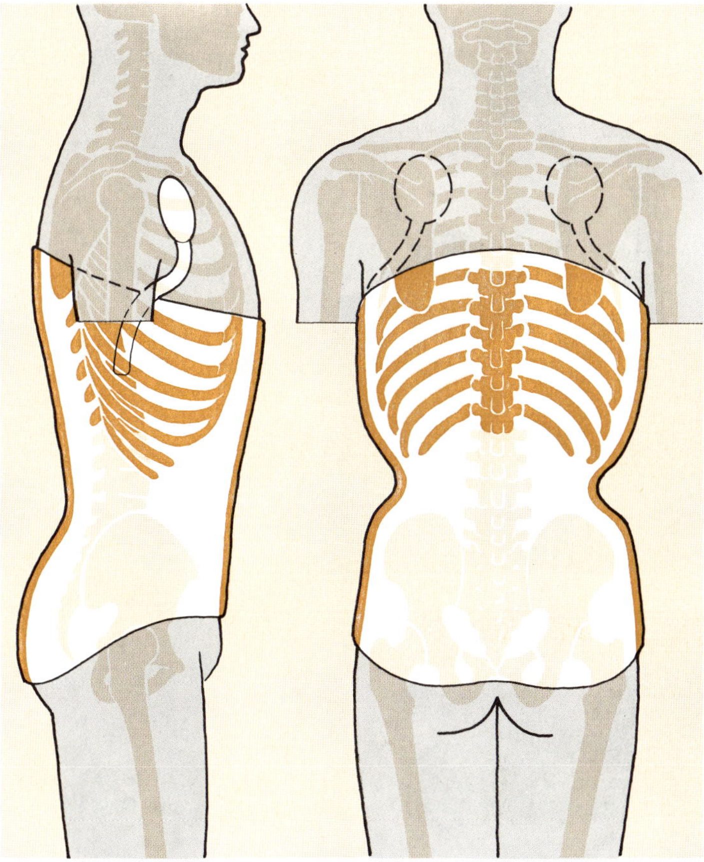

b

a

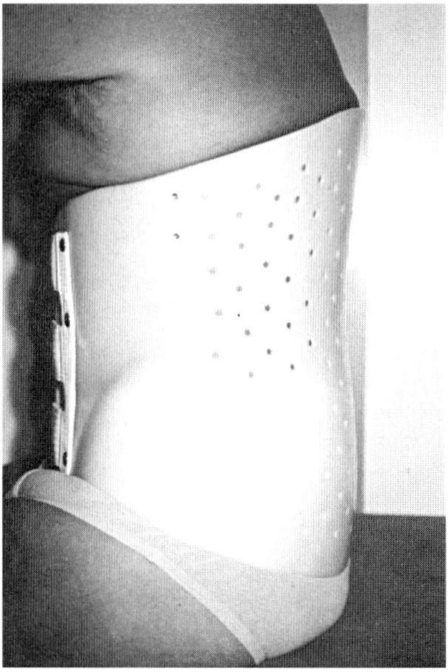

b

Abb. **129a–b** Athlet mit angelegter Rumpforthese Boston zur Stabilisierung der LWS beim Gewichtheben (Archiv L. Micheli).

Abb. **130** Stabilisierungsorthese für den BWS-LWS-Übergang nach Frakturen zur frühfunktionellen Behandlung beim Leistungssportler (Archiv H. Pohlig).

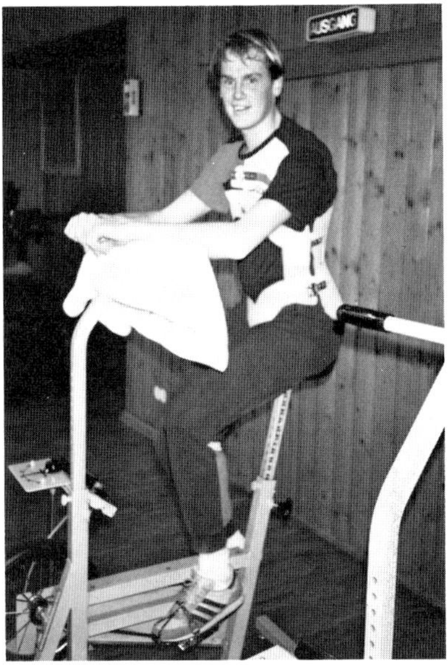

Obere Extremität

Bei der Sportausübung spielt die obere Extremität eine wichtige Rolle, um den Körper z. B. zu einem Sportgerät zu ziehen oder sich von ihm abzudrücken, außerdem werden die Arme zur Körperbeschleunigung oder Abbremsung und zur Balance verwendet. Überlastungsschäden sind möglich, und spätestens beim Sturz wird die mehrgelenkige Gliederkette der oberen Extremität stark verletzungsgefährdet. Aufgrund der funktionell-anatomischen Gelenkstrukturen und der Verletzungshäufigkeit stehen für die orthopädietechnische Versorgung das Schultergelenk, das Handgelenk und die Fingergelenke im Vordergrund.

Schultergelenk

Als Verbindungsgelenk zwischen Rumpf und Arm ist dieses Gelenk hohen mechanischen Belastungen ausgesetzt. Bedingt durch ein Mißverhältnis zwischen Größe des Gelenkkopfes und einer zu kleinen Gelenkpfanne und der vorwiegend muskulären Gelenkführung und Stabilisierung ist dieses Gelenk stark luxationsgefährdet. Tatsächlich ist eine vordere subkorakoidale Schulterluxation bei weitem die häufigste Form der Verrenkung eines Körpergelenks beim Sport. Speziell bei Sportarten, wo die Gefahr des Hängenbleibens bei hoher Geschwindigkeit (Skistock, Eishockeyschläger) gegeben ist, oder bei Kontaktsportarten kann es zur ventralen Schulterluxation kommen. Im Laufe der Zeit, z. B. nach unsachgemäßer Reposition, als Folge von Begleitverletzungen oder nach mehrfachem Luxationstrauma ergibt sich der Zustand der habituellen Schulterluxation.

Nach einer rekonstruktiven chirurgischen Maßnahme wird der Arm in einer Abduktionsvorrichtung fixiert und im übungsstabilen Zustand die Schultermuskulatur zuerst passiv, später aktiv durchbewegt. Neben den bekannten Gipsabduktionsschienen bietet sich eine sichere postoperative Lagerung in einer vorgefertigten Abduktionsorthese im Baukastensystem an. Der Vorteil einer solchen Orthese ist in der exakten Justierung der einzelnen Bewegungsebenen zu sehen (Abb. **131**). Zudem kann die statische Abduktionssperre gegen eine dynamische Federeinheit ausgetauscht werden; dafür stehen drei Federstärken zur Verfügung. Durch weitere mechanische Zusatzteile kann das Ellenbogengelenk fixiert oder dynamisch bewegt werden.

Bei gelenkstabilen Operationsergebnissen (z. B. humeruskopfnahe Osteosynthese) kann die Bewegungsförderung durch eine tragbare CPM-Orthese erfolgen, wobei das gewünschte Bewegungsausmaß einstellbar ist. Über Nacht bleibt die Orthese angelegt und wird am Bettgalgen fixiert (Abb. **132**). Bei Eingriffen an der Rotatorenmanschette ist die Anwendung von stationären Bewegungsmaschinen vorzuziehen, da die Begrenzung der Ante- und Retroversionsbewegung besser gewährleistet ist.

Die Rückkehr zur sportlichen Aktivität kann unterstützt werden durch eine bewegungsführende, schützende Bandage. Neben der Bewegungsführung des Schultergelenks erfüllt die Bandage den Zweck einer psychologischen Überaktivitätsbremse. Nach unseren Erfahrungen werden hierdurch Gefahrensituationen, wie sie im Übereifer des Trainings oder im Wettkampf vorkommen, eingegrenzt. Auf einem elastischen Schulterstrumpf aus Neopren ist eine obere Plastikspange befestigt. Diese Spange ist zur Axilla und zur gegenüberliegenden Schulter über elastische Gurte verspannt. Durch die Anstützung der Spange auf dem vorderen und hinteren Teil der Schultermuskulatur wird ein erneutes Verschieben des Gelenkkopfes aus der Pfanne nach vorne oder hinten verhindert. Die funktionell wichtigen Bewegungen sowohl von Abduktion und Adduktion als auch Ante- und Retroversion sind ungehindert möglich (Abb. **133** u. **134**).

Abb. **131** Schulterabduktionsorthese mit dynamischer Feder, exaktem Sitz und ausgewogener Lastverteilung (Archiv Otto Bock).

Abb. **132** Tragbares Gerät zur kontinuierlichen passiven Bewegung für das Schultergelenk (Archiv Toronto Medical).

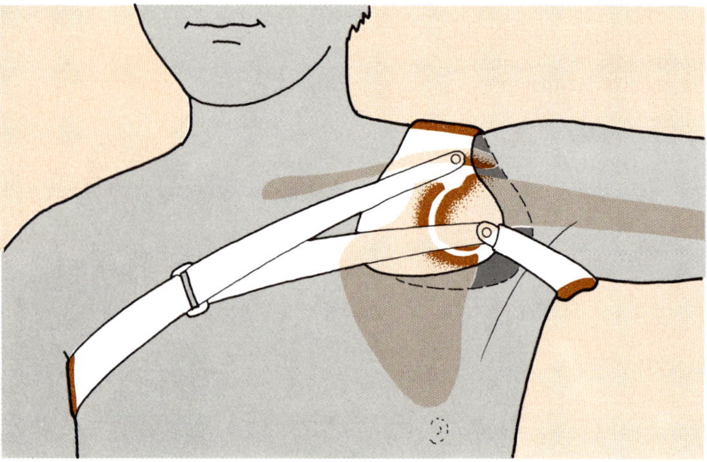

Abb. **133** Wirkungsweise einer Orthese zur Verhinderung der Schulterluxation.

Eine verstärkte Version dieser Schulterschutzbandage wird in Orthesenform bei Athleten mit bestehender habitueller Schulterluxation verwendet. Diese Art der Orthesenversorgung ist nur als vorübergehende Stabilisierungsmaßnahme gedacht, wenn sich der Sportler während der Wettkampfsaison nicht zur notwendigen Operation entschließen kann (Abb. **135**). Unsere Erfahrungen mit dieser Schulterluxationsorthese sind positiv bei Leistungssportlern im alpinen und nordischen Skilauf und beim Eishockey. Bei allen drei Sportarten ist eine volle Beweglichkeit des Schultergelenks zur Ausübung notwendig. Trotzdem muß darauf hingewiesen werden, daß nach unserer Ansicht die Orthesenversorgung kein Ersatz für die Operation sein kann.

Abb. **134** Postoperative Protektionsbandage mit dorsoventraler Pelottenanstützung.

Abb. **135 a–b** Detailansicht einer Schulterluxationsorthese beim Sportler. Die Beweglichkeit des Schultergelenks wird nicht beeinträchtigt. ▶

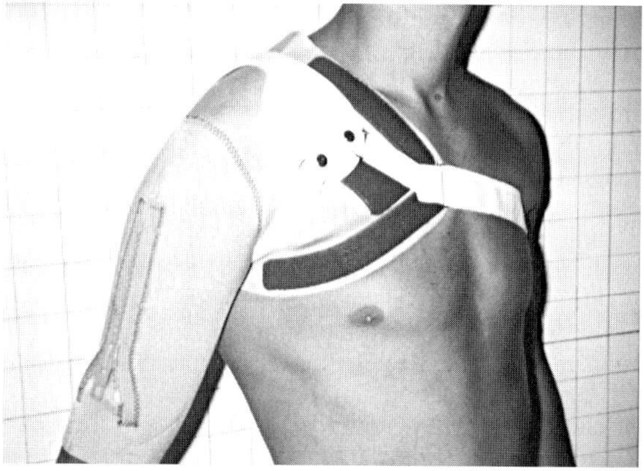

134

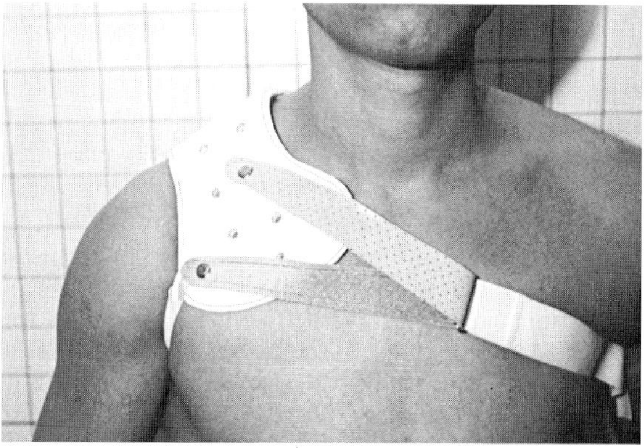

135a

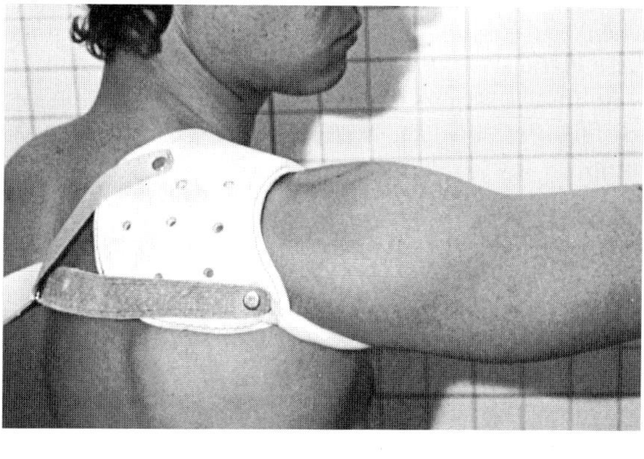

b

Handgelenk und Fingergelenke

Das Handgelenk und die Fingergelenke bilden eine wichtige funktionelle Einheit. Als zwischengelagertes Gelenk kommt dem Handgelenk die Schlüsselrolle zur Stabilisierung und Ausbalancierung der Kräfte zu. Orthopädietechnisch versorgungsrelevante Störungen sind Sehnenläsionen, wie Rupturen im DIP-Gelenk oder Sehnenscheidenentzündungen im Handgelenk, Distorsionen mit und ohne Ligamentverletzungen bis hin zum Ausriß der Seitenbänder der Fingergelenke. Nach rekonstruktiven handchirurgischen Eingriffen bei schweren Verletzungen werden verstärkt dynamisch wirkende Handorthesen zur Verbesserung der Handkoordination, zur Kräftigung der Muskulatur und zur Erhaltung des Operationsergebnisses angewendet (Abb. **136**). Wir bevorzugen Modularsysteme, die eine exakte Justierung der dynamischen Züge und eine Anpassung an die postoperativen topographischen Veränderungen der Hand kurzfristig ermöglichen.

Bei Läsionen von Sehnen oder Bändern ist eine primäre Lagerung oder Fixierung der befallenen Gelenke zur Ruhigstellung notwendig. Abhängig von der Lokalisation verwenden wir vorwiegend dünne aber stabile Körperformteile, die ausschließlich das gewünschte Gelenk und seine Strukturen ruhigstellen. Funktionelles Design der Formteile und deren enges Anliegen am Körper sind anzustreben. Nach Möglichkeit sollten die taktilen Flächen der Fingerbeere und die Hohlhandfläche für Greiffunktionen frei bleiben (Abb. **137** u. **138**).

Im Sinne der Prävention können wir uns vorstellen, daß speziell die Läsion der Finger- und Daumengelenke durch Überdehnung oder Schlag dort eingegrenzt werden können, wo bereits wegen des erhöhten Risikos Handschuhe getragen werden (Torwart, Skiläufer). Wenn solche Spezialhandschuhe mit energieaufnehmenden und bewegungsbegrenzenden Miniatur-Orthesenelementen kombiniert werden können, so scheint eine Verminderung der Verletzungsanfälligkeit realisierbar. Das Beispiel (Abb. **139**) zeigt, daß in Zusammenarbeit zwischen Sportärzten, Trainern, Orthopädietechnikern und der Industrie diese Pläne zu verwirklichen sind, denn die pathomechanischen Auslösefaktoren sind bekannt und die Materialauswahl ist im High-tech-Zeitalter nur eine Frage von intensiven Nachforschungen.

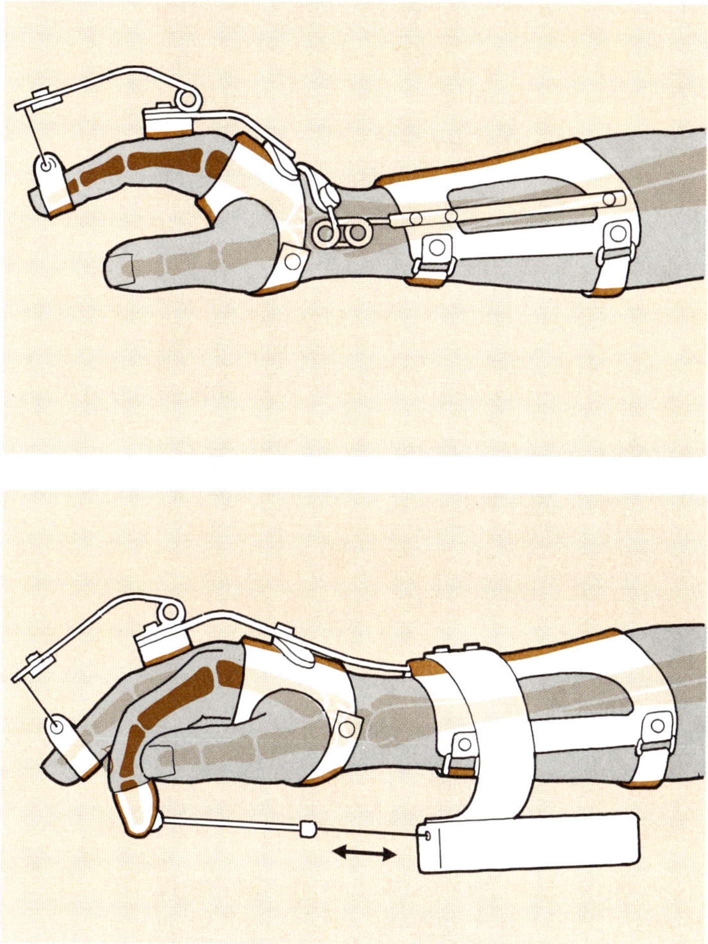

a

b

Abb. **136 a–b** Handorthese System DAHO. **a** Mit dynamischer Low-profile-Redressionseinheit zur Fingerextension; **b** in Kombination mit passivem Bewegungsmotor und dynamischer Redressionseinheit.

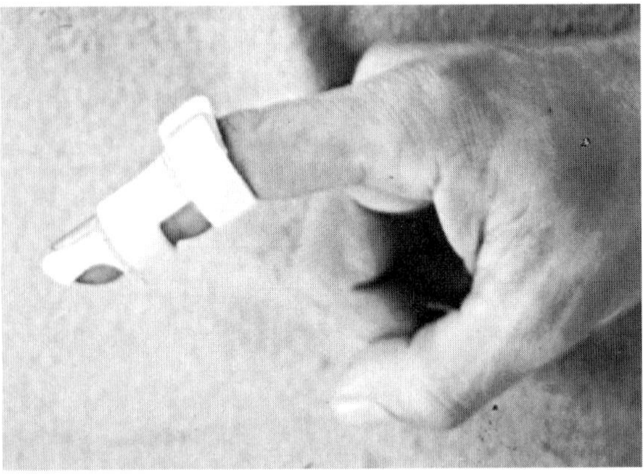

137

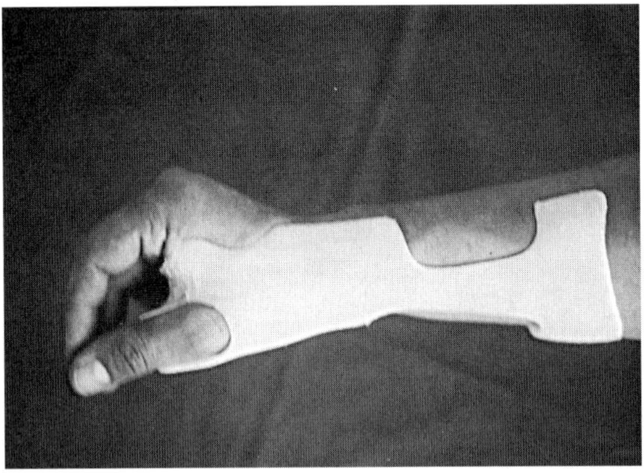

138a

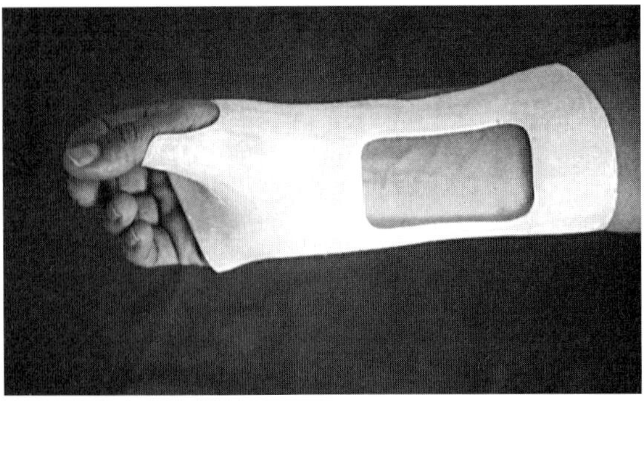

b

Abb. **139** Spezialanfertigung einer Vorrichtung für einen Slalomfahrer zum Schutz der Daumen- und Fingergelenke nach Prellung als integraler Bestandteil eines Skihandschuhs (Archiv H. Pohlig).

Abb. **137** Fingerschiene nach Stack zur Ruhigstellung des DIP-Gelenks nach Strecksehnenläsion.

Abb. **138a–b** Orthese zur Ruhigstellung des Daumensattel- und Handgelenks als offene Rahmenkonstruktion gearbeitet.

Stoß- und Schlagschutz aus orthopädietechnischer Sicht

Nachdem der zuerst zaghafte Kontakt von Sportlern, Medizinern, Physiotherapeuten und Trainern zur Orthopädietechnik auf eine Vertrauensbasis gestellt war, tauchte in gemeinsamen Gesprächen ein Problem auf, welches sich vom bisherigen Aufgabengebiet stark unterschied. Statt wie bisher Körper- und Gelenkfunktionen nach Verletzungen möglichst rasch wiederherzustellen, ging es nun um den Schutz vor Haut- und Weichteilschädigungen während der sportlichen Tätigkeit. Diese Schädigungen haben ihren Ursprung in der Zunahme der Aggression, der Perfektionierung von Bewegungsabläufen und der Zunahme der Körpergeschwindigkeit. Dabei wird zur Erzielung von noch besseren Ergebnissen der Weichteilmantel des Athleten z. T. bewußt als Stoßdämpfer eingesetzt.

Anhand von zwei charakteristischen Beispielen aus dem Fußballsport und dem Skirennsport soll aufgezeigt werden, wie weit die im einleitenden Teil dieses Kapitels dargestellte interdisziplinäre Zusammenarbeit führen kann.

Beispiel 1: Fußball

Aufgrund der Verletzungen von Spielern der 1. Bundesliga im Knöchel- und Schienbeinbereich wurde von dem Orthopädietechniker Biller in Zusammenarbeit mit dem Spieler B. Möhlmann ein Beinschutz konstruiert, der nicht nur das Schienbein, sondern auch die Knöchel und die Achillessehne gegen Tritte mit den Fußballschuhen schützt. Die Bewegungsfähigkeit des Sportlers ist trotzdem in keiner Phase des Spiels beeinträchtigt. Im harten Einsatz bei Bundesligaspielen und aufgrund der Änderungshinweise erhielt der Beinschoner seine endgültige Form (Abb. **140** u. **141**).

Beispiel 2: Alpiner Skirennsport

Nachdem mehrere Mitglieder des A-Kaders der Deutschen Ski-Nationalmannschaft während des vorsaisonalen Gletschertrainings Weichteilprellungen und Knochenhautreizungen durch die Kippstangentechnik im Slalom erlitten hatten, wurde in Zusammenarbeit mit dem Orthopädietechniker H. Pohlig das Konzept für entsprechende Schlagschoner entwickelt. Ziel war die Vermeidung von Prellungen an der oberen und unteren Extremität durch energieverzehrende Kunststoffteile bei ungehindertem Bewegungsablauf, auch bei extremster Fahrweise. Ein Verletzungsrisiko durch die Kunststoffteile beim Sturz durch Splitter- oder Strangulierwirkung mußte ausgeschlossen sein.

Aufgrund von Gipsmodellen der Fahrer/innen entwickelte H. Pohlig zwei Gruppen von Schutzvorrichtungen (Abb. **142**):

- *interne* für den Ober-, Unterarm- und Oberschenkelbereich, so hauteng gearbeitet, daß sie unter dem Renntrikot getragen werden;
- *externe* für den Unterarm-, Hand- und Fingerbereich sowie den Kniescheiben- und Schienbeinbereich, wobei diese nach außen sichtbar getragen werden.

Die positive Reaktion der Skiläufer und das große Interesse der internationalen Konkurrenz zeigen, daß die Gruppe um H. POHLIG einen wichtigen Beitrag zur Sicherheit im Skirennsport geleistet hat. Vor allem wenn man davon ausgeht, daß die heutige extreme Fahrtechnik der Nationalmannschaft schon übermorgen Einzug in den Breitensport halten wird.

Abb. **140** Beinschutz nach B. Möhlmann für Schienbein, Knöchel und Achillessehne (Archiv Fa. Orbi).

141 a

b

Abb. **141 a–b** Demonstration der Wirkungsweise der Schutzvorrichtung (Archiv Fa. Orbi).

Abb. **142 a–b** Energieverzehrende Kunststoffteile nach Pohlig im alpinen Skisport. **a** Schematische Darstellung (nach *Timo Biedermann*). Die hell gekennzeichneten Teile werden unter dem Rennanzug getragen, die dunklen über dem Anzug. **b** Durch das funktionelle Design wird bei ungehindertem Bewegungsablauf ein Höchstmaß an Schutz erreicht (Photo S. Minkoff).

142a

b

Literatur

1 Andriacchi, P.: The biomechanics of running and knee injuries. In Finermann, G.: Symposium on Sports Medicine: The Knee. Mosby, St. Louis 1982 (pp. 23–32)
2 Beck, C., D. Drez: Instrumented testing of functional knee braces. Amer. J. Sports Med. 14 (1985) No. 4
3 Branch, T., R. Hunter, P. Reynolds: Comparison of the Lenox Hill and the C. Ti.-Brace in controlling anterior tibial displacement under static load. Amer. J. Sports Med. 15 (1986) 277
4 Cook, F.: A dynamic analysis of the C. Ti.-Brace. J. Bone Surg. 69 (1987)
5 Einsingbach, T.: Funktionelle Behandlung bei Knieinstabilitäten. Krankengymnastik 38 (1986) 411–430
6 Frederick, E.: Anforderungen an die Konstruktion von Laufschuhen. Nike Res. Newsl. 1982
7 Harms, J., D. Stoltze: Orthesen und Wirbelsäulenläsionen beim Leistungssportler. Persönl. Mitteilung 1986
8 Heidinger, F.: Einsatzmöglichkeiten eines Druckverteilungsmeßgerätes zur anthropometrischen und orthopädischen Fußdatenerfassung. Z. Orthop. 125 (1987) 201–205
9 Hohmann, D., R. Uhlig: Orthopädische Technik, 7. Aufl. Enke, Stuttgart 1982
10 Iglehart, T.: Strength and motor task performance as effected by the carbon titanium knee brace in normal healthy males. Colorado State University, Fort Collins 1985
11 Lunsford, T.: Comparative study of knee ortheses. J. clin. Prosth. Orthot. 1987, 65
12 Mannerfelt, L., L. Biedermann: Orthopädische Technik, 7. Aufl. Enke, Stuttgart 1982
13 Micheli, L.: Back injuries in athletes. Coach + Athlete. J. Sports Med. 1982, 28
14 Micheli, L.: Back Injuries in Dancers. Children's Hospital, Boston, Mass./USA 1985
15 Micheli, L.: The Boston Brace for Back Injuries in Athletes: Mechanics. Sports Medicine Division. Children's Hospital, Boston, Mass./USA 1985
16 Micheli, L.: The use of the modified Boston Brace System (B.O.B.) for back pain: clinical indications, AOPA 1985. Orthot. and Prosthet. 39 (1985) 41–46
17 Micheli, L.: Spinal deformities and the athlete. In: Current Therapy in Sports Medicine. Dekker, New York 1985–1986
18 Müller, W.: Das Knie. Springer, Berlin 1982
19 Münch, O. E., H. W. Bär: Skisportspezifische Verletzungen. GOTS-Vortrag, München 1987
20 Nigg, B.: Biomechanics of Running Shoes. Human Kinetics Publ., Champaign/Ill. 1986
21 Pässler, H. H.: Gips oder Spezialschuh zur Nachbehandlung operierter frischer fibularer Bandläsionen. Prakt. Sporttraum. Sportmed. So.-H. 1986, 50–55
22 Petersen, L., P. Renström: Handbuch der Sportverletzungen und Sportschäden für Sportler, Übungsleiter und Ärzte. 2 Aufl. Deutscher Ärzte-Verlag, Köln 1987
23 Pförringer, W., B. Rosemeyer, H. W. Bär: Sport – Trauma und Belastung. Perimed, Erlangen 1985
24 Pförringer, W., B. Rosemeyer: Sporttraumatologie. Sportartentypische Schäden und Verletzungen. Perimed, Erlangen 1981
25 Refior, H. J., W. Plitz, M. Jäger, M. H. Hackenbroch: Biomechanik der gesunden und kranken Schulter. Ergebnisse praxisbezogener Grundlagenforschung. 7. Münchner Symposion für experimentelle Orthopädie. Thieme, Stuttgart 1985
26 Salter, R. B.: Motion vs. rest: why immobilize joints? J. Bone Jt Surg. 64B (1982) 251–254
27 Salter, R. B.: Regeneration of articular cartilage through continuous passive motion, past, present and future. In Straub, R., P. D. Wilson: Clinical Trends on Orthopaedics. Thieme-Stratton, New York 1982

28 Salter, R. B., D. J. Harris: The healing of intra-articular fractures with continuous passive motion. Amer. Acad. orthop. Surg. 28 (1979) 102–117

29 Schultz, W.: Überlastungsschäden, Teil 8: Der Laufschuh. Orthopädie-Schuhtechnik 1987, 320

30 Segesser, B.: Wirkung äußerer Stabilisationshilfen (Tape, Bandage, Stabilschuh) bei fibulärer Distorsion. Orthopädie-Schuhtechnik So.-H. 1986, 342

31 Steiner, M. E., L. Micheli: Treatment of Symptomatic Spondylolysis and Spondylolisthesis with the Modified Boston Brace. Children's Hospital, Boston, Mass./USA 1984

32 Williams R. C., H. R. Lissner: Biomechanics of Human Motion. Saunders, Philadelphia 1977

33 Wirth, C. J., M. Jäger: Praxis der Orthopädie. Thieme, Stuttgart 1986

Sachverzeichnis

D

E

F

G

H

L

M

N

O